中印关系研究丛书
教育部人文社会科学重点研究基地基金资助
教育部人文社会科学重点研究基地四川大学南亚研究所
四川大学中国西部边疆安全与发展协同创新中心

后金融危机时代
中印经贸合作研究

Research on Sino-Indian Economic and Trade
Cooperation in the Post-financial Crisis Era

主　编◎杨文武
副主编◎李文贵　蒲诗璐

时事出版社

学术委员会

（以姓氏笔画为序）

主　任：罗中枢
副主任：姚乐野
主　编：李　涛
副主编：文富德　张　力　陈继东
委　员：文富德　李　涛　叶海林　任　佳　孙士海
　　　　张贵洪　张　力　张　骏　杜幼康　沈丁立
　　　　沈开艳　杨文武　邱永辉　陈利君　陈继东
　　　　尚劝余　荣　鹰　郁龙余　姜景奎　赵干城
　　　　胡仕胜　谢代刚　谭　中（美国）
　　　　Mahendra P. Lama（印度）
　　　　Khalid Rahman（巴基斯坦）

总序

中印两国有着两千多年的文明交流史，共享两千多公里边界线，拥有 25 亿、占世界 1/3 的人口，中印关系对自身、地区乃至全球都具有举足轻重的影响。随着国际形势的发展，国际政治活动重心正逐渐从欧美向亚洲，特别是东亚、南亚等充满活力的地区转移，这对于迅速崛起的亚洲新兴发展中大国中国和印度关系的研究而言愈显重要。

当然，影响中印关系的因素众多。从历史看，既有两千多年文化宗教友好交往的回忆，又有 1962 年边界冲突留下的阴影；从现实看，既有两国政府的高度重视，又有双方大众相互认知上的缺失和不对称；从发展看，既存在不同产业结构和资源禀赋的互补性，又存在贸易逆差等带来的问题；从国际形势看，既有同为发展中大国追求共同利益诉求的互助性，又有受地缘政治和国际格局变化影响带来的排斥性和潜在的冲突性……因此中印关系长期扑朔迷离、跌宕起伏。

如何共同引导和维护好作为集邻国关系、大国关系、发展中国家关系、多边舞台上的重要伙伴关系"四位一体"的中印关系，这不仅是两国政府、官员的职责，也是双方民众、媒体、特别是从事中印研究的智库学者们义不容辞的任务。为此，教育部人文社会科学重点研究基地四川大学南亚研究所在基地重大项目和其他项目研究的基础上，整合全国最新科研成果推出了此套《中印关系研究丛书》。

这套丛书将从经济发展、外交安全和社会文化的视角，全面探讨中印关系发展的历史轨迹、客观现状和未来走势，希望能有助于推动两国关系沿着正确的方向发展——从国家利益谋求自主发展,从双边关系增进互信共赢,从地区层面共促亚洲世纪,从全球视角追求世界和平、天下大同。这不仅是作者们的心声,更是两国人民的愿景!

李 涛

四川大学南亚研究所常务副所长、教授

2014 年 3 月 25 日

目　　录

第一章　绪论 〉〉〉_ 1
　第一节　问题由来及选题意义 〉〉〉_ 2
　第二节　国内外研究现状 〉〉〉_ 7
　　一、后金融危机时代中印经贸合作的意义研究 〉〉〉_ 8
　　二、后金融危机时代中印经贸合作的现状及存在的
　　　　主要问题研究 〉〉〉_ 9
　　三、后金融危机时代中印经贸合作的影响因素研究 〉〉〉_ 12
　　四、后金融危机时代中印经贸合作面临的机遇与
　　　　挑战研究 〉〉〉_ 15
　　五、后金融危机时代中印经贸合作的前景及对策研究 〉〉〉_ 17
　第三节　研究思路与研究目标 〉〉〉_ 20
　　一、研究的总体思路 〉〉〉_ 20
　　二、研究目标 〉〉〉_ 22
　第四节　研究方法与技术路径 〉〉〉_ 22
　　一、研究方法 〉〉〉_ 22
　　二、技术路径 〉〉〉_ 23
　第五节　研究的重点、难点以及突破点与不足之处 〉〉〉_ 25
　　一、研究的重点和难点 〉〉〉_ 25
　　二、研究的突破点与不足之处 〉〉〉_ 25

第二章　后金融危机时代中印贸易合作 〉〉〉_ 29

第一节　后金融危机时代中印贸易合作现状 〉〉〉_ 30
一、中印贸易规模逐年扩大 〉〉〉_ 30
二、中印商品贸易结构呈现出加速调整态势 〉〉〉_ 32
三、中印贸易合作动力主要来源于两国的产业间贸易 〉〉〉_ 33
四、中印贸易合作潜力得到进一步挖掘 〉〉〉_ 36
五、中印贸易的互补性明显大于竞争性 〉〉〉_ 37

第二节　后金融危机时代中印贸易合作存在的主要问题 〉〉〉_ 43
一、中印贸易规模虽在不断扩大但增长乏力 〉〉〉_ 43
二、中印贸易关系的非对称性愈益明显 〉〉〉_ 44
三、中印贸易摩擦纷争持续发生 〉〉〉_ 47
四、结构性贸易失衡成为中印两国之间无法避免的难题 〉〉〉_ 48

第三节　后金融危机时代深化中印贸易合作的对策建议 〉〉〉_ 50
一、充分发挥政府在推进中印两国贸易关系持续发展中的主导作用 〉〉〉_ 50
二、充分释放中印贸易同质性市场力量的竞争性和挖掘差异性市场互补潜力 〉〉〉_ 51
三、发挥企业在两国贸易中的主体活力，拓展贸易领域 〉〉〉_ 51
四、强化中印贸易关系良性互动的社会化服务功能 〉〉〉_ 52

第三章　后金融危机时代中印投资合作 〉〉〉_ 53

第一节　中印双边直接投资合作的现状 〉〉〉_ 55
一、中印投资总体规模不大但呈快速增长态势 〉〉〉_ 55
二、中印投资的重点产业分布明显 〉〉〉_ 57
三、中印投资的区位选择突出重点 〉〉〉_ 59
四、中印投资合作推动了双边贸易合作 〉〉〉_ 60

第二节　中印双边直接投资合作存在的问题 〉〉〉_ 61
一、中印直接投资占中印各自对外和吸引外资的比重低 〉〉〉_ 61
二、中国企业在印度投资受到限制条件多且阻力大 〉〉〉_ 62
三、印企在华存在"不适应"现象，未能全面进入

中国市场 〉〉〉_ 64

　　四、中印双边直接投资合作机制不健全 〉〉〉_ 65

　第三节　促进中印投资合作的对策建议 〉〉〉_ 66

　　一、进一步加强交流，增进互信，深化投资合作 〉〉〉_ 66

　　二、努力消除双边投资合作壁垒 〉〉〉_ 68

　　三、充分挖掘合作潜力，推进重点领域的投资合作 〉〉〉_ 69

　　四、加强中印边境毗邻地区投资合作和投资机制建设 〉〉〉_ 70

第四章　后金融危机时代中印电信业合作 〉〉〉_ 73

　第一节　后金融危机时代中印电信业合作现状 〉〉〉_ 75

　　一、中印电信设备贸易合作成效显著 〉〉〉_ 75

　　二、中印电信投资合作业已展开 〉〉〉_ 79

　　三、中印电信产业合作共识业已形成，合作机制
　　　　日渐完善 〉〉〉_ 82

　第二节　后金融危机时代中印电信业合作面临的主要问题 〉〉〉_ 84

　　一、中印电信设备（进出口）贸易增长潜力有限 〉〉〉_ 84

　　二、中印电信设备（进出口）贸易失衡问题较为突出 〉〉〉_ 86

　　三、过度保护与歧视性政策制约了中印电信业的
　　　　深度合作 〉〉〉_ 88

　　四、中印电信业缺乏全方位合作制约了中印电信
　　　　产业合作 〉〉〉_ 89

　　五、中印生活习惯与文化差异制约了中印电信产业合作 〉〉〉_ 90

　第三节　后金融危机时代中国电信设备在印竞争力状况 〉〉〉_ 90

　　一、中国在印度电信设备（进出口）贸易伙伴中的地位 〉〉〉_ 90

　　二、中国在印度电信设备进口市场的占有率 〉〉〉_ 91

　　三、中国电信设备在印度进口市场的贸易竞争指数 〉〉〉_ 93

　　四、中国电信设备在印度进口市场的显示性比较
　　　　优势指数 〉〉〉_ 95

　第四节　后金融危机时代深化中印电信业合作的对策建议 〉〉〉_ 96

　　一、转变观念，着眼未来发展 〉〉〉_ 97

二、建立健全中印电信产业合作机制，管控合作中的
　　冲突与分歧 〉〉〉_ 98
三、通过深化合作的内容与形式，解决中印电信产业
　　合作中的不平衡、不对等问题 〉〉〉_ 98
四、增进双方的沟通与了解，有针对性地开拓对方
　　电信市场 〉〉〉_ 100

第五章　后金融危机时代中印信息技术产业合作 〉〉〉_ 101
　第一节　后金融危机时代中印信息技术产业合作现状 〉〉〉_ 102
　　一、中印信息技术产品贸易合作成效显著 〉〉〉_ 102
　　二、中印信息技术产业合作机制与制度安排初步构建 〉〉〉_ 105
　　三、中印信息技术人才培养合作与交流取得新进展 〉〉〉_ 107
　第二节　后金融危机时代中印信息技术产业合作面临的
　　　　　新机遇与新挑战 〉〉〉_ 108
　　一、中印信息技术产业合作面临的新机遇 〉〉〉_ 109
　　二、中印信息技术产业合作面临的新挑战 〉〉〉_ 112
　第三节　后金融危机时代中印信息技术产业合作对策建议 〉〉〉_ 114
　　一、充分发挥政府的积极引导作用 〉〉〉_ 115
　　二、构建中印信息技术合作新机制 〉〉〉_ 115
　　三、拓展中印信息技术合作新领域 〉〉〉_ 116
　　四、推动中印信息技术产业的根植性合作 〉〉〉_ 118

第六章　后金融危机时代中印环保业合作 〉〉〉_ 119
　第一节　后金融危机时代中印环保产业合作取得的成效 〉〉〉_ 121
　　一、中印与环保设备有关的商品贸易合作规模逐年扩大 〉〉〉_ 121
　　二、中印环保产业投资合作步伐不断加快 〉〉〉_ 123
　　三、中印环保产业经济技术合作业已展开 〉〉〉_ 124
　　四、中印环保产业合作制度机制正在形成 〉〉〉_ 125
　第二节　后金融危机时代中印环保产业合作存在的问题 〉〉〉_ 128
　　一、中印环保装备制造业发展的差异性致使中印环保

　　　　产业合作失衡 〉〉〉＿ 128
　　二、发达国家技术优势阻碍了中印环保产业合作 〉〉〉＿ 129
　　三、中印环保产业合作内容少、合作方式简单 〉〉〉＿ 130
　第三节　后金融危机时代中印环保产业合作的对策建议 〉〉〉＿ 130
　　一、加强环保技术及人才合作，促进中印环保产业
　　　　创新发展 〉〉〉＿ 130
　　二、加强投融资合作，促进中印环保产业做大做强 〉〉〉＿ 131
　　三、建立环保产业蓝海战略，为中印合作开辟新途径 〉〉〉＿ 132
　　四、通过环保产业链整合与产业园区建设，推进中印环保
　　　　产业的深度合作 〉〉〉＿ 134

第七章　后金融危机时代中印农产品贸易合作 〉〉〉＿ 135
　第一节　后金融危机时代中印农产品贸易合作成就与问题 〉〉〉＿ 137
　　一、后金融危机时代中印农产品贸易合作取得的成就 〉〉〉＿ 137
　　二、后金融危机时代中印农产品贸易合作中面临的
　　　　主要问题 〉〉〉＿ 140
　第二节　后金融危机时代中印农产品贸易的比较优势和
　　　　　互补性 〉〉〉＿ 147
　　一、后金融危机时代中印农产品出口显示性比较优势 〉〉〉＿ 147
　　二、后金融危机时代中印农产品的产业间和产业内
　　　　贸易互补性 〉〉〉＿ 152
　第三节　后金融危机时代中印农产品贸易的增长潜力 〉〉〉＿ 156
　　一、印度对中国出口具有增长潜力的农产品 〉〉〉＿ 156
　　二、中国对印度出口具有增长潜力的农产品 〉〉〉＿ 159
　第四节　后金融危机时代中印农产品贸易合作的对策建议 〉〉〉＿ 161

第八章　后金融危机时代中印科技合作 〉〉〉＿ 163
　第一节　后金融危机时代中印科技合作的必要性与可能性 〉〉〉＿ 164
　　一、后金融危机时代中印科技合作的必要性 〉〉〉＿ 164
　　二、后金融危机时代中印科技合作的可能性 〉〉〉＿ 166

第二节 后金融危机时代中印科技合作现状 〉〉〉_ 167
一、后金融危机时代中印科技合作成就 〉〉〉_ 167
二、后金融危机时代中印科技合作存在的主要问题 〉〉〉_ 169

第三节 后金融危机时代中印科技领域合作的路径选择 〉〉〉_ 171
一、农业科技合作成为保障中印粮食安全的重要选择 〉〉〉_ 171
二、信息技术合作有利于中印IT服务业成功转型 〉〉〉_ 172
三、环保科技合作有利于促进中印经济可持续发展 〉〉〉_ 173
四、能源科技合作符合中印两国共同的发展利益 〉〉〉_ 174
五、科研合作论文将成为中印科技合作的重要
内容与方式 〉〉〉_ 175

第四节 后金融危机时代促进中印科技合作的对策建议 〉〉〉_ 179
一、探寻中印科技合作最优模式，丰富两国科技
合作内涵 〉〉〉_ 179
二、实施中印两国人力资源合作计划，加强中印两国
科技人员交流 〉〉〉_ 180
三、搭建中印两国科技合作平台，完善中印两国科技
合作长效机制 〉〉〉_ 180
四、制订两国科技合作计划，开展两国科技项目合作 〉〉〉_ 181

第九章 后金融危机时代中印交通基础设施合作 〉〉〉_ 183
第一节 后金融危机时代中印交通基础设施合作现状 〉〉〉_ 184
一、中印交通基础设施合作的成效 〉〉〉_ 184
二、中印交通基础设施合作中存在的主要问题 〉〉〉_ 190

第二节 后金融危机时代中印交通基础设施合作的
影响因素 〉〉〉_ 194
一、促进中印交通基础设施合作的积极因素 〉〉〉_ 194
二、制约中印交通基础设施合作的消极因素 〉〉〉_ 197

第三节 后金融危机时代中印交通基础设施合作对策建议 〉〉〉_ 199
一、构建中印交通基础设施合作机制 〉〉〉_ 199
二、充分发挥中印企业在交通基础设施合作上的

积极主动性　〉〉〉_ 200
　三、创新中印交通基础设施合作方式　〉〉〉_ 200
　四、拓展中印交通基础设施合作空间　〉〉〉_ 201

第十章　后金融危机时代中印货币合作　〉〉〉_ 205
　第一节　后金融危机时代中印货币合作现状　〉〉〉_ 206
　　一、中印已经开始建立双边直接货币联系　〉〉〉_ 206
　　二、中印共同促成了金砖国家间货币合作的发展　〉〉〉_ 207
　第二节　后金融危机时代中印货币合作的必要性与可能性　〉〉〉_ 208
　　一、中印货币合作的必要性　〉〉〉_ 208
　　二、中印货币合作的可能性　〉〉〉_ 213
　第三节　后金融危机时代中印货币合作的制约性因素　〉〉〉_ 219
　　一、中印两国的合作意愿不对称　〉〉〉_ 220
　　二、印度当局对中印货币合作中的主导权会比较敏感　〉〉〉_ 220
　　三、文化、制度差异性以及领土争端等消极因素的影响　〉〉〉_ 221
　　四、现有国际国币发行国的干扰　〉〉〉_ 221

参考文献　〉〉〉_ 223

后　记　〉〉〉_ 237

第一章

绪 论

第一节 问题由来及选题意义

中印自古以来就有着历史悠久的商贸往来关系，这种商贸往来关系在中印两国关系史上留下了重要的一笔。纵观中印经贸关系演化变迁史，活跃兴盛的中印商贸往来大多发生在两国繁荣昌盛的历史时期（如印度的孔雀王朝、贵霜帝国和笈多王朝以及中国的唐朝），这是因为繁荣昌盛的国力在满足自身需要的同时，还为出口提供了丰富的货源，并为外国商品的进入提供了广阔的市场需求。在中印交往的历史长河中，民间商贸成为中印两国经济交流的重要支撑，特别是在官方贸易甚微甚至完全断绝的时期，其成为两国经贸交流的重要组成部分。从古至今的中印往来中，经济和文化都是中印交往关系中最重要的方式，二者相互影响，相互促进，中印文化交流关系在很大程度上促进了中印贸易关系的深化与发展。不仅如此，中印之间这种内容丰富且历史久远的经贸联系，在新的历史时期得以深化和发展，并建立了更为广泛的经贸合作关系。

特别是经济全球化和区域经济一体化的不断加深，以及奉行改革开放政策的中印两国经济的日益发展，综合国力的稳步提升，人民生活水平的显著提高，冷战后国际政治经济秩序的重构等，均为中印两国经贸合作提供了重要的战略机遇。与此同时，在1988年双边关系正常化后，伴随中印政治外交关系的逐步调整，两国领导人以及两国人民的友好往来更加频繁。在双方共同推动下，中印"建立了面向和平与繁荣的战略合作伙伴关系"，[1]而且"中印全面经济和贸易关系是两国战略合作伙伴关系的核心组成部分"，[2]并强调"经贸关系的强劲增长势头对双方有利"。[3]中印两国

---

[1] 中国和印度于2005年4月11日签署《中华人民共和国与印度共和国联合声明》。
[2] 中国和印度于2006年11月21日共同发表《中华人民共和国和印度共和国总统联合宣言》。
[3] 中国和印度于2008年1月14日签署《中印关于二十一世纪的共同展望》。

还"同意建立战略经济对话机制，以加强宏观经济政策协调，促进交流互动，共同应对经济发展中出现的问题和挑战，加强经济合作"。① 为"进一步巩固面向和平与繁荣的战略合作伙伴关系"，"双方同意进一步加强在节能环保、新能源和可再生能源、高科技等领域的合作。双方同意加强铁路合作，包括重载运输和车站发展等"。② 在新的历史时期，中印"双方一致同意构建更加紧密的发展伙伴关系，以此作为双边关系的核心内容"。为进一步推动中印经贸合作，双方同意"采取必要措施消除双边贸易和投资障碍，相互提供更多市场准入便利，支持两国有关地方加强贸易投资往来，以充分挖掘2014年9月签署的经贸合作五年发展规划中所指定领域的现有和潜在互补性，包括印度药品、印度信息技术服务、旅游、纺织和农产品"，"共同采取措施③缓解双边贸易不平衡问题，实现双边贸易的可持续发展"。④

事实上，作为世界上最大的、经济保持持续快速增长的两个发展中国家——中国和印度，两国经贸合作已取得了较为显著的成效。中印贸易额从1990年的2.64亿美元上升到2000年的29.14亿美元。2000年中印贸易额比1990年增长了10.038倍，远远高于中印同期对外贸易增长速度。进入21世纪以来，中印双边贸易规模进一步扩大，双边贸易额由2001年的35.96亿美元上升到2004年的136.04亿美元。根据联合国商品贸易统计数据库（UN Comtrade）统计，中印贸易总额从2008年的416.8亿美元上升到2015年的711.81亿美元。2015年，中国在印度贸易进口国中位居第1位，在印度贸易出口目的地国中位居第4位；印度在中国贸易进口国中占第26位，在中国出口目的地国中占第169位。中印双边投资额虽然受金融危机的影响较大，但是在后金融危机时期，中印双边投资恢复较快，且

---

① 中国和印度于2010年12月16日共同发表《中华人民共和国和印度共和国联合公报》。
② 中国和印度于2013年5月20日共同发表《中华人民共和国和印度共和国联合声明》。
③ 这些措施包括进一步加强药品监管（含注册）合作，加快对中印互输农产品的检验检疫磋商，加强印度信息技术企业与中国企业的联系，促进旅游、电影、医疗保健、信息技术和物流等服务产业贸易。双方将充分发挥中印经贸联合小组会议的作用，为此做出努力。两国领导人欢迎双方在亚太贸易协定框架下加强协商，在互利合作的基础上努力妥善解决降低印度有关产品的关税问题。
④ 中国和印度于2015年5月15日签署《中华人民共和国与印度共和国联合声明》。

远远超出金融危机之前中印之间的投资规模，呈快速增长趋势。2014年中印双边投资总额更是高速增长至7.21亿美元，比2007年涨幅高达1187.5%。中印投资领域主要涉及电信、软件、医药等新兴产业，示范作用明显。此外，中国在印度开展工程承包业务取得突破性进展，印度已成为中国最重要的海外工程承包市场之一。

而且，印度产业联合会及印度商业论坛（中国）主席J.J.徐肯迪（J.J. Shrikhande）更是大胆地"预计到2020年，中印之间的双边贸易额将达到4000亿美元，从而超过中美之间的贸易额，到时印度也将成为中国排名第五的贸易伙伴"。[①] 另据万事达卡国际组织（MasterCard International）发布的研究报告指出，中印双方商业协作将催生新超级经济体，其将成为全球商业前景新的亮点。因而，对于业已互为对方的对外贸易、投资和经济交流的重要伙伴的两国来说，中印都有意愿推进双边经贸关系的发展，"龙象"合作对包括两国和全球在内的任何一方都是有好处的，其前景值得期待。因此，推动中印两国经贸关系向更深层次和更广领域的发展有着坚实的历史与现实、政治、经济以及社会文化基础。中印双边经贸关系迅猛发展，既是两国经济发展以及双边关系不断深化的必然结果，也对于进一步推动中印相互关系长期稳定与健康发展，促进本地区和平与繁荣具有十分重要的意义。

然而，源自2008年美国的金融危机引致了全球经济的严重衰退，以至2009年全球经济出现了第二次世界大战以来的首次负增长。尽管美、欧、日等主要经济体采取了向金融机构注资、向储户提供保险、收购金融机构不良资产、联合降息等拯救危机的措施，但危机并未得到根本解决。尽管据国际货币基金组织（WEO）数据库资料显示，世界经济增长率由2007年的5.34%下降到2008年的2.83%、2009年的-1.3%之后，上升到了2010年的2.9%，但近期国际货币基金组织仍认为，由于受"先进经济体的复苏步伐显著放慢"以及"财政和金融不确定性急剧增加"的影响，"世界经济复苏的不确定性进一步增加"。特别是发达国家经济复苏前景莫测，全球有愈来愈多的主要国家出现了（低经济增长与高失业率的）"滞

---

① http://news.hexun.com/2009-12-15/122032194.html.

胀"征兆，甚至个别国家已经面临主权债务信任危机；而（经济增长已基本恢复到金融危机前水平的）新兴市场（如巴西、中国、印度、印度尼西亚和俄罗斯）国家经济发展面临过热。这样一来，欧、美、日等发达经济体试图采取更宽松的货币政策，而新兴市场国家已启动加息进程，货币政策趋向从紧。如此一来，全球经济活动减弱并进一步失衡，市场信心近期大幅下降，下行风险逐渐增大，全球经济有可能进入一个新的危险阶段。

由此可见，在风险犹存的后金融危机时代，第一，随着传统世界经济大国和新兴或后起国家间的力量消长与调整，以往由发达国家主导的国际贸易、国际投资和国际生产体系开始出现结构性变化，而战后创立的多边贸易、多边金融和国际协调机制遭遇严重挑战，必将对中印经贸合作机制与合作模式产生影响；第二，随着世界经济增速下滑、市场持续萎缩、贸易需求不足，新贸易保护主义或者说"逆全球化"现象与行为增强了世界各国的贸易摩擦，尤其是印度贸易保护主义倾向抬头等因素，不利于中印两国协同努力，共渡危机；第三，正如世界银行行长佐利克认为的，"危机之后的一大特点乃是世界经济力量和经济增长模式需要重新平衡"，美国自由资本主义模式弊端暴露，中印发展模式受人瞩目，彼此竞争有可能加剧，甚至在危机背景下，中印发展模式之争有可能被国内民族主义者所利用，更不利于两国增强政治互信；第四，在传统意义上中印经贸合作中存在的诸如政治互信、市场开放度或市场准入、贸易不平衡、单一的贸易结构、市场信息及其风险、释放贸易同质性竞争市场力量和挖掘差异性市场互补潜力、有形与无形经贸通道建设等问题与矛盾并未得到根本性解决的情况下，后金融危机时代中印经贸合作亦面临新旧矛盾与问题相互交织的挑战。如此等等，都会对后金融危机时代中印经贸合作的内外环境带来不利的影响。

尽管如此，我们还必须清醒地意识到以下几点。

第一，当前印度现实主义外交的基本理念没有改变，而中印关系的基本面已经确定，加强经贸合作与政治对话已成为两国决策层的共识，这一点基本不会受到各自国内政治变动的影响。

第二，尽管全球经济仍在继续复苏，但是明显呈现出"双轨"态势，即发达国家的增长速度远低于世界其他地方，而新兴经济体和以中国、印度为首的亚洲等发展中国家经济增速最快。而且,各项统计数据显示,引领世界经济复苏的火车头不是美国或其他发达国家,而是新兴大国,特别是以中国、印度为首的亚洲经济体发挥了积极作用,甚至 2015 年印度 GDP 增长率 7.0%,首度超过了中国 GDP 增长率（6.9%）,2016 年第一季度印度 GDP 增长率达到了 7.9%（同期中国 GDP 增长率为 6.7%）。因此,作为世界上两个最大的、经济增长最快的发展中国家,后金融危机时代持续快速的中印经济增长为中印经贸合作注入了新的动力。

第三,事实上,自 2008 年金融危机发生以来,中印经贸合作取得显著成效,成为双边关系中的突出亮点。中印互利互惠的经贸合作,给双方带来了实实在在的利益,巩固了两国关系的基础。

第四,包括经贸在内的中印合作是亚洲乃至世界的一件大事,尤其是后金融危机时代中印经贸关系已经超出了双边范畴,具有战略意义和全球影响。它不仅推动中印两国经济社会全面和可持续发展,而且将为推动亚洲乃至世界经济快速稳步复苏做出重大贡献。

由此可见,后金融危机时代仍需进一步加强中印经贸合作,它不仅具有现实的政治经济基础,更是中、印乃至世界在日益恶化的世界经济发展环境条件下的理性选择,中、印两国只有携手,才能更好地稀释衰退的负面影响。

因而,对于后金融危机时代中印经贸合作的相关问题必须予以高度重视并进行深入研究,以制定理性务实的应对策略,维护国家利益。我们必须牢牢把握后金融危机时代全球经济增长动力源转移、国际经济协调酝酿新的共治机制、国际金融重回强监管环境、新兴和未来市场贸易地位上升与变迁、新兴经济体和具有自然资源禀赋的国家将成为全球直接投资的新源泉、国际生产供应链位移变化等时代特征,在更高层次、更广领域参与新的国际分工和竞争,在新的国际经济格局演化中充分挖掘中印经贸合作潜力,发展那些各自具有竞争优势的产业,"进一步扩大基础,平衡经贸合作,寻找新的合作机会,实现未来的巨大增长",提前并超额完成双边经贸合作新目标,特别是"重点拓展在基础设施、环保、信息技术、电信、投资、财金等领域的合作，实现优势互补、互利共赢"。①

正因如此，本书着力从战略高度，以"新世界、新市场、新合作"为研究视角，探索后金融危机时代世界经济格局变化、后金融危机时代中印各自对外经贸关系变化以及中印经贸合作关系的演化路径，研究中印经贸合作发展面临的新问题与新困惑，为中印两国经贸合作抓住新机遇，迎接新挑战，拓展合作新动力或新空间，创新中印"南南型"合作新模式，推动两国经贸合作进一步向纵深发展，为促进中印经济发展、亚洲振兴乃至世界经济恢复性增长做出贡献而创造认知条件，并提供决策依据。本书预期成果对中国对外经贸合作、参与国际区域经济合作、优化中国对外开放结构、提高中国对外开发开放水平，以及保障中国经济安全等方面均具有十分重要的决策参考价值与实践意义。同时，在揭示后金融危机时代中印经贸关系演化发展内在的、本质的规律基础之上，开展对后金融危机时代中印经贸合作战略的研究，有助于国际经济关系学、国际经济学、世界经济学、国际关系学和国际经济合作理论与实务等相关学科领域的研究与传播，加强与创新"南南型"合作新模式，为推动世界经济多极化的发展、国际经济新秩序之构建，以及国际金融体系的改革等提供重要的理论与实证素材，进而促进相关理论创新，以弥补国内学术界关于后金融危机时代中印经贸合作系统性研究的空白等。因而，本书具有非常重要的学术价值与实践意义。

第二节　国内外研究现状②

冷战结束、经济全球化和亚洲区域经济一体化的加深，以及各自奉行改革开放政策等，均为促进中印经贸合作的深化与发展营造了良好的外部

---

① 中国和印度于 2010 年 12 月 16 日共同发表《中华人民共和国和印度共和国联合声明》。
② 杨文武、徐菲："后金融危机时代中印经贸合作研究现状探析"，《南亚研究季刊》2012 年第 4 期，第 69—75 页。

环境。尤其是进入21世纪以来,中印两国经济均保持了持续快速的增长态势,其中印度经济基本保持7.5%左右的增长速度,并成为除中国以外全球增长速度最快的经济体,这为推动中印经贸合作进一步发展奠定了坚实的经济基础。同时,自20世纪90年代以来,印度奉行的东向政策也在一定程度上为中印经贸合作构筑了良好的发展空间。由此,中印经贸联系在新历史时期不断得以深化与发展,并建立了较为良好和广泛的经贸合作关系,两国经贸关系已从一般商品贸易逐步扩展到包括投资和经济技术合作等在内的全方位经贸合作领域。当然,中印经贸合作规模同两国经济发展需要还很不相称,但是两国之间的经贸合作愈益广泛,且发展潜力十分巨大。例如,中印贸易从2000年的29.14亿美元增长到2008年的517.8亿美元,年均增长43.29%。尽管2009年受到国际金融危机波及,两国经贸合作受到一定影响,但中印经贸合作仍维持了较高发展水平,达到443.8亿美元。2010年双方共同努力,实现两国贸易额617亿美元的目标。2011年,中印贸易额达到739亿美元的历史新高。目前,中国已成为印度第一大贸易伙伴国,印度则成为中国的第十大贸易伙伴国。正因如此,国内外专家学者纷纷将中印经贸合作相关问题纳入其关注的热点论题,展开理论分析与实证研究,并取得了具有一定学术价值的研究成果。

一、后金融危机时代中印经贸合作的意义研究

正如中国驻印度大使张炎认为的,"中印两国有25亿人口,都拥有潜力巨大的市场,经济上存在较强的互补性,深化经贸合作、实现互利共赢符合两国利益,并已给两国人民带来了实实在在的好处"。而"此次金融危机削弱了西方国家,但对中印两国影响较小,因此危机从某种程度上为中印加强合作、改善两国数十亿人口的生活水平提供了机会"。[①] 为此,在后金融危机时代,中印双边经贸关系迅猛发展符合双方的根本利益,"经

---

① 卢岩:"中印专家共谋后金融危机时代'龙象'共赢之路",2010年1月15日,http://www.chinanews.com/gn/news/2010/01-15/2073075.shtml。

济发展是印中加强合作关系的主要动力,经贸将成印中关系热点"。① "在国际金融危机下,中印应继续深化经贸合作,使之成为双边关系中的亮点",它"既是两国关系逐渐深化的结果,也对稳定双边关系具有重要意义"。② 而且,在后金融危机时代,面临贸易保护主义愈演愈烈、经济区域一体化有增无减、国际金融市场动荡不定、世界经济恢复极不稳定的国际经济环境,中印在国际金融危机中和国际金融后金融危机时代加强经贸合作,不仅有利于"促进中印经济恢复增长,……推动中印经济加速崛起,推动世界经济不断发展,促进国际经济秩序逐渐完善",③ 甚至后金融危机时代中印两国之间的经贸关系还"有助于提升亚太地区应对金融风暴袭击的信心",④ 并"对亚太地区的经贸合作,乃至整个世界经济的发展都会产生重要的影响"。⑤

二、后金融危机时代中印经贸合作的现状及存在的主要问题研究

作为世界上经济增长最快的两个发展中大国,中国和印度互为重要的经贸合作伙伴。21世纪以来,两国经贸关系迅速发展,合作领域更加广阔。对此,国内外学者从不同研究视角,对中印经贸合作现状进行了归纳与概括。

(一)后金融危机时代中印经贸合作现状

1. 中印经贸关系进入稳步发展的快车道,中印经贸合作领域或合作空间得到了进一步拓展

自20世纪90年代以来,随着中印政治外交关系的逐步调整,中印两

---

① 奉灵芝:"Anwarul Hoda:经贸将成印中关系热点",《中国对外贸易》2006年第2期,第40页。
② 楼春豪:"中印经贸合作面临的新挑战",《亚非纵横》2009年第4期,第28页。
③ 文富德:"国际后金融危机时代世界经济发展的特点及加强中印经贸合作的特殊意义",《东南亚南亚研究》2010年S1期,第30页。
④ 王磊:"中印经贸成为新亮点",《人民日报》2009年1月19日。
⑤ 齐玮:"印度对外贸易现状与中印经贸关系分析",《北方经贸》2009年7月,第34页。

国领导人以及两国人民的友好往来更加频繁，中印双边经贸合作关系得到较大发展，"特别是进入 21 世纪以来，中印经贸关系进入稳步发展的快车道，中印经济合作呈现出迅速发展的特点"，①"两国经贸关系正在从一般商品贸易领域逐步扩展到包括工程承包、相互投资和技术合作等在内的广泛经贸合作领域"。②

2. 中印贸易关系日趋紧密，贸易互补性强，贸易结构日渐改善

实证研究表明："无论是中国对印度的进、出口强度指数，还是印度对中国的进、出口强度指数，在大多数年份都接近于 1，在最近几年甚至达到并超过了 1，并且均呈上升趋势。这说明中印经贸关系日趋紧密，高于与世界其他国家的联系程度"，而且"无论是以中国为出口国计算，还是以印度为出口国计算，两国的综合贸易互补性指数在大多数时间都围绕着 1 波动，并且呈现出比较稳定的态势，进而说明中印之间存在着贸易互补性"。③ 同时，中印双方商品贸易结构逐渐改善，④ 特别是中国机电产品跃居对印度出口的第一或第二大类商品，高附加值的工业制成品逐渐受到印度消费者的肯定和欢迎，⑤ 中印两国在经贸科技方面的合作或经贸科技领域的合作稳步发展，前途也越来越光明。⑥

3. 中印两国相互投资发展势头良好

中印两国相互投资发展势头良好，领域涉及电信、软件、医药等新兴产业，示范作用明显，印度对华投资集中在软件、信息、制药、生物技术等优势领域，主要以企业并购形式进行。⑦ 而且国内学者普遍认为，虽然中印双边直接投资总额逐年增加，但中印双向投资的非均衡问题愈益突出，特别是印度对华直接投资增幅明显快于中国对印度直接投资的增长幅

---

① 文富德："论中印经贸合作的发展前景"，《南亚研究季刊》2008 年第 1 期，第 49 页。
② 张佩伸："中印经贸合作面临的主要问题及对策"，《求知》2010 年第 3 期，第 45 页。
③ 齐玮："印度对外贸易现状与中印经贸关系分析"，《北方经贸》2009 年第 7 期，第 34 页。
④ 侯建卫："对中印经贸关系的分析与思考"，《经济前沿》2005 年第 7 期，第 45 页。
⑤ 包益红："发展机电产品贸易 促进中印经贸合作"，《世界机电经贸信息》2003 年第 8 期，第 24 页。
⑥ 廖贵年、徐伟："加强中印经贸科技合作 促进经济共同发展"，《南亚研究季刊》2001 年第 4 期，第 89 页。
⑦ 楼春豪："中印经贸合作面临的新挑战"，《亚非纵横》2009 年第 4 期，第 29 页。

度，中国对印度投资接连受到各种各样的借口的阻碍，存在较为严重的非对称性。很多中国投资家认为，中国将是印度企业投资的理想地区，印度也将成为中国企业"走出去"的重点地区。

4. 中印劳务、技术合作在双方对外合作中所占的比重十分小，[①] 但潜力巨大

例如，在信息技术领域，中国硬件生产技术具有优势，印度软件开发技术具有优势，双方合作潜力巨大；中国机电制造业的发展潜力和优势日益显现，印度家电制造业正处于发展的初级阶段，具有技术合作的潜力；中印制药工业在制造能力上都已进入世界大国行列，但两国的药品研发能力均较弱，都是世界上非专利药物的主要生产者，但两国均拥有充足的廉价劳动力与大量具有管理才能和技术专长的高素质人才，可以加强合作，联合攻关，增加高档药生产；中印在钢铁领域虽有合作，但仍有扩大合作的余地；印度对中国发展小高炉和小钢厂的技术、从含磁铁的钛和钒中制造生铁的技术也很感兴趣，而中方对进口印度的海绵铁生产技术也感兴趣，印度为保护环境，要求水泥、热电、炼油、造纸、硫酸、苛性钠、石化、农药等重污染业采取洁净技术。这些都为中国企业与印度进行技术合作创造了机会，成为中印具有合作潜力的领域。可见，中印虽为发展中国家，但是都在某些科技领域获得了重要发展。

（二）后金融危机时代中印经贸合作存在的主要问题

然而，在亮丽的经贸合作数字背后却隐藏着内在矛盾与冲突，两国贸易合作现状虽表现为贸易合作规模逐年扩大，但贸易结构仍有待进一步优化；尽管合作潜力巨大，但中印贸易额分别占中、印对外贸易总额的比重不大；虽然中印贸易强度指数不断上升，但中印进、出口贸易强度指数出现了明显的一高一低现象；两国因贸易平衡（我国绝大多数年份内顺差）问题所引致的摩擦不断增多；高附加值的工业制成品在印度市场上所占份额还很小，且进出口商品结构较为单调；以及印度独特的文化传统和民族

[①] 谢代刚、何雄浪："中印经贸合作探讨"，《湖北经济学院学报》2009年第3期，第62页。

心理对中印经贸关系发展存在不利影响。①

三、后金融危机时代中印经贸合作的影响因素研究

国际经贸关系是通过商品和生产要素的流动以及各国政策协调而展开的。由此可见，政府政策、比较优势是决定两国经贸合作的重要因素。因此，国内外学者主要从中印政治关系、政府作用及比较优势的角度分析了两国经贸合作的影响因素。

（一）影响后金融危机时代中印经贸合作的积极因素

1. 中印关系不断改善为中印两国经贸合作创造了有利的政治条件

1988年拉·甘地访华，标志着中印关系进入新的发展阶段；1996年江泽民主席访印，两国宣布建立建设性合作伙伴关系；进入21世纪，中印关系发展迅速，在双方的共同推动下，中印建立了面向和平与繁荣的战略合作伙伴关系，制定了深化合作的"十项战略"，签署了《关于二十一世纪的共同展望》，并于2010年12月发表了《中华人民共和国和印度共和国联合公报》等等，均为后金融危机时代中印经贸合作提供了良好的政治条件。

2. 中印两国签订了大量经济合作文件，为后金融危机时代中印经贸合作奠定了制度基础

例如，2005年4月，中印制定《全面经贸合作五年规划》，提出双边贸易发展具体目标，决定就中印自由贸易区进行协商。2006年9月，中印两国在北京签署《科技合作谅解备忘录》，确定成立中印科技合作指导委员会，指导委员会的成立有利于两国加强科技合作，促进科技交流与发展。2006年11月中印签署《关于促进和保护投资的协定》，两国政府将鼓励双方的相互投资，并且为对方投资者提供国民待遇和最惠国待遇，从而更好地保护投资者正当权益，促进双边贸易正常快速发展。2008年中印发

---

① 邓常春："无形的壁垒：印度文化传统与民族心理对中印经贸关系发展的影响"，《南亚研究季刊》2004年第1期，第13页。

表《中华人民共和国和印度共和国关于二十一世纪的共同展望》。2010年中印共同发表《中华人民共和国和印度共和国联合公报》，双方确立2015年双边贸易额达到1000亿美元的新目标，并拓展基础设施、环保、信息技术、电信、投资和财金等领域的合作。这些指导性文件为后金融危机时代中印经贸合作提供了制度性保障。①

3. 金融危机对中印两国产生了不同的影响，为后金融危机时代产业合作留下了广阔空间

由于中印经济发展模式、发展阶段以及发展基础环境等方面的差异性以及两国产业结构的不同，金融危机带来的影响也不同，给后金融危机时代产业合作留下了广阔空间。②（1）中国以外需为主而印度以内需为主的经济发展模式，中印工业化、城市化和现代化发展水平，以及铁路、公路和电力等基础设施方面的发展基础均存在一定的差距。（2）中国和印度产业的构成方面的差异性也很大，中国的制造业发达，而印度的服务业发达。中国主要向印度出口劳动密集型工业制成品，而印度主要向中国出口资源型产品。（3）印度力图仿效中国，希望在制造业领域为其日益庞大的劳动力提供就业机会；而中国则试图仿效印度，希望在IT、医药产业等高知识含量领域取得成功。（4）中印两国在资源禀赋方面也存在差异性。正因如此，中印经贸合作潜力巨大。

4. 印度逐步开放的经济政策尤其是关税的降低将进一步有利于两国经贸合作

目前，印度关税由以前的150%普遍降到了现在的15%左右，并已取消了很多贸易壁垒，这为中印经贸合作与发展提供了很好的条件。一方面，关税在降低，而且有继续往下降的趋势；另一方面，部分反倾销、贸易壁垒等措施也有下降的可能。这样对中国和很多亚洲国家来说都是一个平等的机会。

---

① 楼春豪："中印经贸合作面临的新挑战"，《亚非纵横》2009年第4期，第29页。
② 段钢、齐美虎："后金融危机时代的中印合作前景与展望——基于中国云南省与印度西孟加拉邦区域合作"，《经济问题探索》2011年第2期，第3页。

(二) 影响后金融危机时代中印经贸合作的消极因素

1. 尽管中印关系日渐改善，但是政治互信问题不会在短期内达成共识

美国卡托研究所全球自由与繁荣中心研究员艾亚尔（Swaminathan Aiyar）认为："两国的政治交流和探访仍在继续，因此短期内暂时不会有任何严重的问题。不过，由于中国被外界视为要在印度洋扩大其足迹，并在边界纠纷上向印度提出更多要求，因此两国的长期关系变得更为紧张。"① 但也有人认为："中印经贸关系发展不只是一个经济问题，在某种意义上更是一个政治问题，或者说影响中印贸易发展的政治因素的确存在。"所以，长期以来悬而未决的中印边界争端问题、地区霸权问题，以及巴基斯坦因素等使得中印双方政治互信问题不会在短期内达成共识，这必将成为制约后金融危机时代中印经贸合作的消极因素。

2. 后金融危机时代印度贸易保护主义抬头的不利因素影响

中印贸易虽然发展迅速，但印度对中国的商品准入和企业投资长期持怀疑态度，并频繁采取投资审查和反倾销等措施。② 事实上，在"金砖四国"中，印度对进口货物和服务的保护程度大大高于其他三国。尤其是在全球经济衰退的情况下，印度为加大本国产业的保护力度，频频与中国发生贸易摩擦，③ 印度一直未承认中国的市场经济地位，是对中国使用贸易救济措施最多的国家之一，而且近年来"印度对中国贸易实施了最严厉的反倾销措施"。④

3. 中印经贸合作还存在着市场准入障碍、市场信息不对称等不利因素的影响

中印经贸合作还存在诸如海关规则和程序，产品标准、认证和监管，

---

① 联合早报网："中印关系分析——专访印度著名经济学家艾亚尔"，2011年6月22日，http://www.zaobao.com/futurechina/pages/news110622.shtml。
② 何煜："后金融危机时代中印经贸合作发展问题及对策"，《中南论坛》2011年第1期，第78页。
③ 张立："中印贸易摩擦的现状、原因及对策建议"，《南亚研究季刊》2008年第3期，第61页。
④ 任佳："金融危机背景下的中印贸易发展趋势及合作建议"，《东南亚南亚研究》2010年第6期，第2页。

非关税壁垒及原产地规则等市场准入障碍，双边贸易往来时市场信息不对称问题，以及如亚洲开发银行现任首席经济学家伊夫扎勒·阿里在评论印度产业界对来自中国的竞争表示担忧时所说的，"亚洲的公司必须学会提高生产率，否则就会毁灭在制造业主神中国的手里"①的"中国威胁论"的不利影响。

4. 国际金融危机引发的中印"发展模式"之争

虽然中国政府一直避谈发展模式之争，但印度领导人却高调谈及两国模式之争，其急切与中国竞争的言行，可能会渗透到外交政策的执行中，并有损中印经贸关系发展。②

四、后金融危机时代中印经贸合作面临的机遇与挑战研究

后金融危机时代，世界经济形势的变化及中印自身经济发展的需要，给两国经贸合作带来了新的机遇和挑战，相关研究主要从内外部经济形势的变化入手进行剖析。

（一）中印经贸合作面临的机遇

金融危机影响了世界经济发展格局和合作方式，同时也为创新地区合作模式提供了历史机遇。

1. 世界经济形势促使两国加强对话与合作③

从目前经济全球化的状况来看，发达国家凭借其强大的政治、经济、军事实力，在制定国际规则、国际制度中居主导地位，不断扩充自身行使主权的范围和质量，而发展中国家则处于弱势。中国和印度山水相连，有着相似的国情和发展经济、减少贫困的共同目标。面对目前经济全球化形

---

① 蔡一飞："印度重工巨头扎堆中国"，http://finance.sina.com.cn/roll/20040903/1300998612.shtml。
② 楼春豪："中印经贸合作面临的新挑战"，《亚非纵横》2009年第4期，第31页。
③ 徐菲：《经济全球化下中印经贸关系的发展及前景》，四川大学2007年度硕士学位论文，第32页。

势，发展互利合作，有利于两国充分利用经济全球化带来的各种有利因素，维护发展中国家的集体利益。因此，在当前的后金融危机时代，世界经济仍存在许多风险与不确定因素，中印两国作为亚洲乃至世界经济增长的重要推动力，需要为国内经济的稳定发展创造良好的外部环境，可以说是"合则两利、斗则俱伤"。

2. 世界贸易组织为两国经贸合作提供有利条件

在WTO框架下，中印可以相互合作的领域更多了，不仅包括原来就有的商品贸易，而且扩展到国际投资、国际服务贸易等更为广泛的领域。

3. 《曼谷协定》的达成以及"金砖国家"合作机制建设有利于促进中印双边贸易的发展

2003年中印就相互适用《曼谷协定》问题达成双边协议，这标志着中印将根据《曼谷协定》相互提供比最惠国税率更为优惠的关税待遇，有利于克服双边贸易中各种各样的障碍，更好地促进双边贸易发展。与此同时，近年来随着中国、俄罗斯、印度、南非和巴西等"金砖国家"（Brics）的群体性崛起，国际关系的力量对比与国际秩序正逐渐改变，推动"金砖国家"合作机制建设不断取得新进展，也为推动中印经贸合作奠定了制度基础。

4. 中国西部大开发战略为发展中印经贸关系提供了便利条件

中国西部大开发战略为中印经贸合作提供了重要机遇。由于存在区位优势，两国相邻地区开展边境贸易十分有利。[1]

（二）中印经贸合作面临的挑战

第一，世界经济复苏存在诸多不确定因素，外部宏观经济环境有可能进一步恶化。尽管世界经济总体上保持着复苏态势，但事实上，复苏进程还很脆弱、很不平衡。中东、北非局势动荡不定，大宗商品价格上涨引发的全球性通胀压力增大，日本地震和海啸，以及近一段时期欧美债务危机愈演愈烈和一些发达国家经济明显放缓，都为世界经济增长带来了新的不

---

[1] 徐菲：《经济全球化下中印经贸关系的发展及前景》，四川大学2007年度硕士学位论文，第34页。

确定性。[1]

第二，经济全球化条件下，风险或危机具有比过去更迅速的传导性和相关性。[2] 全球化背景下金融危机国际传导机制的变化，增大了国际金融体系的不稳定性，相应地为后金融危机时代的中印经贸合作带来了挑战。

第三，金融危机发生后，全球范围内贸易保护主义呈上升趋势，美国带头，新兴国家起而效尤。[3] 正如前中国商务部部长陈德铭所言，"历次全球经济危机往往都伴随着贸易争端的高发"，"对贸易保护主义来说，全球金融危机无疑是一针催化剂"。因而，全球范围内的贸易保护主义对后金融危机时代的中印经贸发展构成挑战。

第四，后金融危机时代内部经济环境的变化也在一定程度上对中印经贸合作构成挑战或威胁。例如印度经济也遭遇卢比贬值、股市缩水、企业倒闭、资本流动性紧张等问题。[4] 为了刺激本国经济增长、扶持本国企业生存，印度采取了一系列贸易保护措施，尤其是针对中国发起了多起反倾销案例。

五、后金融危机时代中印经贸合作的前景及对策研究

（一）后金融危机时代中印经贸合作前景

总体来看，鉴于中印经济规模宏大、经济活力充分和经济互补性强等因素，两国贸易潜力会非常巨大。

第一，中印两国之间的贸易潜力大，尤其是两国产业内贸易尚存较大的发展空间。阿米塔（Amita）博士从定量的角度估计印度和其他国家之间实际贸易和贸易潜力的差距，认为中印之间的潜在贸易是现在实际贸易的 2.5 倍。同时，他认为中印都有高度多样化的经济和制造结构，同业中

---

[1] 王东："当前世界经济形势分析与前景展望"，《经济日报》2010年9月19日。
[2] 黄范章："国际金融危机与宏观经济政策的国际合作"，《对外经贸》2009年第7期，第4页。
[3] 楼春豪："金融危机下的中印经贸合作"，http：//www.cicir.ac.cn/chinese/newsView.aspx? nid = 1376。
[4] 何煜："后金融危机时代中印经贸合作发展问题及对策"，《中南论坛》2011年第1期，第79页。

中间制成品贸易的空间非常大,其发展具有光明前景。因而,中国公司走出去开拓印度市场不仅必要,而且相互之间的投资也将得到不断发展。[①] 而且,研究也表明:"中国对印度的出口水平低于同期印度在世界进口市场中的份额;同时,印度从中国的进口水平也低于同期中国在世界出口市场中的份额,这也反映出两国的产业内贸易水平不高,尚存在着很大的发展空间。"[②]

第二,建立中印自由贸易区的可能性将进一步增强。随着两国关系不断改善,政治互信加深,经济高速增长,双方经贸合作也将获得更快发展。两国的贸易和企业相互投资将会有所增加。目前,中国与印度关于区域贸易安排的协商已基本完成,这将有效促进中印经贸合作发展。可以预见,随着中印经贸关系逐渐加强和人员往来不断增加,印度也将逐渐成为中国企业对外投资的重点地区,只要印度实行更加开放的经济政策,进一步加强中印经贸合作,建立中印自由贸易区的可能性也将进一步增强。[③]

第三,为维护共同经济发展,中印双方经贸合作的意愿愈益强烈。尽管中印两国贸易合作存在一些障碍,但在后金融危机时期两国稳定国内经济、发展双边贸易才是重中之重。这是因为,中印两国经济逐步恢复为后金融危机时期双方贸易合作奠定了基础,而且随着后金融危机时期全球贸易保护主义的抬头,中印急需联手维护共同经济发展,双方合作的意愿将更加强烈。

第四,中印在后金融危机时代经贸合作的前景是乐观的,是值得期待的。[④] 后金融危机时代,中印两国会充分发挥双边贸易优势,成为更紧密的贸易合作伙伴,这不仅为未来中国和印度发展成为战略性合作伙伴奠定重要基础,而且也为防止金融危机进一步恶化和蔓延,保证世界经济平稳发展做出贡献。因而,我们有理由相信,中印经贸合作的前景是乐观的,是值得期待的。

---

① Amita Batra (2004). India's Global Trade Potential: The Gravity Model Approach. Indian Council For Research on International Economic Relation working paper No. 151.
② 齐玮:"印度对外贸易现状与中印经贸关系分析",《北方经贸》2009 年第 7 期,第 34 页。
③ 文富德:"论中印经贸合作的发展前景",《南亚研究季刊》2008 年第 3 期,第 55 页。
④ 杨梅:"后金融危机时期中印贸易合作考量",《经济体制改革》2009 年第 9 期,第 151 页。

（二）后金融危机时代中印经贸合作对策

1. 充分发挥国际经济主体的能动性与创造性，促进中印经贸关系深化发展[①]

（1）充分发挥政府在推进中印贸易关系持续发展中的主导作用。中印政府应加快自由贸易区建设的步伐，以拉近两国贸易关系；正确处理中印贸易摩擦，加强两国政府在司法方面的制度安排职能；中印两国政府应加快简化双方贸易合作程序，为扩大两国贸易规模扫清障碍；中印两国政府应为扩大边境贸易制定相关的支持措施，挖掘中印贸易合作的互补性，淡化竞争意识。（2）充分发挥企业在推动中印贸易关系良性运行中的能动作用，进一步优化货物贸易商品结构，大力发展高附加值货物商品贸易；中方企业界须对对方市场环境进行深入的分析与调研，并确立其市场定位；努力拓展产业内贸易合作空间，积极探讨新的经济合作形式；积极培育和引进开拓中印贸易合作所需要的外经贸人才。与此同时，两国企业界也要推动企业走出去，加强相互投资合作。[②]（3）强化中印贸易关系良性互动的社会化服务功能，进一步加强中印贸易合作的多样化通道建设，并提升其服务水平，充分发挥商会、行业协会和学术团体等民间组织在中印贸易合作中的中介作用。

2. 减少"信任赤字"，创新中印经贸合作内容或形式，削弱国际金融危机对中印经贸合作的不利影响

（1）中印只有减少"信任赤字"，才能携手合作，互利共赢。为此，中印两国政府应加强政治互信，实现政经关系良性互动；以"国际共识"超越"双边分歧"，扩大双方在国际经济事务中的共同诉求，挖掘经济互补性，深化经贸合作。[③]（2）中印"应积极扩大商品贸易，促进相互投资，增加旅游往来，密切交通联系，加强结算合作，从而进一步加强经贸合作，推动中国和南亚国家经济尽快恢复并加速发展"，[④]以削弱国际金融危

[①] 杨文武、倪香芹："中印经贸合作现状、问题及其对策"，《社会科学》2009 年第 7 期，第 23—24 页。

[②] 楼春豪："中印经贸合作面临的新挑战"，《亚非纵横》2009 年第 4 期，第 31 页。

[③] 楼春豪："中印经贸合作面临的新挑战"，《亚非纵横》2009 年第 4 期，第 31、58 页。

[④] 文富德："国际后金融危机时代加强中国西南与南亚国家经贸合作的途径"，《东南亚南亚研究》2010 年第 6 期，第 39 页。

机对中印经济发展以及中印经贸合作的影响。(3) 中印双方只有很好地平衡得失，才能取得满意的合作。(4) 中印经济合作需要嵌入亚洲元素，而且需要通过建立东亚共同体以协调不和，其中东盟、中国、日本和印度是平等伙伴。[①]（5) 在推进双边贸易增长的同时，加快调整中印商品贸易结构，以确保经贸合作平衡发展。

3. 扩大多领域合作

双方还应扩大除贸易领域以外多领域的合作，构建经贸合作长效机制与沟通平台。双方还应淡化竞争意识，扩大除贸易领域以外多领域的合作，特别是围绕重点领域和项目加强合作基础；建立健全长效机制，拓宽合作领域；加强教育文化交流，增进两国人民的相互了解和沟通。

4. 构建自由贸易区

在全球经济衰退的背景下，积极推动中印自由贸易的早日构建。中印两国构建自由贸易区不仅具有现实的政治经济基础，更是在日益恶化的世界经济环境下中印和世界的理性选择，只有中印两国携手，才可以稀释衰退的负面影响。[②]

由此可见，国内外关于中印经贸合作的研究成果数量较多，有其重要的参考价值并不乏独到之处，还取得了具有一定学术价值的研究成果。

第三节 研究思路与研究目标

一、研究的总体思路

本书综合运用文献调查、历史分析、规范分析、比较分析等方法，借助专

[①] 沈丹阳、李光辉、李伟："全球区域经济一体化第三次浪潮与建立'泛亚洲经济共同体'刍议"，《国际经济合作》2004 年第 6 期，第 7 页。
[②] 霍伟东、李伯韬："全球经济衰退背景下的中印自由贸易区建设——基于实证的研究"，《国际贸易问题》2009 年第 4 期，第 38 页。

家访谈与会议研讨、实地调研与考察等手段，在借鉴吸收国内外关于后金融危机时代中印经贸合作直接或间接相关研究的最新成果基础之上，基于世界经济学、国际经济关系学、国际经济学、国际经济合作理论与实务、国际关系学、地缘经济学、新地区主义理论以及战略学等相关理论学科研究的新视野，以后金融危机时代世界经济格局演化和国际经济环境变化为时代背景，以及在这一时代背景下中印宏观经济及其中印对外经贸关系变化为初始条件，探讨后金融危机时代中印经贸合作面临的新机遇、新挑战，剖析后金融危机时代中印经贸合作（成效、问题）现状以及积极和消极影响因素，并沿着"后金融危机时代中印在双边贸易、投资和国际经济技术等方面的经贸合作与发展"之主线，重点对中印在贸易、投资、电信业、信息技术、环保、农产品、科技、交通基础设施、货币等领域的合作进行了较为详尽的分析与研究，以推动两国经贸合作向纵深发展，实现优势互补，互利共赢，为促进相互发展、亚洲振兴乃至世界经济恢复性增长做出贡献。期待本书研究成果能为政府或相关业界提供决策参考或咨询建议（如图1—1所示）。

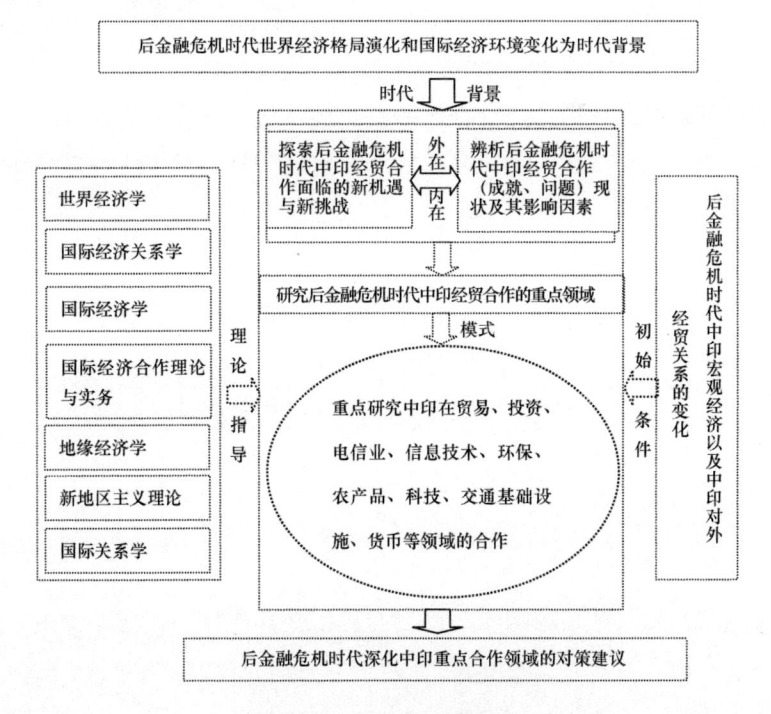

图1—1　研究的总体思路

二、研究目标

本书拟达到以下主要的研究目标。

1. 本书将从后金融危机时代世界经济格局变化和国际经济环境变化的时代背景出发，并结合我国国家战略目标和战略利益，充分体现"中印全面经济和贸易关系是两国战略合作伙伴关系的核心组成部分"以及中印"双方一致同意构建更加紧密的发展伙伴关系"之精神实质。

2. 揭示后金融危机时代中印经贸合作面临的新机遇与新挑战，以充分认知中印经贸合作的战略利益大于分歧的客观现实。

3. 客观评价金融危机前后中印主要领域的经贸合作成效、问题及其互补性需求，以探究中印经贸合作潜质。

4. 重点研究中印在贸易、投资、电信业、信息技术、环保、农产品、科技、交通基础设施、货币等最具活力的领域的合作与新空间，以进一步推动两国经贸合作向纵深发展，实现优势互补，互利共赢，为促进共同发展、亚洲振兴乃至为世界经济恢复性增长做出贡献。

5. 从最大限度地维护好我国国家利益、保障中国经济安全出发，充分认识后金融危机时代中印经贸合作的必然性、可能性与可行性，尽可能地从中观与微观层面提出关于后金融危机时代进一步促进中印经贸合作的可操作性的因应策略及对策建议。

第四节 研究方法与技术路径

一、研究方法

本书在研究方法上强调多学科、全方位和开放性，整体上采用归纳与演绎方法、定性分析与定量分析相结合，尤其是坚持马克思主义的理论指导，把历史唯物主义和辩证唯物主义贯穿于研究的全过程。同时，借鉴西方国际关系中的基础理论以及国际贸易、国际金融、国际经济合作等理论，综合运用合作论、相互依存论、偏好相似理论和比较成本理论等相关的理论原理，通过对后金融危机时代中印经贸合作环境的分析，客观评价危机前后的合作现状，研判其面临的新挑战与新机遇，并着力对后金融危机时代拓展中印经贸合作的重点领域等进行系统分析与研究。此外，还综合运用文献调查、历史分析、案例分析、比较分析、专家访谈等方法，探索后金融危机时代中印经贸合作现状、问题及其对策建议，并且高度重视所采用的文献数据资料的代表性、真实性和规范性。本书将应用历史分析法、宏微观经济分析法、理论与实际分析法、比较分析法等研究方法，力求采用多种规范的研究方法，揭示后金融危机时代中印经贸合作发展内在的、本质的规律。

二、技术路径

如图1—2所示，本书首先围绕后金融危机时代中印经贸合作环境变化及其初始条件是什么、危机前后的中印合作现状评价及其面临的新挑战与新机遇怎么样、后金融危机时代中印经贸合作的重点领域是哪些、后金融危机时代深化中印经贸合作的对策建议有哪些等一系列现实的问题展开，对后金融危机时代中印经贸合作相关的理论原理、理论方法等文献资料进行分析，然后提出本书的概念性理论框架与基础性研究假设，并结合拟采用的研究方法，科学地回答了后金融危机时代中印经贸合作具体"是什么"、"怎么样"、"如何做"等现实问题，从而推导出合乎客观实际并具有实践操作性的对策建议。为此，开展本书研究工作的具体步骤如下。

首先，由课题负责人提出概念性理论框架与基础性研究假设，整理出三级提纲，并召集研究人员及相关专家学者召开会议，讨论研究提纲，征求专家意见，然后负责人和主要成员集中对各种意见进行综合整理，并对研究提纲进行修改、补充和完善。

其次，采取分工协作方式，由课题负责人根据主要研究成员研究特长和研究能力，并参照各子课题的特点，选择长期从事中印经贸合作问题研

```
┌─────────────────────────┐     ┌─────────────────────────┐
│   现实问题的提出与展开    │ ←→ │   文献资料的分析与应用    │
└─────────────────────────┘     └─────────────────────────┘
```

```
┌──────────────┐   ┌──────────────────┐   ┌──────────────────┐
│后金融危机时代 │   │概念性理论框架与基 │   │对于后金融危机时代 │
│中印经贸合作环 │   │础性研究假设的提出 │   │中印经贸合作的最新 │
│境变化及其初始 │   │                  │   │研究成果进行学术剖 │
│条件（是什么？）│   │                  │   │析                │
└──────────────┘   └──────────────────┘   └──────────────────┘

┌──────────────┐   ┌──────────────────┐   ┌──────────────────┐
│危机前后的中印 │   │召集课题组成员及相 │   │对与后金融危机时代 │
│合作现状评价及 │   │关专家学者进一步论 │   │中印经贸合作研究成 │
│其面临的新挑战 │   │证研究提纲        │   │果相关的理论原理进 │
│与新机遇（怎么 │   │                  │   │行逻辑梳理值的理论 │
│样？）         │   │                  │   │原理进行          │
└──────────────┘   └──────────────────┘   └──────────────────┘

┌──────────────┐   ┌──────────────────┐
│后金融危机时代 │   │到国内调研以及到印 │
│中印经贸合作的 │   │度实地考察，进一步 │
│重点领域（如何 │   │完成资料收集、整理，│
│做？）         │   │并初步完成成果报告 │
└──────────────┘   └──────────────────┘

┌──────────────┐   ┌──────────────────┐   ┌──────────────────┐
│后金融危机时代 │   │召开课题专家论证会，│   │对于后金融危机时代 │
│深化中印经贸合 │   │提出建议，课题组进 │   │中印经贸合作研究相 │
│作的对策建议   │   │一步修改与完善    │   │关的理论方法进行科 │
│              │   │                  │   │学选用            │
└──────────────┘   └──────────────────┘   └──────────────────┘
                            ↓
                   ┌──────────────────┐
                   │进行学术交流与最后 │
                   │专家论证          │
                   └──────────────────┘
                            ↓
              ┌───────────────────────────┐
              │修订《后金融危机时代中印经贸 │
              │合作研究》成果并结题        │
              └───────────────────────────┘
```

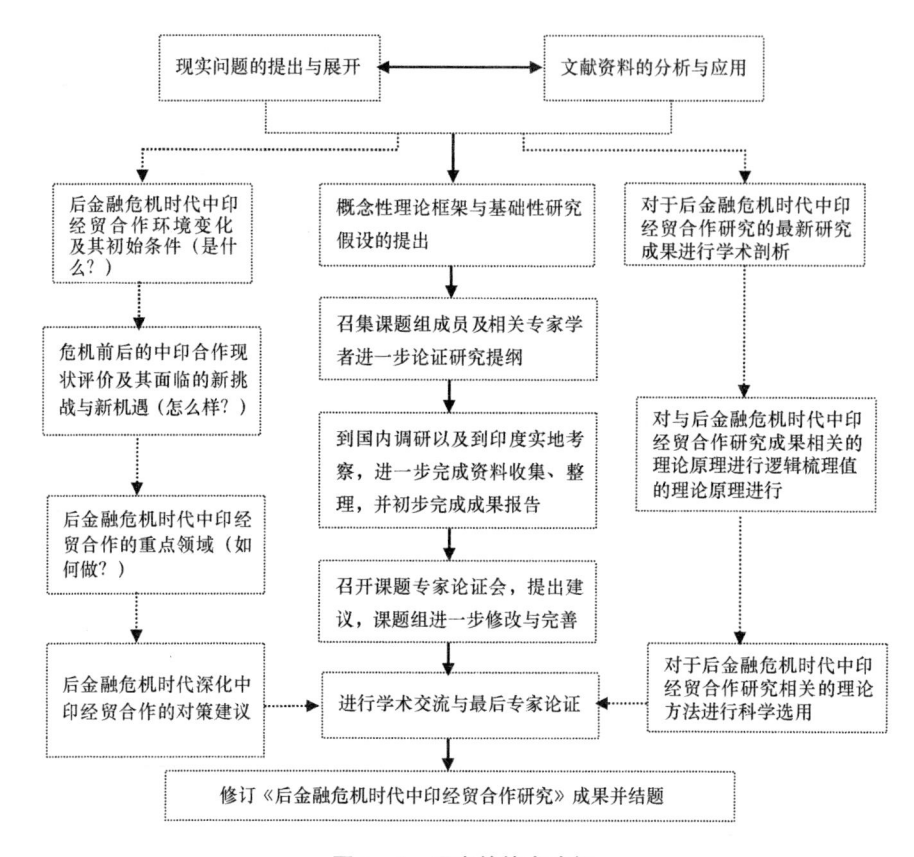

图 1—2　研究的技术路径

究的高级研究人员作为负责人，实行子课题研究分工负责制。

再次，各子课题负责人根据本部分具体研究内容，适当选择从事多年中印经贸合作问题研究的助理研究员或博士协助收集资料或参加部分研究工作，以提高其研究能力和研究水平，达到既出精品又出人才的目的。

最后，在研究的过程中，积极开展国内外调研考察工作，进一步完成资料收集、整理与初步分析工作；召集课题组成员集中时间撰写研究内容，并召开有关专家会议。根据专家意见进一步修改、完善研究内容，最终形成结题研究报告。

第五节 研究的重点、难点以及突破点与不足之处

一、研究的重点和难点

第一,如何才能精准定位并明晰后金融危机时代中印经贸合作的新方向、新动力和新领域究竟是什么?尤其是需要重点研究中印在贸易、投资、电信业、信息技术、环保、农产品、科技、交通基础设施、货币等领域的合作取得了哪些主要成就。

第二,必须弄清后金融危机时代中印经贸关系发展中存在的主要问题,或者说,影响或制约后金融危机时代中印经贸关系理性发展的主要矛盾或矛盾的主要方面有哪些?

第三,充分揭示中印经贸合作之间的竞争性与互补性,以利于进一步深化经贸合作,实现互利共赢和共同发展,并为促进各自国家发展、亚洲振兴乃至世界经济恢复性增长做出贡献,甚至为构建中印之间"更加紧密的发展伙伴关系"做出新的贡献。

第四,为进一步推动后金融危机时代中印两国经贸合作向纵深发展,在剖析后金融危机时代中印经贸合作取得成效及其面临的系列问题与困惑的同时,并在充分认知后金融危机时代中印经贸合作的必然性、可能性与可行性的前提下,提炼出既能从国家战略高度出发又注重理论研究的具有针对性、前瞻预测性和实践操作性的相关对策建议。

二、研究的突破点与不足之处

(一)研究的突破点

1. 立足于从宏观整体与微观细分研究两极化的高度整合:本书既对后金融危机时代世界经济格局演化,国际经济环境变化及其对中印经济发

展、中印对外经贸关系变化以及中印经贸合作带来的新机遇与新挑战等宏观领域进行分析与研究,又对后金融危机时代中印双边经贸合作状况以及中印经贸合作的重点领域等微观层面进行详尽的分析与研究,客观归纳并总结进一步促进后金融危机时代中印经贸合作的因应策略。

2. 尽可能提高研究成果的实用性与理论指导性:从提出科学假设的角度,全面归纳和揭示后金融危机时代中印经贸合作发展的内在规律性,特别注重中印在贸易、投资、电信业、信息技术、环保、农产品、科技、交通基础设施、货币等重点领域开展经贸合作的研究成果的实用性与理论指导性,切忌空洞的泛泛而谈。

3. 注重非经济影响因素的剖析:由于中印在社会政治及其文化方面存在一定的差异性,国内学术界对印度具体国情或国家战略文化比较陌生。因而,本研究通过探究中印两国社会政治及其战略文化特征,从中印经贸合作进程中的社会政治及其文化差异角度,深入解析后金融危机时代制约或影响中印经贸合作发展中各自政治外交政策及相互关系等系列问题,以期借助文化交流平台来促进后金融危机时代中印经贸合作的健康发展。

4. 保证研究成果的时效性和新颖性:主要聚焦后金融危机时代中印经贸合作研究的相关学术前沿和最新研究成果,追踪中印经贸合作问题研究的新进展、新特点和新趋势,从而保证本课题研究成果的时效性和新颖性。

(二) 研究的不足之处

1. 尽管试图从中观产业与微观行业部门和产品等角度来深层次剖析中印经贸合作的相关问题,但由于涉及内容多、规模庞大,该项目未能全面地探索中印经贸合作的所有相关产业、行业部门和相关产品等合作内容。

2. 尽管试图从国际经济关系的角度揭示后金融危机时代中印经贸合作关系的本质与特性、矛盾与冲突,但由于中印经贸合作关系涉及经济与非经济、政治与社会、双边与多边关系因素的影响,因而也未能全面揭示其影响因素。

3. 由于后金融危机时代中印经贸合作是一个具有系统性的复杂问题,因而成果也未能全面和充分地揭示中印经贸合作面临的机遇与挑战、各自的比较优势与劣势等问题。

但无论如何,由于后金融危机时代中印经贸合作是中印"构建更加紧密的发展伙伴关系"中的一项重大理论与现实问题,因而项目组将持续关注与深入讨论该议题。

第二章

后金融危机时代中印贸易合作

金融危机后中印两国经济得以迅速恢复,并在一定程度上推动了全球经济的复苏。中国与印度作为两大新兴经济体以及世界上人口最多的两个发展中大国,在全球格局发生变化的大背景下,中印贸易合作关系得到了不断深化与发展。目前中国是印度的第二大贸易伙伴,印度则是中国在南亚地区最大的贸易合作伙伴,中印双边贸易发展潜力较大。深化中印贸易关系不仅有利于进一步提升中印两国的经济发展水平,而且对整个世界经济发展也将产生更为积极的影响。然而,近年来中印贸易合作受到了诸多因素的影响,两国贸易摩擦不断,严重影响了双边贸易持续健康的发展。为此,本章基于中印两国双边货物贸易的数据,分析后金融危机时代两国出口贸易规模、结构现状及其存在的主要问题,探索后金融危机时代影响中印双边贸易的积极因素和消极因素,提出深化中印贸易合作发展的对策建议。

第一节　后金融危机时代中印贸易合作现状

一、中印贸易规模逐年扩大

自 2008 年世界金融危机爆发以来,中印贸易规模总体上呈上升趋势(如图 2—1 所示)。根据联合国商品贸易统计数据库(UN Comtrade)统计,中印贸易总额从 2008 年的 416.8 亿美元下降到 2009 年的 409.83 亿美元,再上升到 2010 年的 586.98 亿美元和 2011 年的 722.01 亿美元,然后小幅回落到 2012 年的 688.7 亿美元、2013 年的 680.52 亿美元，然后再次上升到 2014 年的 716.65 亿美元和 2015 年的 711.81 亿美元。① 在 2009 年到 2015 年的 7 年间，中印贸易年均增长率高达 6.50%，高于中国同期对外贸易 5.08% 的年均增长速度，更高于印度同期对外贸易 2.62% 的年均增长率。其中，中国对印度的出口贸易额呈持续增长态势。中国对印度的出口贸易额由 2008 年的 315.86 亿美元下降到 2009 年的 306.13 亿美元之后，再上升到 2010 年的 412.49 亿美元、2011 年的 554.83 亿美元、2012 年的 541.4 亿美元、2013 年的 516.35 亿美元、2014 年的 582.31 亿美元和 2015 年的 616.04 亿美元。中国从印度进口贸易额呈现一定的波动下降态势，由 2008 年的 100.94 亿美元上升到 2009 年的 103.7 亿美元、2010 年的 174.4 亿美元之后，下降到 2011 年的 167.18 亿美元、2012 年的 147.29 亿美元，然后再次上升到 2013 年的 164.17 亿美元之后，再次下降到 2014 年的 134.34 亿美元和 2015 年的 95.77 亿美元。由此可见，中印双边贸易规模受金融危机影响不大，且恢复迅速，总体规模持续扩大。

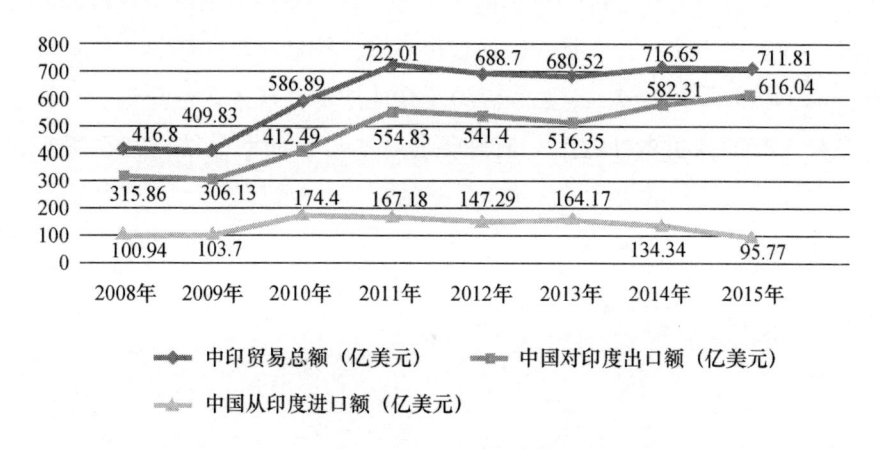

图 2—1 中印贸易额

① 根据 UN Comtrade 数据库中以印度为报告来源国的统计数据。

二、中印商品贸易结构呈现出加速调整态势

后金融危机时代中印贸易结构也在不断地进行调整。尤其是与 2008 年相比，2009 年至 2015 年中国从印度进口商品结构变化较为显著（如图 2—2 所示）。尽管中国从印度进口的 80% 商品主要集中于非食用原料（不包括燃料）、主要按原料分类的制成品以及未列明的化学品和有关产品三大类别，但是中国从印度进口的非食用原料（不包括燃料）占中国从印度进口商品总额的比重由 2008 年的 71.15% 下降到 2009—2015 年的平均值 39.39%，主要按原料分类的制成品占中国从印度进口商品总额的比重由 2008 年的 7.03% 上升到 2009—2015 年的平均值 28.98%，未列明的化学品和有关产品占中国从印度进口商品总额的比重由 2008 年的 8.22% 上升到 2009—2015 年的平均值 11.80%。由此可见，尽管印度向中国出口主要集中于棉花，矿砂、矿渣及矿灰，铜及其制品，有机化学品，塑料及其制品，盐，硫磺，土及石料，石灰及水泥等，核反应堆、锅炉、机械器具及零件，动、植物油，脂，蜡，精制食用油脂，钢铁，矿物燃料、矿物油及其产品，沥青等，虫胶，树胶，树脂及其他植物汁液等等资源型产品的总体趋势没有得到根本性改变，但是印度对华出口的商品结构正在逐步优化，中印贸易合作潜力将进一步得到挖掘。

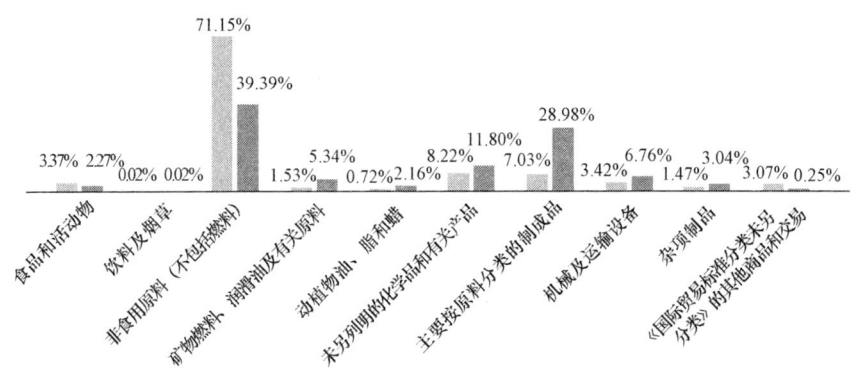

图 2—2　中国从印度进口商品结构

相比之下，印度主要向中国出口资源型产品、中国主要向印度出口制造业产品的格局变化不大。根据联合国经济和社会事务部修定的《国际贸易标准分类（SITC）》的统计数据显示（如图 2—3 所示）：与 2008 年相比，2009—2015 年中国对印度出口商品结构变化不大。2008 年以及 2009—2015 年，中国对印度出口商品中近 80% 的产品集中于机械及运输设备、主要按原料分类的制成品以及未另列明的化学品及相关产品等三大类别。也就是说，中国对印度出口商品主要集中于电机、电气、音像设备及其零附件，核反应堆、锅炉、机械器具及零件，有机化学品，特殊商品，肥料，钢铁，钢铁制品等商品。

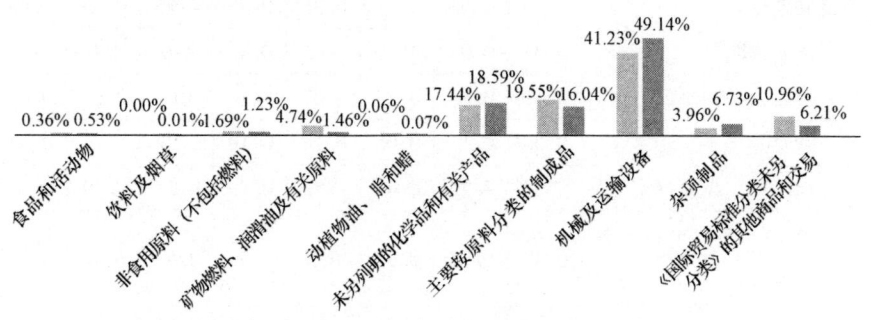

图 2—3 中国对印度出口商品结构

三、中印贸易合作动力主要来源于两国的产业间贸易

尽管产业内贸易已成为全球范围内国家间贸易的主要方式，但是根据联合国商品贸易统计数据库发布的数据计算得出，2009—2015 年中印产业内贸易指数为 0.44 左右（如表 2—1 所示），这说明中印产业内贸易水平较低，两国产业间贸易所占比重大于产业内贸易所占比重，中印贸易发展的动力主要来源于两国的产业间贸易。第 0 部门（食品和活动物）、第 3 部门（矿物燃料、润滑油及有关原料）、第 6 部门（主要按原料分类的制成品）主要由产业内贸易推动，其余部门则更多地由产业间贸易来推动。

特别是中印在软木及木材制品、纸、纸板以及纸浆、纸和纸板的制品、无机化学品、肥料、机械及运输设备等商品上的产业内贸易指数一直维持在极低的状态,几乎接近于0,这主要由于在中印双边贸易中,印度对上述商品存在进口依赖,几乎是中国向印度单向出口这类商品,所以两国几乎不存在产业内贸易。这在很大程度上与中印两国国内产业结构、经济发展水平、资源禀赋与经济发展模式的差异等有关。

表2—1 2009—2015年中印产业内贸易指数[①]

商品类别/年份	2009	2010	2011	2012	2013	2014	2015	均值
食品和活动物	0.99	0.63	0.88	0.96	0.91	0.91	0.96	0.89
肉及肉制品	0.03	0.03	0.19	0.02	1.0	1.0	1.0	0.47
谷物及谷物制品	0.65	0.53	0.24	0.87	0.4	0.66	0.65	0.57
蔬菜及水果	0.06	0.11	0.08	0.15	0.19	0.02	0.27	0.13
糖、糖制品及蜂蜜	0.07	0.26	0.42	0.83	0.79	0.57	0.19	0.45
咖啡、茶、可可、香料及其制品	0.49	0.93	0.97	0.5	0.36	0.59	0.47	0.62
饮料及烟草	0.44	0.25	0.07	0.12	0.85	0.91	0.48	0.45
饮料	0.24	0.03	0.06	0.1	0.6	0.43	0.5	0.28
烟草及烟草制品	0.7	0.68	0.1	0.17	0.99	0.83	0.48	0.56
非食用原料(不包括燃料)	0.12	0.11	0.24	0.23	0.16	0.3	0.43	0.23
生皮及生毛皮	0.79	0.24	0.13	0.16	0.15	0.05	0.02	0.22
油籽及含油果实	0.09	0.16	0.11	0.19	0.31	0.1	0.33	0.18

[①] 产业内贸易是指一国同时进口和出口同类产品的现象,格鲁拜尔和劳埃得计算产业内贸易指数的公式是迄今为止使用最多的衡量产业内贸易水平高低的方法,学术界称为GL指数,其计算公式可以表示为:

$$Gli = 1 - \frac{|Xi - Mi|}{|Xi + Mi|}$$

其中,GLi为两国特定产业i的产业内贸易指数,Xi为两国间该产业的出口贸易额,Mi为两国间该产业的进口贸易额,GLi的取值在0—1之间,越接近于1,说明两国产业内贸易水平越高,反之说明两国产业间贸易水平越低。

续表

商品类别/年份	2009	2010	2011	2012	2013	2014	2015	均值
生胶（包括合成胶及再生胶）	0.99	0.46	0.54	0.27	0.94	0.81	0.88	0.70
软木及木材	0.04	0.02	0.01	0.01	0.09	0.01	0.22	0.06
矿物燃料、润滑油及有关原料	0.33	0.74	0.94	0.59	0.86	0.68	0.92	0.72
煤、焦炭及煤砖	0.14	0.01	0.42	0.32	0.03	0.01	0.01	0.13
石油、石油产品及有关原料	0.37	0.99	0.74	0.62	0.49	0.39	0.7	0.61
动植物油、脂和蜡	0.02	0.05	0.3	0.44	0.01	0.02	0.01	0.12
动物油脂	0.99	0.68	0.59	0.19	0.29	0.14	0.14	0.43
未另列明的化学品和有关产品	0.33	0.33	0.32	0.33	0.36	0.25	0.21	0.30
有机化学品	0.34	0.41	0.4	0.42	0.39	0.3	0.28	0.36
无机化学品	0.09	0.09	0.14	0.12	0.07	0.1	0.08	0.10
染色原料、鞣料及色料	0.55	0.48	0.36	0.38	0.49	0.44	0.42	0.45
医药品	0.16	0.15	0.22	0.22	0.18	0.14	0.13	0.17
肥料（第272组所列除外）	0.01	0.01	0.01	0.01	0.01	0.01	0.01	0.01
主要按原料分类的制成品	0.61	0.86	0.58	0.68	0.78	0.61	0.56	0.67
软木及木材制品（家具除外）	0.03	0.05	0.03	0.04	0.06	0.09	0.07	0.05
纸、纸板以及纸浆、纸和纸板的制品	0.02	0.03	0.02	0.03	0.04	0.02	0.02	0.03
钢铁	0.54	0.43	0.4	0.26	0.39	0.12	0.11	0.32
有色金属	0.75	0.37	0.82	0.57	0.82	0.99	0.99	0.76
机械及运输设备	0.08	0.06	0.07	0.07	0.1	0.09	0.06	0.08
动力机械及设备	0.11	0.11	0.14	0.2	0.25	0.36	0.32	0.21

续表

商品类别/年份	2009	2010	2011	2012	2013	2014	2015	均值
特种工业专用机械	0.05	0.08	0.07	0.17	0.09	0.08	0.06	0.09
金属加工机械	0.06	0.06	0.05	0.07	0.13	0.04	0.12	0.08
电信、录音及重放装置和设备	0.03	0.02	0.04	0.03	0.02	0.02	0.01	0.02
杂项制品	0.41	0.15	0.17	0.21	0.22	0.17	0.16	0.21
照明设备及配件	0.03	0.02	0.02	0.02	0.02	0.02	0.02	0.02
各种服装和服饰用品	0.56	0.48	0.73	0.72	0.56	0.54	0.55	0.59
鞋类	0.07	0.02	0.04	0.08	0.1	0.16	0.18	0.09
《国际贸易标准分类未另分类》的其他商品和交易	0.09	0.01	0.02	0.01	0.03	0.01	0.02	0.03

资料来源：根据 UN Comtrade 数据库中以印度为报告来源国的数据计算。

四、中印贸易合作潜力得到进一步挖掘

中国和印度不仅是世界上最大的发展中国家，印度拥有 10.7 亿人口，中国拥有 13 亿人口，合计占全球总人口的比重超过 1/3；而且也是后金融危机时代世界经济增长最快的两个发展中大国。根据世界银行统计数据显示，从 2009 年至 2015 年中国年均 GDP 增长达 8.43%，印度 GDP 年均增长率也达到 7.39%，而同期世界经济 GDP 年均增长率仅为 2.13% 左右。[①] 作为世界上经济增长最快的两个人口最多的发展中国家和最大的两大新兴市场，中印两国经济互补性强，贸易合作前景十分广阔，潜力巨大。而且，中印间巨大的市场潜力在后金融危机时代得到了进一步挖掘。除了中印贸易规模逐年扩大之外，中印贸易额占中国和印度对外贸易总额的比重均呈上升趋势。我们从图 2—4 可知，中印贸易额占中国对外贸易总额的比

---

① http://data.worldbank.org.cn/indicator/NY.GDP.MKTP.KD.ZG?order=wbapi_data_value_2014+wbapi_data_value+wbapi_data_value-last&sort=asc.

重由 2008 年的 8.38% 上升到 2009 年的 9.25% 和 2015 年的 10.87%，中印贸易额占印度对外贸易总额的比重由 2008 年的 1.63% 上升到 2009 年的 1.86% 和 2015 年的 1.80%。2015 年中国成为印度第一大贸易进口国和第四大贸易出口国，这说明了中印贸易关系在中国和印度各自的对外贸易关系中的地位在不断上升。

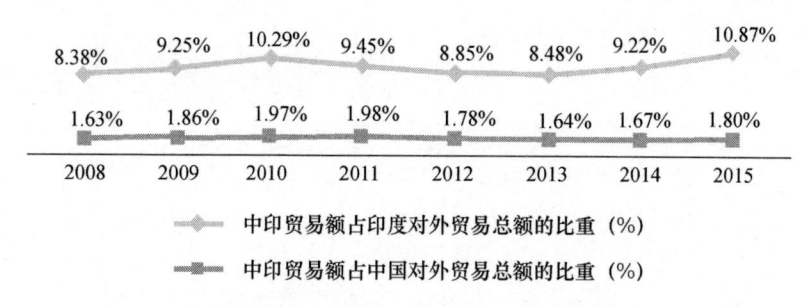

图2—4 中印贸易额分别占中国和印度对外贸易总额的比重（%）

五、中印贸易的互补性明显大于竞争性

如图 2—5 所示，2009—2014 年的中印对外贸易显性比较优势指数①（RCA）表明，在《国际贸易标准分类》0 至 9 个部门的中印贸易涉及的主要商品中，具有互补性的产品类别主要有食品和活动物（第 0 部门）、非食用原料（不包括燃料）（第 2 部门）、矿物燃料、润滑油及有关原料

---

① 显性比较优势指数（Index of Revealed Comparative Advantage，RCA）又称出口效绩指数，是分析一个国家或地区的某种产品是否具有比较优势时经常使用的一个测度指标。该指数的含义是：一个国家某种出口商品占其出口总值的比重与世界该类商品占世界出口总值的比重二者之间的比率。RCA＞1，表示该国此种商品具有显性比较优势；RCA＜1，则说明该国此种商品没有显性比较优势。

其计算公式为：RCA =（Xi/Xt）/（Wi/Wt）

式中 Xi 表示一国某类商品出口值；Xt 表示一国商品出口总值；Wi 表示世界某商品的出口值；Wt 表示世界商品出口总值。

显性比较优势是动态变化的。动态显性比较优势可以用动态比较优势指数（Cr）来衡量。它是指一个时段内的 RCA 指数与前一时段 RCA 指数之比，它能较好地反映出地区显性比较优势的调整与变迁。如果 Cr 值大于 1，表明该地区在该类商品上的显性比较优势在提升；如果 Cr 值小于 1，则表明其比较优势在弱化。

（第 3 部门）、未另列明的化学品和有关产品（第 5 部门）、机械及运输设备（第 7 部门）等部门均具有互补性，即在上述相关产品中中印两国之一的对外商品出口的比较优势 RCA > 1。而仅在主要按原料分类的制成品（第 6 部门）、杂项制品（第 8 部门）中的各种服装和服饰用品、鞋类等商品具有明显的竞争性，在上述相关产品中中国和印度两国对外商品出口的比较优势 RCA 均大于 1。

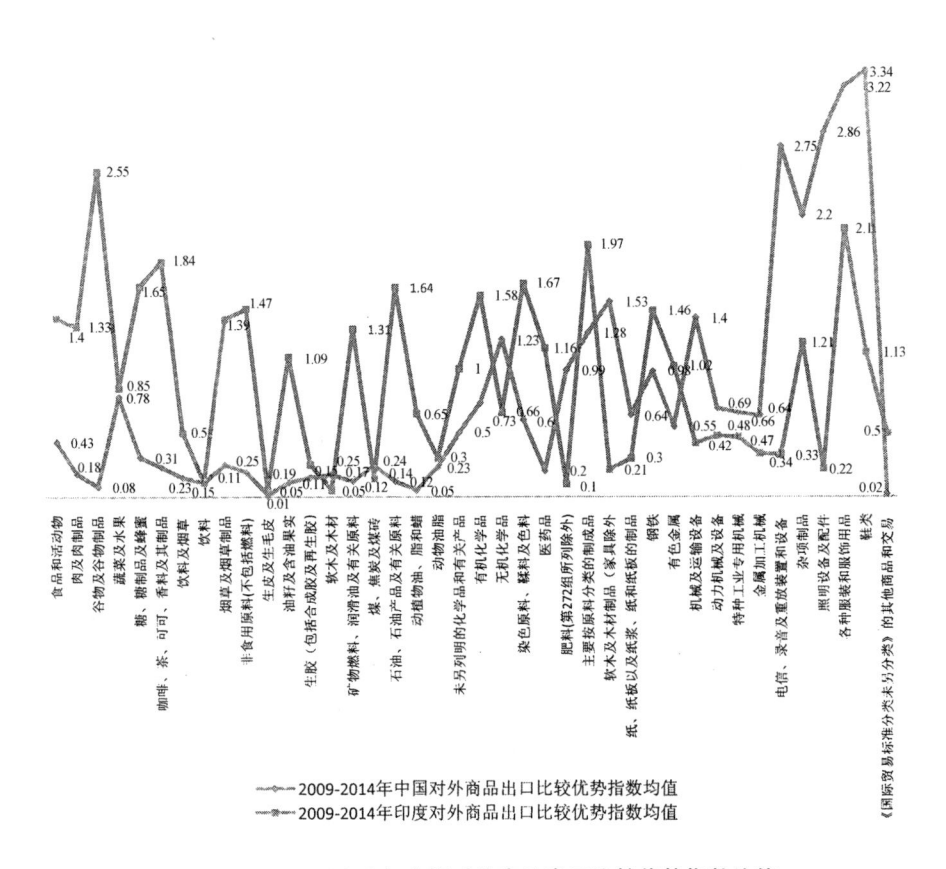

图 2—5　2009—2014 年中印对外商品出口比较优势指数均值

而且，与中国相比，在中印贸易商品结构中，印度对外贸易显性比较优势指数（RCA > 1）的商品主要包括食品和活动物中的肉及肉制品、谷物及谷物制品，尤其是农产品，包括谷物及谷物制品、咖啡、茶、可可、香料及其制品；非食用原料（不包括燃料）中的油籽及含油果实；矿物燃料、润滑油及有关原料；未另列明的化学品和有关产品中的有机化学品、染色原料、鞣料及色料和医药品等资源型商品的比较优势较为明显。而从动态的角度来看，印度在世界市场上具有比较竞争优势的商品 RCA 指数变化也存在一定的差异性。例如，印度在食品和活动物上的 RCA 指数呈现上升趋势；在非食用原料（不包括燃料）上则呈现下降的趋势。这表明印度对外贸易商品在世界市场的竞争优势具有一定的不稳定性（如表 2—2 所示）。

表 2—2　中国对外商品出口比较优势指数[①]

商品类别/年份	2009	2010	2011	2012	2013	2014	均值
食品和活动物	0.43	0.42	0.46	0.44	0.42	0.41	0.43
肉及肉制品	0.18	0.18	0.20	0.20	0.18	0.17	0.18
谷物及谷物制品	0.11	0.09	0.09	0.07	0.07	0.07	0.08
蔬菜及水果	0.77	0.77	0.87	0.80	0.76	0.72	0.78
糖、糖制品及蜂蜜	0.30	0.31	0.29	0.28	0.31	0.34	0.31
咖啡、茶、可可、香料及其制品	0.24	0.23	0.22	0.21	0.24	0.24	0.23
饮料及烟草	0.15	0.13	0.16	0.16	0.15	0.15	0.15
饮料	0.10	0.09	0.11	0.12	0.10	0.12	0.11
烟草及烟草制品	0.26	0.23	0.27	0.26	0.25	0.23	0.25
非食用原料（不包括燃料）	0.20	0.22	0.18	0.17	0.17	0.18	0.19
生皮及生毛皮	0.01	0.01	0.01	0.01	0.01	0.01	0.01
油籽及含油果实	0.15	0.11	0.11	0.12	0.10	0.09	0.11
生胶（包括合成胶及再生胶）	0.12	0.25	0.15	0.12	0.12	0.14	0.15
软木及木材	0.24	0.20	0.17	0.17	0.14	0.13	0.17
矿物燃料、润滑油及有关原料	0.15	0.15	0.11	0.10	0.10	0.10	0.12
煤、焦炭及煤砖	0.35	0.38	0.25	0.13	0.15	0.18	0.24

---

① 根据 UN Comtrade 数据库中以印度为报告来源国的数据计算。

续表

商品类别/年份	2009	2010	2011	2012	2013	2014	均值
石油、石油产品及有关原料	0.15	0.15	0.11	0.10	0.10	0.10	0.12
动植物油、脂和蜡	0.07	0.06	0.05	0.05	0.05	0.06	0.05
动物油脂	0.18	0.18	0.21	0.25	0.29	0.28	0.23
未另列明的化学品和有关产品	0.43	0.46	0.54	0.51	0.51	0.53	0.50
有机化学品	0.69	0.69	0.74	0.74	0.74	0.78	0.73
无机化学品	1.12	1.28	1.42	1.20	1.16	1.22	1.23
染色原料、鞣料及色料	0.53	0.57	0.63	0.60	0.62	0.67	0.60
医药品	0.19	0.18	0.22	0.21	0.20	0.19	0.20
肥料（第272组所列除外）	0.68	1.09	1.06	0.96	0.90	1.25	0.99
主要按原料分类的制成品	1.20	1.23	1.27	1.30	1.33	1.37	1.28
软木及木材制品（家具除外）	1.46	1.42	1.58	1.62	1.53	1.56	1.53
纸、纸板以及纸浆、纸和纸板的制品	0.49	0.47	0.62	0.70	0.76	0.79	0.64
钢铁	0.76	0.97	0.98	0.96	1.01	1.21	0.98
有色金属	0.53	0.60	0.55	0.52	0.55	0.58	0.55
机械及运输设备	1.39	1.39	1.42	1.41	1.42	1.34	1.40
动力机械及设备	0.66	0.64	0.75	0.70	0.70	0.69	0.69
特种工业专用机械	0.59	0.60	0.63	0.68	0.71	0.73	0.66
金属加工机械	0.71	0.60	0.61	0.63	0.66	0.65	0.64
电信、录音及重放装置和设备	2.82	2.57	2.82	2.79	2.78	2.74	2.75
杂项制品	2.07	1.98	2.21	2.33	2.34	2.24	2.20
照明设备及配件	2.30	2.31	2.63	3.12	3.30	3.51	2.86
各种服装和服饰用品	3.22	2.97	3.27	3.37	3.32	3.15	3.22
鞋类	3.42	3.32	3.36	3.47	3.32	3.16	3.34
《国际贸易标准分类未另分类》的其他商品和交易	0.02	0.02	0.03	0.01	0.01	0.02	0.02

资料来源：根据 UN Comtrade 数据库中以印度为报告来源国的数据计算。

与此同时,与印度相比,在中印贸易商品结构中,中国对外贸易显性比较优势指数(RCA>1)的商品主要包括未另列明的化学品和有关产品中的无机化学品,主要有未另列明的化学品和有关产品中的有机化学品;按原料分类的制成品中的软木及木材制品(家具除外),机械及运输设备中的电信、录音及重放装置和设备,杂项制品中的照明设备及配件、各种服装和服饰用品等制造业商品。而从动态的角度来看,中国对外贸易具有竞争优势(RCA>1)的商品的 RCA 指数波动较小,具有稳定性(如表2—3 所示)。

表 2—3　印度对外商品出口比较优势指数

商品类别/年份	2009	2010	2011	2012	2013	2014	均值
食品和活物	1.08	1.12	1.32	1.59	1.67	1.64	1.40
肉及肉制品	0.77	0.94	1.16	1.40	1.80	1.93	1.33
谷物及谷物制品	1.81	1.44	1.96	3.19	3.45	3.44	2.55
蔬菜及水果	0.90	0.80	0.81	0.82	0.89	0.86	0.85
糖、糖制品及蜂蜜	0.23	1.74	2.35	2.60	1.30	1.69	1.65
咖啡、茶、可可、香料及其制品	1.78	1.86	1.89	1.91	1.78	1.83	1.84
饮料及烟草	0.63	0.51	0.42	0.49	0.49	0.47	0.50
饮料	0.10	0.09	0.11	0.13	0.13	0.13	0.11
烟草及烟草制品	1.82	1.43	1.18	1.33	1.34	1.26	1.39
非食用原料(不包括燃料)	1.66	2.05	1.23	1.60	1.21	1.08	1.47
生皮及生毛皮	0.18	0.04	0.02	0.01	0.01	0.01	0.05
油籽及含油果实	0.78	1.03	1.37	1.17	0.91	1.26	1.09
生胶(包括合成胶及再生胶)	0.26	0.34	0.25	0.19	0.26	0.23	0.25
软木及木材	0.04	0.04	0.04	0.05	0.05	0.05	0.05
矿物燃料、润滑油及有关原料	1.21	1.53	1.24	1.24	1.32	1.35	1.31
煤、焦炭及煤砖	0.12	0.22	0.22	0.11	0.09	0.06	0.14
石油、石油产品及有关原料	1.53	1.93	1.55	1.50	1.65	1.69	1.64

续表

商品类别/年份	2009	2010	2011	2012	2013	2014	均值
动植物油、脂和蜡	0.76	0.81	0.59	0.58	0.59	0.59	0.65
动物油脂	0.11	0.26	0.21	0.37	0.41	0.42	0.30
未另列明的化学品和有关产品	0.88	0.90	0.94	1.11	1.10	1.08	1.00
有机化学品	1.50	1.52	1.45	1.75	1.63	1.62	1.58
无机化学品	0.64	0.76	0.57	0.85	0.57	0.55	0.66
染色原料、鞣料及色料	1.42	1.55	1.40	1.60	1.88	2.16	1.67
医药品	0.90	0.87	1.11	1.33	1.39	1.39	1.16
肥料（第272组所列除外）	0.24	0.06	0.06	0.09	0.07	0.07	0.10
主要按原料分类的制成品	1.93	2.21	1.90	1.84	2.00	1.93	1.97
软木及木材制品（家具除外）	0.18	0.16	0.18	0.22	0.26	0.26	0.21
纸、纸板以及纸浆、纸和纸板的制品	0.24	0.28	0.28	0.32	0.34	0.35	0.30
钢铁	1.41	1.85	1.17	1.38	1.54	1.43	1.46
有色金属	1.18	1.69	0.67	0.74	0.83	1.02	1.02
机械及运输设备	0.43	0.41	0.42	0.41	0.41	0.45	0.42
动力机械及设备	0.53	0.43	0.42	0.43	0.47	0.56	0.48
特种工业专用机械	0.44	0.42	0.43	0.48	0.51	0.57	0.47
金属加工机械	0.41	0.34	0.30	0.33	0.35	0.32	0.34
电信、录音及重放装置和设备	0.52	0.23	0.42	0.36	0.29	0.15	0.33
杂项制品	1.50	1.02	1.22	1.34	1.03	1.13	1.21
照明设备及配件	0.22	0.19	0.30	0.23	0.19	0.18	0.22
各种服装和服饰用品	2.45	1.84	1.97	2.07	2.07	2.20	2.10
鞋类	1.23	1.09	1.06	1.03	1.12	1.24	1.13
《国际贸易标准分类未另分类》的其他商品和交易	0.82	0.38	1.04	0.16	0.38	0.22	0.50

资料来源：根据 UN Comtrade 数据库中以印度为报告来源国的数据计算。

由此可见，尽管中印贸易之间在很多领域存在着激烈的竞争，但互补性明显大于竞争性。中印各自具有竞争优势的商品相互交叉：在资源型商品方面，印度具有比较优势；在工业制成品方面，中国处于强势，印度处于劣势。两国的贸易互补性较强，这主要是因为同属发展中国家的中、印两国国内产业结构存在很大的差异：印度国内产业以软件产业为代表的服务业撑起国民经济的半壁江山；而中国虽然在进行经济转型，但以工业为支撑的工业制成品出口仍是中国经济发展的重要推动力。除此之外，尽管从商品类别来看，印度对外贸易具有比较优势的商品种类相对较多，但在中印贸易总额中的比重不高；而且印度对中国某些产品有很高的依赖度，尤其是中国对印度出口的一些商品通过印度加工后却成为印度出口产品的主要来源。

第二节　后金融危机时代中印贸易合作存在的主要问题

一、中印贸易规模虽在不断扩大但增长乏力

尽管后金融危机时代中印贸易总额由 2008 年的 416.8 亿美元上升到 2015 年的 711.81 亿美元，但是中印贸易总额的年增长率都呈下降趋势。例如，中印贸易总额的年增长由 2009 年的 -1.70% 上升到 2010 年的 30.17% 之后，下降到 2011 年的 18.71%、2012 年的 -4.84%，然后上升到 2013 年的 -1.20%、2014 年的 5.04% 之后，再次下降到 2015 年的 -0.68%。其中，中国从印度的进口贸易额年增长率由 2009 年的 2.66% 上升到 2010 年的 40.54% 之后，下降到 2011 年的 -4.32% 和 2012 年的 -13.50%，然后上升到 2013 年的 10.28% 之后再次下降到 2014 年的 -22.20% 和 2015 年的 -40.27%。在 2009 年至 2015 年的 7 个年度里，中印贸易总额年增长率有 4 个年度呈现负增长，中国从印度进口额年增长率中

有 4 个年度呈现负增长，中国对印度出口贸易额有 3 个年度呈现负增长（如图 2—6 所示）。这说明后金融危机以来中印贸易规模在逐年增加，但是中印贸易增速却总体呈下降趋势，尤其是中国从印度进口有逐年下降态势。

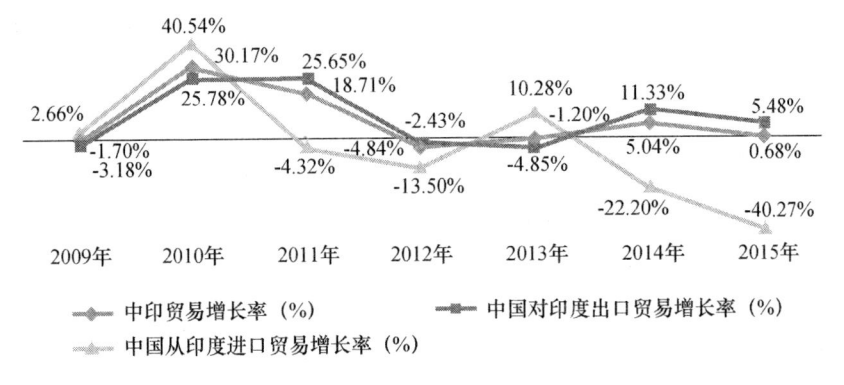

图 2—6　中印贸易年增长率

二、中印贸易关系的非对称性愈益明显

首先，中国与印度各自在对方进出口贸易伙伴关系国中的地位差异性较大。例如，2015 年中国在印度贸易进口国中位居第 1 位，在印度贸易出口国中位居第 4 位；印度在中国贸易进口国中占第 26 位，在中国出口贸易国中占第 169 位。这说明，比较而言，中国对印度贸易关系的重要性要比印度对中国的重要性高得多。

其次，如表 2—4 所示，2009—2015 年中印双边贸易额占中国国内生产总值的比重均值为 0.8%，并且呈现下降趋势；与此形成鲜明对比的是，中印双边贸易额占印度国内生产总值的比重均值为 3.4%。这也说明中印双边贸易对印度国内经济发展的影响程度要远大于对中国国内经济发展的影响程度。

再次，如表 2—5 所示，2009—2015 年中印双边贸易额占印度对外贸易总额的比重均值为 9.4%，同期占中国对外贸易总额的比重均值为 1.8%，两者之间相差了 7.6 个百分点。由此可见，中印双边贸易对印度的对外贸易发展的影响程度要大于对中国对外贸易发展的影响程度。

表2—4 2009—2015年中印贸易依存度①

年份	中国对印度贸易依存度（%）	印度对中国贸易依存度（%）
2009	0.8	2.8
2010	0.9	3.2
2011	1.0	3.9
2012	0.8	3.7
2013	0.7	3.5
2014	0.7	3.5
2015	0.7	3.3
均值	0.8	3.4

数据来源：中国商务部国别贸易报告与世贸组织数据库。

表2—5 2009—2015年中印贸易双边重要度②

年份	中国对印度贸易重要度（%）	印度对中国贸易重要度（%）
2009	9.3	1.7
2010	10.1	1.8
2011	9.4	1.9
2012	8.8	1.8
2013	8.4	1.6
2014	9.2	1.7
2015	10.7	1.8
均值	9.4	1.8

数据来源：中国商务部国别贸易报告与世贸组织数据库。

---

① 中国对印度贸易依存度是指中印双边贸易总额与中国国内生产总值的比率，印度对中国贸易依存度是指中印双边贸易总额与印度国内生产总值的比率。
② 中国对印度贸易重要度是指中印双边贸易额占印度对外贸易总额的比率，印度对中国贸易重要度是指中印双边贸易额占中国对外贸易总额的比率。

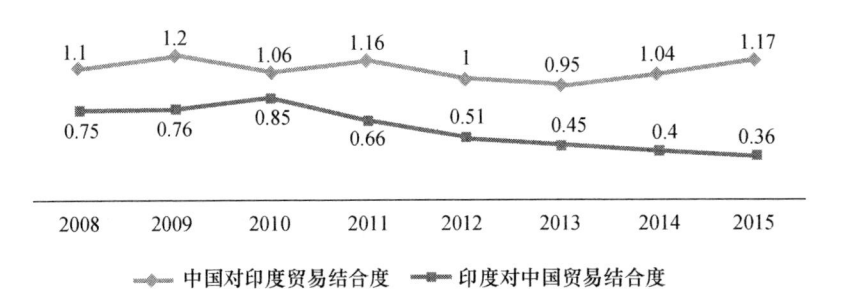

图 2—7 中国印度贸易结合度

第四，中印贸易结合度①也呈现出不对等关系。如图 2—7 所示，中国对印度贸易结合度②基本上大于 1，而且在后金融危机时代呈上升趋势；与此相反，印度对中国贸易结合度③不仅低于 1，而且后金融危机时代呈下降趋势。也就是说，中国对印度的出口在一定程度上更加契合于印度进口的需要，而印度对中国的出口对中国的进口需求而言并没有同等的契合度。或者说中国对印度贸易需求关系更为密切，而印度对于中国贸易需求关系密切度不大。

因而，中印贸易合作关系客观上存在一种非对称性，即是说印度对中国的依赖度要高于中国对印度的依赖度。中国市场对印度对外贸易发展发挥着举足轻重的作用。相比之下，印度市场虽然同样对中国对外贸易发展有着不小的影响，但是不足以对中国对外贸易发展大局产生重要影响。这种非对称性主要是由中、印两国经济发展水平及其国内产业结构的差异性造成的。为此，相对于印度市场的重视程度而言，印度更应重视中国市场

---

① 贸易结合度指数是一国对某一国的出口占该国出口总额的比重与该国的进口总额占世界进口总额的比重之比，其常用来衡量贸易联系的紧密程度，计算公式如下：

$$TCD_{ab} = (X_{ab}/X_a) / (W_b/M_w)$$

式中 TCD_{ab} 表示 a 国对 b 国的贸易结合度，X_{ab} 表示 a 国对 b 国的出口额，X_a 表示 a 国出口总额，W_b 表示 b 国进口总额，M_w 表示世界进口总额。如果 TCD_{ab} 数值小于 1，表明两国在贸易方面联系松散；如果等于 1，则为平均水平；如果大于 1，则贸易联系紧密。

② 中国对印度的贸易结合度 TCD_{ab} =（中国对印度的出口额/中国出口总额）/（印度进口总额/世界进口总额）。

③ 印度对中国的贸易结合度 =（印度对中国的出口额/印度出口总额）/（中国进口总额/世界进口总额）。

的开拓及潜力的挖掘，中印贸易合作才有可能进一步持续快速地发展。

三、中印贸易摩擦纷争持续发生

2008年以来，印度不断加强对中国实施贸易保护措施，对中国企业展开各类调查的案件数量也不断增加。例如，2008年印度对中国贸易保护措施的总调查案增长到18件，其中反倾销调查占15件、特别保障调查0件、保障措施调查2件；到2009年总调查案件更是高达25件，反倾销调查10件、特别保障调查5件、保障措施调查9件、反补贴调查1件；2011年、2012年、2013印度对华贸易保护措施的总调查案件也分别达6件、9件和10件（如表2—6所示）。中国为双方贸易能够顺利开展，采取有效手段对印度发起的不合理贸易摩擦进行交涉，着力减少贸易摩擦，才使近年来的中印贸易摩擦有所缓和。

表2—6　印度对中国实施贸易保护措施的基本情况（2004—2013年）

年份	2004年	2005年	2006年	2007年	2008年	2009年	2010年	2011年	2012年	2013年
总调查案件	18	10	9	10	18	25	12	6	9	10
反倾销调查	7	10	0	10	15	10	11	5	7	7
反补贴调查	0	0	0	0	0	1	0	0	0	0
特别保障调查	0	0	0	0	0	5	0	1	2	0
保障措施调查	1	0	0	0	2	9	1	0	0	3

资料来源：根据中国商务部国别贸易数据整理而得。

由此可见，后金融危机时代，受金融危机的影响，各国经济都受到不同程度的损失，为保护本国经济，贸易保护主义在世界各地逐渐抬头。特别是随着中印双边贸易快速发展，在中国成为印度第一大贸易伙伴的同时，中国也成为由印度提起的各类贸易救济调查的重点对象，中印贸易摩擦使涉及亚麻、丝、纤类纺织产品和化工类化学物质（如二氯甲烷、四氟乙烷、精对苯二甲酸等）以及某些低端制造产品的中国企业不断遭受损失。

四、结构性贸易失衡成为中印两国之间无法避免的难题

中印贸易失衡并不是一个例外,因为中国同世界很多其他国家都存在严重的贸易失衡,在世界贸易中,中国是重要的商品制造者和提供者。而印度在全球贸易中仅仅是个消费者,[1] 并且印度同世界其他国家也存在巨大的贸易逆差问题。因此,中印贸易失衡的根本原因主要是印度产业结构失衡。[2] 印度对华贸易逆差一直是印度非常重视的问题,中国廉价的制造品涌入印度市场,让印度担心这会影响当地工业的发展。[3] 后金融危机时代,随着中印贸易规模由 2008 年的 416.8 亿美元上升到 2015 年的 711.81 亿美元,中印贸易差额却由 2008 年的 214.92 亿美元扩大到 2015 年的 520.28 亿美元(如图 2—8 所示)。在 2009 年至 2015 年的 7 年间中印贸易总额年均增长率仅有 6.50%,而同期中印贸易差额年均增长率达到 10.34%。同时,在 2009 年至 2015 年中印贸易顺差额占中印贸易总额的比重达到 55.46%。这说明一半以上的中印贸易是中国对印度出口,而印度对中国出口所占比重相对较小。中印贸易失衡问题并未因中印贸易规模的扩大而得到显著改善。尽管后金融危机时代印度对外贸易政策的主要目标在于扭转受全球金融危机影响而贸易量锐减的局面,采取刺激性措施,如注重提高出口产品的价格竞争力、简化交易复杂的交易程序以及加大对外贸易港口建设等,期望实现 25% 的年增长率,[4] 但是在中印贸易规模不断扩大的同时,印度对华贸易逆差局面并没有得到进一步

---

[1] Amitendu Palit and Shounkie Nawani: India – china Trade: Expliaining the Imbalance, ISAS working Paper, No. 95 – Date: 26October 2009.

[2] 印度经济是以第三产业为主导的发展模式,即是一种以知识密集型、以服务业为主导的发展模式;软件产品出口是印度贸易顺差的很大来源,但远远不能弥补其货物贸易的巨大逆差(参见任佳:"印度工业化进程中产业结构的演变")。印度国内经济政策的某些重大缺陷加剧了印度的贸易逆差问题(参见梅新育:"印度对华贸易逆差非中国之过",http://www.guancha.cn/meixin-yu/2013_0),而且印度制造业的短板和产业化单一导致印度大量依赖于进口(参见文富德:"印度加速发展制造业的政策措施与前景",《南亚研究季刊》2006 年第 4 期)。

[3] Deep K Datta – Ray, Sino – Indian trade relations: understanding the bilateral and regional implications, ISAS Brief No. 46 – Date: 22 January 2008.

[4] Sasidaran Gopalan and Ramkishen S. Rajan, "India's Trade Recovery after the Global Financial Crisis: Good Luck or Good policies?", Policy Brief Series Issue 1, Aug. 2011.

改善。

除此之外，一系列非经济因素也制约了中印贸易合作的发展。这是因为中印经贸关系发展不只是一个经济问题，从某种意义上看更是一个政治问题，甚至政治因素扮演着举足轻重的角色，如中印双方相互信任问题、长期以来悬而未决的中印边界争端问题、地区霸权问题，以及巴基斯坦因素等。[1] 印度对中国的警惕性和竞争性心理影响双边贸易发展，尤其是悬而未决的中印边界问题在很大程度上制约着两国贸易合作的发展；印度保守的市场准入[2]政策在客观上阻碍了中印贸易合作的进一步发展。以至于中印两国人民友好往来的历史虽然悠久，但因种种原因，双方政治关系曾长期冷淡，导致两国间缺乏了解和互信，在双边经贸往来时存在市场信息不对称、信息渠道不畅、市场营运风险度较高等问题。而中印两国之间的相关经贸仲裁机制尚不健全，双边贸易及经济合作合同签订后的监督和仲裁、索赔等机制都不健全，从而增大了中国企业进入印度市场的营运风险，进而阻碍了中印贸易合作的健康发展。[3]

图 2—8　中印贸易总额与中印贸易差额（亿美元）

---

[1] Ghulam Ali. The Russia – Sino – Indo Triangle: Retrospect and Prospect. Journal. Islamabad Policy Research Institute. Volume VI, Number 1, Winter 2006, p. 152.

[2] 即"边境线上"的贸易及投资政策，包括市场准入政策（关税及非关税壁垒），外国直接投资政策体制，以及双边、区域及多边贸易协议。

[3] 杨文武、倪香芹："中印经贸合作现状、问题及其对策"，《社会科学》2007 年第 9 期。

第三节　后金融危机时代深化中印贸易合作的对策建议

后金融危机时代，随着中印双边政治关系的互信性和稳定性的不断增强，两国经济持续增长，经济密切性不断提高，贸易产品互补性不断增强，中印双边贸易额将会持续扩大，中印双边货物贸易合作的潜力将得到进一步挖掘。

一、充分发挥政府在推进中印两国贸易关系持续发展中的主导作用[①]

中印两国要增强政治互信。中印两国在气候变化、能源资源安全、粮食安全、多哈回合谈判以及应对国际金融危机等问题上存在着较多利益汇合点，双方通过密切合作，不仅捍卫了广大发展中国家的正当权益，维护了自身利益，也有利于拓展中印两国贸易合作发展空间。[②] 虽然后金融危机时代两国贸易规模不断攀升，但与两国的经济发展水平和经济规模还很不相称，中印贸易合作发展潜力巨大。因此，需充分发挥政府在推进中印两国贸易关系持续发展中的主导作用：一是中印两国政府应加快自由贸易区建设的步伐，以拉近两国的贸易关系；二是正确处理中印贸易摩擦，加强两国政府在司法方面的制度安排职能；三是中印两国政府应加快简化双方贸易合作程序，为扩大两国贸易规模扫清障碍；四是中印两国政府应为扩大边境贸易制定相关的支持措施；五是应挖掘中印贸易合作的互补性，淡化其竞争意识。

[①] 杨文武、倪香芹："中印经贸合作现状、问题及其对策"，《社会科学》2007年第9期。
[②] 联合早报："中印应增强政治互信和经济互利"，http://www.chinanews.com/hb/news/2010/05-31/2313398.shtml。

二、充分释放中印贸易同质性市场力量的竞争性和挖掘差异性市场互补潜力

首先，从货物贸易来看，中印两国在主要按原料分类的制成品（第6部门）、杂项制品（第8部门）中的各种服装和服饰用品及鞋类等劳动、资源密集型产业方面都具有比较优势。在该类产品贸易中，中国对印度出口的主要产品中有相当部分也是印度对中国出口的主要产品，如矿产品、塑料产品、钢铁产品、服装和鞋类等，因此需充分释放中印贸易该类产品同质性市场力量的竞争性。其次，中印两国均具有人口众多、资源丰富等特征，中印贸易合作中的如食品和活动物（第0部门）、非食用原料（不包括燃料）（第2部门）、矿物燃料、润滑油及有关原料（第3部门）、未另列明的化学品和有关产品（第5部门）、机械及运输设备（第7部门）等部门均具有互补性，因此需充分挖掘上述产品差异性市场的互补潜力。再次，从中印服务贸易和经济技术合作领域来看，中印在服务贸易和经济技术合作领域同样具有较大的差异性市场互补潜力，如金融、保险、交通运输、港口、航空、邮电、旅游和国际性展览等领域，给两国进一步深化合作和发挥各自的比较优势、增进双方的贸易利得、实现贸易转移以及扩大效应、促进双方经济发展等均提供了非常广阔的合作空间。

三、发挥企业在两国贸易中的主体活力，拓展贸易领域

后金融危机时代，随着中印贸易规模的不断扩大，中印贸易领域也在向纵深发展，对于印度市场的研究更加彰显了急迫性。因此，中国企业应当抓住机遇，加强对印度市场的研究，根据印度市场和经济发展的特点需求，实施有目的、有方向、有步骤、有实效的经贸合作战略，努力拓展产业内贸易合作空间，探讨新的经济合作形式。[①] 而印度企业在这方面比中国做得好，印度在中国的企业在很多领域都表现良好，拥有大量的市场份

[①] 杨文武、倪香芹："中印经贸合作现状、问题及其对策"，《社会科学》2007年第9期。

额,尤其是 IT 领域表现优异。随着中国政府对印度医药产业的限制放宽,印度医药企业也将在中国广泛发展。但印度由于产业结构单一,能够在中国市场上竞争的优势产业较少,因此印度政府应积极培养本国优势产业,培养国际竞争力。而中方企业界则需对对方市场环境进行分析与调研,并确立其市场定位;努力拓展产业内贸易合作空间,积极探讨新的经济合作形式;积极培育和引进开拓中印贸易合作所需要的对外经贸人才。

四、强化中印贸易关系良性互动的社会化服务功能[①]

首先,进一步加强中印贸易合作的多样化通道建设,并提升其服务水平。中印贸易通道可以分为软、硬贸易通道。比如中印的海、陆、空运输线路,可以称之为有形的"硬通道",而中印的电子信息平台建设可以称之为无形的"软通道"。首先,需进一步加强中印商贸合作的(软、硬)多样化服务的经贸通道建设,并提升其服务水平。比如,加强中印现有的陆路和海上通道建设;增设中印航空线路;构建中印商贸合作的网络信息服务平台等等。其次,充分发挥商会、行业协会和学术团体等民间组织在中印贸易合作中的中介作用。在中印实际经贸活动中,各种商会、协会以及南亚学会等社会中介组织,往往发挥着十分重要的组织作用,其中包括印度各种经贸信息的提供、经贸考察洽谈活动的组织、政策法律咨询、与政府部门的衔接联系等。因此,在中印贸易合作中,也应当让更多的民间商会、行业协会以及与南亚研究有关的学会等社会中介组织积极参与,充分搭建中印贸易合作的市场信息交流平台。

[①] 杨文武、倪香芹:"中印经贸合作现状、问题及其对策",《社会科学》2007 年第 9 期。

第三章

后金融危机时代中印投资合作

后金融危机时代，以中印为代表的新兴经济体在世界经济舞台上扮演着越来越重要的角色，越来越多的发展中国家进入到全球投资自由化和全球资本流动的潮流之中，发展中国家不再仅仅是国际投资的东道国，也开始成为国际投资的母国，对外直接投资的规模和增速都在不断攀升。中国和印度既是最大的两个发展中国家，也是金砖国家中最有发展潜力的两个经济体，在国际对外直接投资中所占的比重越来越大。不仅如此，金融危机也为中印投资合作提供了契机，正如印度亚洲研究院研究员米拉什认为的那样："此次金融危机削弱了西方国家，但相对对中印两国影响较小，因此危机从某种程度上为中印加强合作、改善两国数十亿人口的生活水平提供了机会。"[1] 尽管中印两国投资合作的规模不大，但是两国都需要更多的外商投资合作，中印双方都认识到投资合作的必要性。而且，近年来中印两国投资合作的规模和发展速度呈现出快速增长的态势，尤其是中印两国知名企业如中国的华为、中兴、海尔，印度最大的软件企业塔塔咨询服务公司等，在对方国家的投资规模都在不断扩大。为此，本章从分析中印投资规模、产业选择、区位选择、机制建设、经济效应等现状出发，找准中印投资合作中存在的主要问题，进而提出深化中印投资合作的新途径、新方法等对策建议。

---

[1] "中印专家共谋后危机时代'龙象'共赢之路"，中国新闻网，2010年1月15日，http://www.chinanews.com/gn/news/2010/01-15/2073075.shtml。

第一节 中印双边直接投资合作的现状

一、中印投资总体规模不大但呈快速增长态势

根据《中国商务年鉴》、商务部《2014 中国对外直接投资统计公报》等统计数据显示，2009 年以前中印直接投资合作总额较小且起伏较大。例如，中印双边投资总额由 2007 年的 0.56 亿美元上升到 2008 年的 1.90 亿美元，涨幅达到 239.3% 后，受全球金融危机影响下降到 2009 年的 0.30 亿美元，跌幅为 -123.1%，这说明在此期间中印双边投资受全球金融危机影响较大。然后，在 2010—2014 年的后金融危机期间，中印投资合作总额以每年增加近 1 亿美元的速度增长。据统计，2010 年中印直接投资合作开始升温，投资总额达到 0.97 亿美元，较之 2009 年双边投资总额涨幅达 223%；2014 年中印双边投资总额更是高速增长至 7.21 亿美元，较之 2007 年涨幅高达 1187.5%（如图 3—1 所示）。这说明中印双边投资额虽然受金融危机的影响较大，但是在后金融危机时期，中印双边投资恢复较快，且远远超出金融危机之前中印之间的投资规模，呈快速增长趋势。

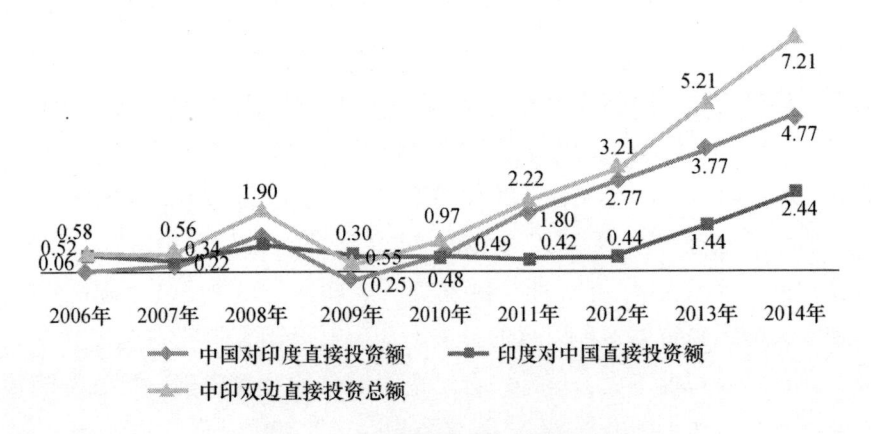

图 3—1 中印双边投资（流量）额

就中国对印度直接投资而言，2007年以前中国对印度直接投资规模很小，2007年中国对印度直接投资也仅有0.22亿美元。2008年中国对印度直接投资总量达到1.02亿美元之后，由于受金融危机影响，2009年中国对印度直接投资量有所下降，降幅为0.34%。同样因中印经济快速复苏，2010年以来中国对印度直接投资量呈现出稳定增长态势。例如，2010—2014年中国对印度直接投资量分别为0.48亿美元、1.80亿美元、2.77亿美元、3.77亿美元和4.77亿美元（如表3—1所示）。2014年中国对印度直接投资额比2010年增幅达到893.75%。

表3—1 中印双边投资额（亿美元）

年代	2006年	2007年	2008年	2009年	2010年	2011年	2012年	2013年	2014年
中国对印度直接投资额	0.06	0.22	1.02	-0.25	0.48	1.80	2.77	3.77	4.77
印度对中国直接投资额	0.52	0.34	0.88	0.55	0.49	0.42	0.44	1.44	2.44
中印双边直接投资总额	0.58	0.56	1.90	0.30	0.97	2.22	3.21	5.21	7.21

资料来源：根据《中国商务年鉴》、商务部《2014中国对外直接投资统计公报》以及印度驻华大使馆官网整理数据所得。

据《中国商务年鉴》和《中国贸易外经统计年鉴》相关数据显示，印度1993年对中国直接投资金额仅有0.04亿美元，到2000年印度对中国直接投资金额累计也只有1.193亿美元。2002年印度与中国签订的投资项目中，合同金额达1.74亿美元，实际投入也只有0.63亿美元。从2006年开始，印度加大了对中国的直接投资力度，但总体上呈现不稳定态势。印度对中国直接投资额2006年达到了0.52亿美元，然后下降到2007年的0.34亿美元，再上升到2008年的0.88亿美元之后，一路下降到2009年的0.55亿美元、2010年的0.49亿美元、2011年的0.42亿美元，然后小幅上升到2012年的0.44亿美元。而且，2013年和2014年分别上升到1.44亿美元和2.44亿美元（如表3—1所示）。由此可见，尽管受政治、经济等多种因素的影响，印度对中国直接投资起步相对较晚，总体投资规模不大，但是后金融危机时代印度对中国直接投资规模有所增大且总体呈上升趋势。

二、中印投资的重点产业分布明显

根据中国商务部网站境外投资企业（机构）名录①中公布的数据统计，2008—2013 年中国投资印度境内企业中有 80.1% 的企业属于第二产业，也就是说第二产业是中国对印度投资的核心产业。属于第三产业的境内企业有 48 家，占 19.1%；相比之下，属于第一产业的境内企业仅占 0.8%。具体来看，投资第二产业的境内企业有 186 家属于制造业，占 73.3%。因而，中国对印度制造业投资的比重最高，而投资于印度的 16 家企业来自于建筑业，占 6.3%，是投资比重前三的行业。投资印度属于第三产业的境内企业过半数来自商务服务业，共 27 家，占 10.7%；其次是科学研究和技术服务业 12 家，占 4.8%；来自其他行业的企业数都较少，信息传输、软件和信息技术服务业 5 家，占 2.0%；金融业 2 家，占 0.8%；交通运输、仓储和邮政业类 1 家，占 0.4%；旅游业 1 家，占 0.4%（如表 3—2 所示）。由此可见，中国对印度的直接投资以制造业为核心，以商务服务业、建筑业、科学研究和技术服务业为补充。

表 3—2　中印直接投资产业分布情况

产业	行业	企业数（个） 中国对印度直接投资（2008—2013 年）	企业数（个） 印度对中国直接投资（2000—2011 年）	占比（%） 中国对印度直接投资（2008—2013 年）	占比（%） 印度对中国直接投资（2000—2011 年）
第一产业	农业	2	4	0.80	1.20
第二产业	制造业	186	129	73.8	39.7
第二产业	建筑业	16	4	6.3	1.2

---

① http://wszw.hzs.mofcom.gov.cn/fecp/fem/corp/fem_cert_stat_view_list.jsp.

续表

产业	行业	企业数（个）		占比（%）	
		中国对印度直接投资（2008—2013年）	印度对中国直接投资（2000—2011年）	中国对印度直接投资（2008—2013年）	印度对中国直接投资（2000—2011年）
第三产业	交通运输、仓储和邮政业	1	7	0.4	2.2
	信息传输、软件和信息技术服务业	5	20	2	6.2
	金融业	2	0	0.8	0
	商务服务业	27	125	10.7	38.5
	科学研究和技术服务业	12	12	4.8	3.7
	旅游业	1	0	0.4	0
	餐饮	0	19	0	5.8
	其他		5	0	1.5

资料来源：根据中国商务部网站境外投资企业（机构）名录整理。

根据商务部网站外商投资企业网上联合年检的印度投资企业数据统计，[①] 2000—2011年印度投资中国的企业共有325家，其中第一产业的比重最低，约为1.2%；第二产业占比为40.9%；第三产业占比最大，约为57.1%。具体来看，投资力度最大的行业包括制造业和商务服务业，其占比分别为39.7%和38.5%。然后是投资信息传输、软件和信息技术服务业的占比为6.2%；科学研究和技术服务业占比为3.7%；交通运输、仓储和邮政业占比为2.2%；其他5家的占比为1.5%（如图3—2所示）。由此可

---

① 中国商务部网站，http://www.mofcom.gov.cn/。

见，印度对中国的直接投资是以制造业、商务服务业为主，以信息传输、软件和信息技术服务业、餐饮业及科学研究和技术服务业为辅，并以建筑业、交通运输、仓储和邮政业等行业为补充的。

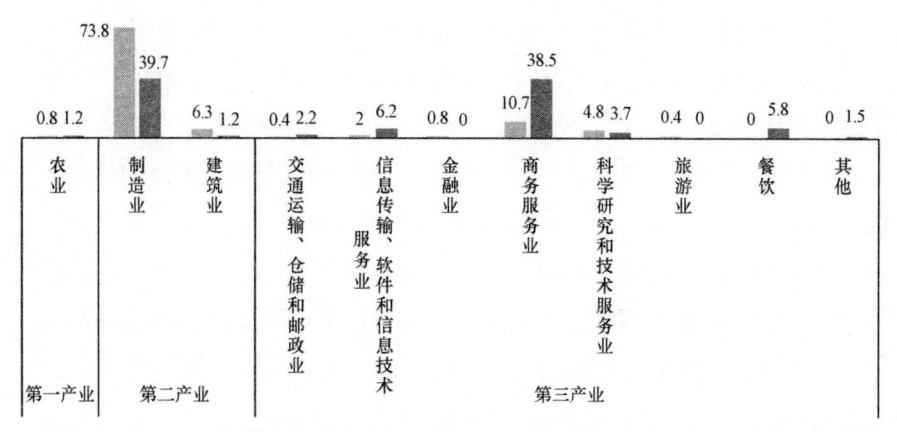

产业	类别	2008—2013年中国对印度直接投资各类企业占比（%）	2000—2011年印度对中国直接投资各类企业占比（%）
第一产业	农业	0.8	1.2
第二产业	制造业	73.8	39.7
第二产业	建筑业	6.3	1.2
第三产业	交通运输、仓储和邮政业	0.4	2.2
第三产业	信息传输、软件和信息技术服务业	2	6.2
第三产业	金融业	0.8	0
第三产业	商务服务业	10.7	38.5
第三产业	科学研究和技术服务业	4.8	3.7
第三产业	旅游业	0.4	0
第三产业	餐饮	0	5.8
第三产业	其他	0	1.5

图3—2 中印双边直接投资产业分布

三、中印投资的区位选择突出重点

从中国企业在印度投资的区位选择来看，在中国企业投资于印度的28个邦中，其区位选择主要集中于孟买、新德里、奥里萨邦（Orissa）、哈里亚纳邦（Haryana）、西孟加拉邦和卡纳塔克邦等区域。投资最多的地区是马哈拉施特邦的首府即孟买，其主要原因是孟买的商业环境良好、资源丰富、交通便利。2002年11月马哈拉施特邦通过了基础设施发展和支持政策，从审批程序、风险共担以及纠纷解决等方面给外资投资公司提供了优惠政策。① 中国企业陆续来到孟买寻求广阔的市场。例如，2006年11月，三一重工印度私人有限公司与印度马哈拉斯特拉邦工业发展公司在印度孟买签订了价值6000万美元的投资备忘录，三一印度公司将在印度投资

---

① 马塾君：《中国对印度直接投资研究》，中国财政经济出版社2009年版，第188页。

6000万美元建设工程机械生产基地。① 2007年，武钢集团投资150万美元在孟买成立武钢（印度）贸易有限公司，公司涉及钢铁产品销售和矿石产品等非钢材业务。② 此外，TCL在孟买成立印度总部，中兴通讯在孟买也设有代表处。

从印度企业在中国投资的区位选择来看，根据商务部网站外商投资企业网上联合年检的印度投资企业数据统计，③ 截至2011年，共有330家企业选择在华投资，印企在华投资的区位选择主要在中国东部沿海地区，共有290家，占88%，具有绝对比较优势；此外西部地区有印企16家，占5%；中部地区有15家，占5%；东北部地区有9家，占2%。长江三角洲地区也备受印企的青睐，据统计共有153家印企选择在长三角地区投资，占47.1%。印度企业在中国投资区位选择现已形成以中国东部沿海和长三角地区为核心，西南边界地区、中部地区和东北部地区为重要补充的企业发展分布格局。

四、中印投资合作推动了双边贸易合作

中印投资合作不断加强，推动中印贸易不断深化发展，中印两国之间的经贸关系逐步从货物贸易扩展到包括投资和经济技术合作等在内的全方位贸易合作关系。④ 20世纪80年代，李普（Lipsey）和韦斯（Weiss）也论证了国际贸易和国际投资是相互促进、相互补充的关系，这一关系在中印两国投资与贸易发展的相互关系进程中也表现得异常明显。如图3—3所示，后金融危机时代中印双边贸易额和双边投资额的曲线波动具有一定的相似性，而且其线性回归趋势具高度的一致性。特别是2009年以来中印两

---

① 陈建军："三一重工投资印度"，中国证券网，http://www.cnstock.com/paper_new/html/2006-11/25/content_49998463.htm。
② "砸下150万美元 武钢在孟买开公司"，《长江商报》，http://finance.sina.com.cn/roll/20071213/08071856924.shtml。
③ 资料来源：根据商务部注册运营企业数据统计所得，http://www.fdi.gov.cn/1800000121_10000029_8.html。
④ 杨文武、徐菲："后金融危机时代中印经贸合作研究现状探析"，《南亚研究季刊》2012年第4期。

国双边贸易额和投资额同时出现大幅增长，也印证了中印贸易发展与投资增长之间相互促进、相互补充的关系。

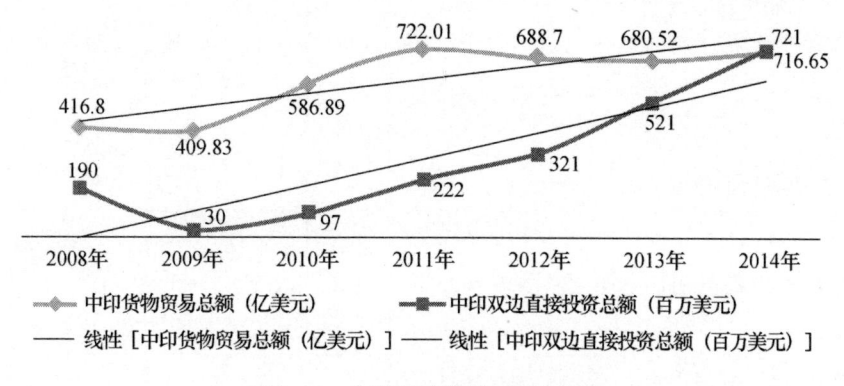

图 3—3　中印双边贸易与投资规模

第二节　中印双边直接投资合作存在的问题

一、中印直接投资占中印各自对外和吸引外资的比重低

尽管后金融危机时代中印双边直接投资额逐年递增，但两国直接投资总额在中印各自对外投资和吸引外资中所占比重不大。2007 年中国对印度直接投资占中国对外投资总额仅有 0.1%、占印度吸引外资的 0.09%；而同时印度对中国投资占印度对外投资总额的 1.7%、占中国吸引外资的 0.41%。即便是 2014 年，中国对印度直接投资占中国对外投资总额的 0.26%、占印度吸引外资的 0.92%；而同时印度对中国投资占印度对外投资总额的 5.7%、占中国吸引外资的 0.47%（如表 3—3 所示）。由此可见，中印对于对方的投资额在各自利用外资中所占份额很小，中印双边投资依存度低，中印投资关系不密切。

表 3—3　中印双边直接投资占中印各自对外和吸引外资的比重（%）

类别	2007年	2008年	2009年	2010年	2011年	2012年	2013年	2014年
中国对印度投资占中国对外投资总额的比重	0.1	0.2	-0.04	0.07	0.28	0.31	0.14	0.26
中国对印度投资占印度吸引外资的比重	0.09	0.23	-0.70	0.20	0.57	1.44	0.53	0.92
印度对中国投资占印度对外投资总额的比重	1.7	4.6	3.5	3.8	2.9	0.5	3	5.7
印度对中国投资占中国吸引外资的比重	0.41	0.81	0.58	0.04	0.03	0.04	0.04	0.47

资料来源：根据《中国商务年鉴》数据、商务部《2014 中国对外直接投资统计公报》，由印度驻华大使馆官网得到中国对印度直接投资额和印度对中国直接投资额，根据联合国贸易和发展会议的数据得到中国和印度吸引外商直接投资额和对外直接投资额。

二、中国企业在印度投资受到限制条件多且阻力大

中国企业在印投资受到安全审查以及签证等诸多限制条件，进而在一定程度上阻碍了中印双边投资规模的扩大。以电信业为例，2009 年 8 月，印度电信部门要求印度电信商尽量减少采购海外通信设备，尤其是针对中国企业。2010 年 5 月，印度正式拍卖 3G 频谱牌照，其中 7 家运营商获得了 3G 频谱。中国企业不仅没权参与拍卖，印度政府还否决或取消中国电信运营商的相关订单，短短近 4 个月，印度政府就否决了中兴、华为等中国企业总计 109 份合同。2010 年 6 月，印度 2G 频谱定价会议欲排除中兴、华为等中国企业参加，印度电信部同时通知多家印度电信服务提供商，要求它们不再购买中国厂商的设备。①虽然中兴终归得以再续与印度电信公

---

① "印度 2G 频谱定价排除华为中兴参会惹争议"，http://blog.sina.com.cn/s/blog_680596790100j73x.html。

司的采购合同，但是中兴也为此付出了巨大的代价，印度政府要求中兴向政府所控制的第三方机构公布其源代码及设计细节，这些限制让中兴承受了巨大的损失。①

中印签证不对等，尤其是印度对签证的限制阻碍了中国企业在印度的投资。现在的现实情况是中印双边的交流不对等，印度赴中国人员明显多于中国去印度的人数。②印度签证难主要表现为签证难以获得，且周期短、阻碍不断。如印度针对中国和巴基斯坦的"特殊"商务签证，首先，中国人员申请商务签证往往只能得到一个月一次入境签证，很难得到短期多次往返签证；其次，商务签证延期难办，且只能延长15天。③中资员工赴印的工作签证更难获得，还需印度内政部审批，审核周期长且回复率低。2009年印度实施新的签证政策，规定除了小部分高管和专业人士外，不再允许外国工程人员持商务签证从事项目建设。中印往来日益频繁，深受印度新政策的影响，大约两万名在印度工作的中国工人被迫提前回国，几百亿美元在建项目停滞不前。④

中国在印投资合作还受到政治、安全等影响因素的制约。中印间存在"中国威胁论"、边界问题，以及相互不了解、不信任等诸多非经济制约因素。例如，2013年5月美国国防部发布了一份报告，表示来自中国的"并联侵入体"目的在于窃取围绕国家的"外交、经济和支持国防项目的国防工业基础部门"的机密信息。而在随后的一周，印度情报机构再次对华为和中兴进行安全性审查，印度情报机构一直在警告政府中国公司带来的潜在安全威胁。⑤

除此之外，印度保护主义也制约了中国对印度投资规模的扩大。印度

---

① "商务部印度经济研究专家吴东华评论华为、中兴在印度的碰壁"，http://wudonghua020.blog.163.com/blog/static/117765692010719104518470/。
② "印度限制给中国工人发签证 要中国公司多雇当地人"，http://finance.ifeng.com/roll/20090918/1254758.shtml。
③ "签证不对等：印度人来华容易 中国人赴印很难"，http://jzjshen.blog.163.com/blog/static/26280532007108328I7732/。
④ "印度实施新签证政策 去印工作如同西天取经"，http://finance.ifeng.com/news/20091105/1432996.shtml。
⑤ "华为、中兴再遭印度情报机构严密审查"，http://tech.sina.com.cn/t/2013-05-09/11328322506.shtml。

对中国采取歧视性外资政策，除了基于政治、安全方面的考虑外，还由于中国在该领域产品廉价，印度本土企业的利润空间被压缩了。[①] 为了防止本国企业被竞争力较强的中国企业抢占市场份额，印度采取限制中国企业对印度战略性产业投资的政策，以此保护印度本国企业的发展，印度电信部、重工业部及可再生能源部均出台了相关保护条例。

三、印企在华存在"不适应"现象，未能全面进入中国市场

首先，与中国企业相比，印度企业在中国的管理层都是印度人，而中国在印度的企业除了高级管理人员等重要岗位是中国人外，其余岗位基本上均是聘用的印度人。正如印度制药联盟（CIPI）主席苏杰生（TS Jaishankar）所说，"与中国药商合作，语言是一个重要问题，如果没有当地的合伙人，在中国销售产品是不可能的"。[②]

其次，印度企业没有品牌意识，产品缺乏竞争力。品牌是一个企业立足市场的关键因素，与中国企业相比，印度企业已经没了成本优势，而中国本土企业和其他国际大品牌的口碑比印度公司好，中国政府和广大消费者对印度品牌的认知度和认可度还不高，印企产品缺少品牌竞争力，这是其不能在中国"突围"的重要原因。以印度发达的制药业为例，印度制药公司在欧美市场取得了不错的成绩，而他们想在中国占有一席之地却并不容易。事实上，包括兰伯西制药、瑞迪博士公司等印度最大的几家制药公司在 20 年前就开始进入中国市场，但它们却并没有真正打开中国市场，取得预期利益。2003 年印度兰花医药化工有限公司在中国成立合资公司，但经过 7 年之久，这家企业的利润仅 200 万—400 万美元，营业额不足 4 千

---

① "印度政府出台政策新规保护本国制造业"，http://www.mei.net.cn/jxgy/201306/502004.html。
② "印度药企在中国市场碰壁 但看好未来前景"，http://www.bioon.com/industry/mdnews/439921.shtml。

万美元。已来中国多年的鲁宾公司更是尚未在中国生产药品。① 同样由于盈利不断下降，遭遇碰壁的还有 Aurobindo 在山西合资成立的阿拉宾度·同领（大同）药业有限公司。印度软件企业进入中国，同样是由于缺乏对中国市场的了解，也面临难以扩大市场业务的困境。中国医药保健品进出口商会综合部主任许铭分析："中印同为仿制药生产大国，因为产业结构相似，其产品结构也很相似。制剂多为普药，印度药企的差异化表现得不明显。"②

第三，印度企业急功近利，缺乏战略眼光。印度公司普遍表现得比较急功近利，要求子公司在尽可能短的时间里实现盈利。2009 年印度第一大制药公司兰伯西的"中国梦"走到尽头：16 年来收益不大、达不到母公司要求是兰伯西退出中国市场的根本原因。根据 IMS 数据显示，2003—2010 年，兰伯西合资的广州南新制药公司的年收入从 1.91 亿元增至 2.99 亿元，年复合增长率不足 10%。而在 1992—2006 年，母公司兰伯西的收入复合增长率为 18%，净利润复合增长率 22%。③ 要在中国这样一个充满竞争的市场上占有一席之地不是一蹴而就的事情，印度企业在没有立足中国实际情况的基础上制定阶段性目标，更没有面向未来制定的长远战略性目标。

因此可见，由于中印两国在法律法规、市场环境、文化差异、居民生活习惯、思维模式等方面都存在很大差异，这些差异会给企业在相互理解沟通、具体公司运作等方面带来一些障碍和不利影响，特别是印度企业缺乏对中国市场的了解，是出现"不适应"现象的主要原因。

四、中印双边直接投资合作机制不健全

近些年来中印之间的经济合作不断加强，在中印投资合作领域形成了一些较为有效的合作机制。④ 一方面，双边领导人互访不断为中印间的投

---

① "印度药企在中国市场碰壁 但看好未来前景"，http://www.bioon.com/industry/mdnews/439921.shtml。
② "印度药企中国战略失灵"，http://blog.sina.com.cn/s/blog_5c4353520100tdox.html。
③ "印度药企中国战略失灵"，http://blog.sina.com.cn/s/blog_5c4353520100tdox.html。
④ 所谓合作机制就是讲两个国家之间在不同层面上就中印投资合作问题进行协商的机制或者达成的协议和规则。

资合作扫除政治上的障碍，推进中印之间达成一系列协议，为中印合作提供了制度上的保障。目前在中印投资合作领域的合作机制主要有：2006年中印签订《中华人民共和国政府和印度共和国政府关于促进和保护投资的协定》，这是中印首个投资保护协定，该协定要求两国政府鼓励并积极促进双方的投资合作。[1] 除此之外，还形成了社会各界共同参加的论坛、会议和共同研究机制，这主要包括中印经贸论坛和中印商务峰会、中印企业家首席执行官论坛等投资合作机制。在多边舞台上，金砖国家合作机制建设为中印的经贸合作提供了相互交流和研究的机会，为拓宽中印在农业、制造业、服务业三大领域的投资合作提供了发展空间和极大的机遇，1999年孟中印缅地区合作论坛首次召开，发展至今，孟中印缅区域经济合作机制也已取得了一些实质性的成绩。东亚峰会、亚欧会议、G20、上海合作组织和中—俄—印合作机制也有利于推进中印的投资合作。

尽管中印之间投资合作机制很多，包括中印双边合作机制，中印两国都参与的区域性、全球性的合作机制，但不管是双边的还是多边、区域性、全球性的，都缺乏统一高效的中印投资合作的管理运行机制，而且各机制之间还存在着层叠交叉、功能重复的严重问题，对于深化中印双边投资合作的力度不够，导致操作性不强。

第三节 促进中印投资合作的对策建议

一、进一步加强交流，增进互信，深化投资合作

（一）继续发展和改善中印政治外交关系，提升两国政治互信

尽管近年来中印政治外交关系得到缓和，但中印边界问题、历史遗留

---

[1] 《中华人民共和国政府和印度共和国政府关于促进和保护投资的协定》，http://tradeinservices.mofcom.gov.cn/b/2006-11-21/29749.shtml。

问题、"中国威胁论"等仍影响着双方的经贸关系，仍需要继续发展和改善两国政治外交关系，为双边投资合作奠定基础。增强政治互信需要真诚地站在对方立场上共同考虑问题、处理问题。正如李克强访印时指出的，"中印两个文明古国有足够的聪明智慧，找到彼此能够接受、公平合理的解决方案。在此之前，要完善处理边境事务的相关机制，提高工作效率，妥善管控分歧，共同维护边境地区的和平与安宁。这符合两国的共同利益"。[①] 中印要完善处理边境事务的相关机制，提高工作效率，妥善管控分歧，共同维护边界地区的和平与安宁，就要更好地落实两国签署的一系列边界协议，对于争端的发生，中印两国应加强对话交流，找到分歧所在，并努力找到解决措施，以保证协议的有效实施。

（二）深化中印战略经济对话合作机制，促进交流互动，加强两国投资合作

中印都强调两国有着共同利益，是最好的合作伙伴而不是竞争对手，两国应各取所长，优势互补，建立广泛的合作伙伴关系。中印经济合作现有机制很多，其中中印经济战略对话机制、中印中小企业首席执行官论坛、中印财金对话机制等经济合作机制在中印双边关系中发挥着不可忽视的作用，尤其是中印战略经济对话合作机制的作用特别突出。深化中印战略经济对话合作机制，不仅可以加强两国交流、学习和了解，还能在双边的层面上就有关问题进行政策协调，促进两国经贸领域的合作。如在中印第二次战略经济对话会议上，中方对印方的投资环境进行了比较全面的评估，特别是对中资在印企业，就华为、中兴遇到的反倾销和安全审查等问题跟印方进行了交流。尽管这些问题可能不会很快解决，但是这种对话能直接反映企业投资合作遇到的问题。[②]

（三）加深中印文化交流，充分了解对方市场

自古以来，中印两国在文化上往来频繁，虽偶有波折但也从未中断。

---

① "李克强在印度世界事务委员会发表演讲"，新华每日电讯，http://news.xinhuanet.com/mrdx/2013-05/22/c_132399473.htm。

② http://live.people.com.cn/bbs/index.php?id=52121205141150_ctdzb_062。

现在中印关系面临各种挑战，特别是在西方国家强势的影响下，延续和深化中印2000多年来的文明对话显得尤其重要。中印将2014年作为"中印友好交流年"，以增进两国相互了解与友好交往。除政府层面外，中印也举办了很多文化交流论坛和会议，以加深中印之间的文化交流，将文化交流作为了解对方市场的切入点，以促进投资合作。媒体是两国友好关系的重要参与者、维护者和推动者。两国媒体应为友好、合作、共享繁荣创造舆论条件。① 通过政治、经济、文化方面的交流让中印对对方国情、法律法规、经济体制、风土人情等方面进行全面的了解，不仅能增加互信，为中印投资合作提供前提条件，还能让企业了解对方经济发展趋势、市场特点、消费者观念、两国文化等，为投资的成功增加可能性。

二、努力消除双边投资合作壁垒

（一）印度应取消歧视性外资政策，促进中印相互投资更加便利化和自由化

政府干预过多、办事效率低下都阻碍着两国投资合作的深化发展。中印双方要积极探讨投资便利化事项，特别是印度政府要加快简化投资程序，可以优先从以下三个方面入手：一是印度应制定更明确的外资政策和更规范的法律及管理程序，提高政策透明度，减少项目审批期限；二是简化审批程序；三是消除签证方面的障碍，为两国人员往来提供便利。

（二）中国也应采取积极的应对措施，规避投资合作壁垒

印度对中国的投资限制一时难以消除，这就要求中国方面采取积极的措施来应对投资合作壁垒。首先，中国应抓住印度放宽特定行业和地区的优惠政策的机遇。如2005年3月，印度颁布《经济特区法》，旨在鼓励外国企业来特区投资，中国企业可以抓住这一发展机遇，推进同印度的投资合作。其次，中国应充分利用印度的外商直接投资自动获准程序。例如印度《外资新政》规定：除了核电厂之外，印度境内所有的发电、输电和配

---

① http://opinion.people.com.cn/BIG5/n/2013/1021/c1003-23266157.html.

电方面的外商直接投资都可以通过自动获准程序进入，外资持股比例可高达100%，对于外商直接投资的项目成本和数量没有限制。① 电力产业是中国的优势产业，较印度具有较强的竞争性，中国企业应抓住这一机遇，加强电力产业同印度的投资合作。

三、充分挖掘合作潜力，推进重点领域的投资合作

（一）寻找两国经济上的差异性和相似性，充分挖掘投资合作的潜力

中印经济结构存在明显差异。中国第二产业比重较大，第三产业比重较小，在制造业领域有较多优势。同时，印度第二产业比重较小，第三产业比重较大，在服务业领域有较多优势；印度在制造业领域有其优势，在服务业领域中国也有其优势。中国劳动力效率高，印度资本效率高，两者结合将产生"经济增长"作用。② 经济差异性、互补性的存在，将为扩大中印投资合作提供可能性，带来较大利益。同时，应该看到合作的潜力不仅来自于两国的差异性、互补性，两国的相似性同样会为两国合作带来机遇。中印经贸发展水平相似，收入水平差异不大，产业结构相似，尽管对中印经贸合作的扩大可能会造成一定影响，但从另一方面来说又可以成为中印发展经贸合作的重要前提。因为经济发展水平接近，人们的消费结构基本相似，因此中国人民消费的东西大体适合印度人民的消费需求，印度人民消费的东西也大体适合中国人民的消费水平，从而有利于双边合作的扩大。

（二）从重点领域出发，全面推进中印投资合作

中国在印度的投资领域主要包括家电、软件、信息技术、化工和汽车，印度在中国主要投资在制药、软件、化工和咨询服务等领域，印度目前面临电力短缺、交通运输效率低下、农业部门效率不高和持续通货膨胀

---

① 马塾君：《中国对印度直接投资研究》，中国财政经济出版社2009年版，第207页。
② R. Swaminathan, India–China Relations in the Emerging Era.

的困扰，两国可加大在制造业、基础设施建设、信息技术、电力、电信、农业、能源等领域的合作，特别是应加大在基础设施领域的投资。印度政府提出在第 12 个五年计划期间（从 2012 年 4 月开始）投入 1 万亿美元用于基础设施建设，并计划在 2011 年至 2012 年财政年度使基础设施投资占国内生产总值的比重达到 9%（2005 年这一比重只占 5%）。目前印度对中国企业开放广泛的投资领域，比如中国企业投资发电、配电、港口、机场、内河运输等领域前 10 年免税。中国应发挥制造业发展的优势，加大对印度制造业产业集群投资，设立中国工业园区和科技园区，形成制造业产业和科技研发产业链，一方面拉动国内出口，同时占领印度市场以及拓展相邻国家市场，以获取更大、更稳定的贸易投资收益。印度政府正在酝酿大力扶持制造业发展，以使其占国内生产总值的比重从现在的 6% 提高到 2025 年的 25%，这是良好的投资机遇，中国应借此机会在印度市场开拓发展。[1] 除了本国企业走出去外，中国应充分重视印度优势行业中的大企业，把优秀企业引进来，尤其是制药业、信息技术服务业、金融服务业等方面的大企业，充分利用中国的后发优势，增加中国产品和服务的附加值，提高中国企业的管理和服务水平。[2]

四、加强中印边境毗邻地区投资合作和投资机制建设

（一）加强中印毗邻地区的投资合作

地缘因素是影响区域经济合作的一大要素，中印可以利用优越的地缘条件，加快毗邻地区合作机制建设，从而全面推进中印投资合作。以云南和西孟加拉邦为例，云南是中国向南亚国家开放的重要前沿，在中印经贸合作中起着"桥头堡"作用，而西孟加拉邦则是印度"向东看"政策的前沿。在中国发展南向互利合作战略和印度"向东看"战略中，云南省与西孟加拉邦具有优越的地理区位优势。[3] 云南和西孟加拉邦在产业发展上也

---

[1] "金砖国家加快经济转型"，http://news.sohu.com/20110515/n307571421.shtml。
[2] 张佩伸：《扩大中印经贸合作的对策分析》，辽宁大学 2010 年度硕士学位论文，第 23 页。
[3] 段钢、齐美虎："后金融危机时代的中印合作前景与展望——云南省与西孟加拉邦区域合作"，《经济问题探索》2011 年第 2 期，第 1—6 页。

存在明显的互补性。在信息技术产业方面,云南的信息技术产业是新兴产业,发展较快,但高科技人才少、技术水平较低,而西孟加拉邦却拥有先进的 IT 技术和庞大的高素质人才。在制药业方面,云南有独特的药物资源,但制药水平较低、自主创新能力不足,而西孟加拉邦拥有先进的制药技术。基础设施建设既是中印两国投资合作的基础,又是两国投资合作的重要领域,云南和西孟加拉邦应发挥相互毗邻的区位优势,合作建设连接两地的公路、铁路、水运及航空等基础设施。

(二)强化中印在多边机制下的投资合作

2003 年瓦杰帕伊访华,提出建立中印双边自贸区的建议,中方回应积极,但后续的研究没有实质性的进展,中印现在应该进一步研究中印自贸区的推进工作,为双边的贸易和投资合作创立便利条件。除积极推进中印双边自贸区建设以外,还应重视多边平台对中印投资合作的巨大推动作用,继续推动中印孟缅经济走廊的建成。加强中印经贸合作也离不开便捷的陆上交通,修复第二次世界大战期间就存在的中印公路和滇缅公路,并在时机成熟的时候修建中印缅边境地区的铁路,将使中国同印度、缅甸、孟加拉国的投资合作取得新的重大进展,[①] 真正把中国同印度乃至南亚地区紧密连接起来,形成更大的市场和发展合力,为中印贸易合作、投资合作创造条件。除了中印孟缅相关经济合作机制外,还可以借助金砖国家机制所达成的鼓励各国避免采取保护主义措施的共识,积极扩大中印双边投资额等。

(三)探索建立中印双边投资合作机制,为中印投资合作提供机制化保障

中印之间的经济合作机制构建需要遵循循序渐进的原则,合作机制可以分为就广泛的经济利益而构建的经济合作机制以及有制度化保障的较高层次经济合作机制。较高层次的经济合作机制就是两国之间基于共同的

[①] 吴迎春:"中印经贸合作潜力大",《亚非纵横》2003 年第 4 期。

价值观而建立的经济合作机制。① 根据机制理论的划分，中印之间的经济合作机制还处于合作的低层次水平，双边经济合作机制建设还有很大的提升空间。中印之间应该通过双边不同经济参与主体的努力共同构建经济合作机制。中印之间的经济合作机制建设可以先从双边不太敏感的领域或者产业部门开始，但从长期来说，中印之间应该在互利共赢的理念下，构建全面的双边经济合作机制。当前中国需要在"一带一路"的背景下，按照中央的统一部署，由各个省份积极加强与印度地方政府之间的经济合作，但是在中印经济合作机制建设中要考虑中印之间意识形态、文化观念、经济发展需求不一致等因素。在专业论坛方面，我们应该借鉴中国和中东欧国家之间的合作机制的经验，设立中小企业家之间的专门论坛，并设立秘书处来协调该对话平台，以提高机制运行效率。现有的中印之间的双边经济合作机制，如财金对话机制、中印经济发展战略对话、企业首席执行官论坛等都是比较松散的机制，就是针对具体问题进行的合作机制，在接下来的经济合作机制建设中应该加强监督，为将来中印之间更有组织性的机制化建设奠定基础。在国家层面，现有领导人级别的机制有中印领导人会晤机制和财金对话机制，要完善领导人之间的会晤、经贸部长之间的对话机制、财金对话机制等。在地方政府层面，地方政府之间要以合作备忘录等形式推进合作机制建设，借鉴别国经验，建立中印经济合作协调员机制，协调中印之间人力资源流动、经济技术要素流动，尤其是商务人员流动的签证问题等；中印双边的企业应该以举办招商投资博览会、鼓励企业参与的招商会等形式开展经济合作。在民间，经济组织和商会之间以博览会、交流会等作为经济合作机制建设的新尝试。在金融合作机制方面，开展金融监管与投融资合作机制建设，为双边企业投资设立服务小组机制等。总之，中印之间现在应该先从低层次的经济合作机制开始，逐步构建全面的经济合作机制，通过经济合作机制的建立为中印投资合作提供机制化保障。

---

① 于军："中国与中东欧国家合作机制现状与完善路径"，《国际问题研究》2015 年第 2 期，第 120 页。

第四章

后金融危机时代中印电信业合作[*]

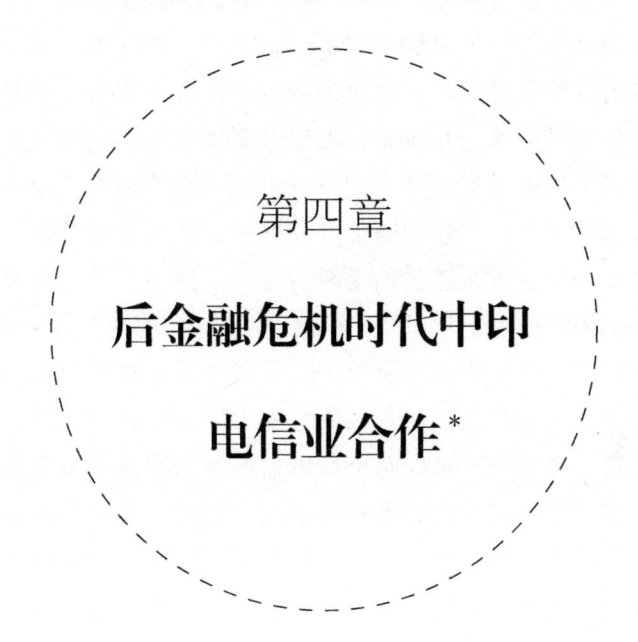

[*] 杨文武、叶红梅、郭琼琼:"后金融危机时代中印电信业合作研究",《四川大学学报(哲学社会科学版)》2013年第6期,第85—97页。

事实上,"金融危机对电信产业构成负面影响",[①]"全球电信业受到国际金融危机和经济危机的巨大影响,2009年全球电信业务收入自20世纪90年代以来首次收缩,较2008年下降3%左右"。[②] 为此,后金融危机时代,各国政府都将宽带通讯网络作为刺激经济长久发展、重塑国家长期综合竞争力的关键领域,并将其发展提升至国家战略层面进行部署和实施。而且随着全球信息通信技术的飞速发展,网络融合、业务融合、终端融合进程逐步深入,以移动通信和互联网为代表的新技术、新业务为传统电信产业发展注入了蓬勃的生机与活力。因而,后金融危机时代电信产业功能的国家战略定位以及在国民经济结构中电信行业的深度发展,对于中印两国来说既是机遇也是挑战。为了更好地抓住机遇,迎接共同面对的挑战,作为全球电信产业"两大引擎"的中国和印度,推动两国电信产业的进一步合作,不仅对全球电信产业的恢复发展起着重要的作用,同时也对世界经济发展有着重要意义。为此,本章着重分析中印电信产业合作取得的成效与问题、中国电信设备产品在印竞争力评价、中印电信产业合作潜力,并就进一步促进中印电信产业的深度合作提出相应的对策建议。

[①] 无痕水:"金融危机对电信产业构成负面影响",《今日科苑》2008年第23期,第100页。
[②] 余晓晖:"新形势下电信业转型升级的若干思考",《信息通信技术》2010年第1期,第14页。

第一节 后金融危机时代中印电信业合作现状

一、中印电信设备贸易合作成效显著

自 20 世纪 90 年代以来,中印两国对作为基础设施产业、先导产业以及资本技术知识密集型的电信产业,都加快了发展与改革的步伐。尽管基于制度禀赋的差异,中印两国选择了不同的电信业发展模式和改革路径,但中印两国电信业均取得了可喜的产业绩效,而且在两国电信产业快速发展的基础之上,中印电信业合作也取得了一定的成效。

(一) 中印电信设备贸易规模进一步扩大

第一,从总体上来看,中印电信设备(进出口)贸易规模总体上呈上升趋势(如图 4—1 所示)。根据联合国商品贸易统计数据库(UN Comtrade)统计,中印电信设备(进出口)贸易额[1]从 2000 年的 0.48 亿美元上升到 2012 年的 68.04 亿美元,[2] 13 年间中印电信设备贸易额增长了 140.75 倍。后金融危机时代,中印电信设备(进出口)贸易额由 2008 年的 36.93 亿美元上升到 2012 年的 68.04 亿美元,增长了 0.84 倍。

第二,印度从中国进口(或者说中国对印度出口)电信设备贸易规模迅速增长。根据联合国商品贸易统计数据库(UN Comtrade)统计,印度从中国进口电信设备贸易额由 2000 年的 0.45 亿美元上升到 2012 年的 67.07 亿美元,13 年间印度从中国进口电信设备贸易额增长了 148.04 倍。尽管金融危机以来印度从中国进口电信设备略呈下降态势,但是印度从中国进口电信设备贸易额由 2008 年的 36.96 亿美元上升到 2012 年的 67.07

---

[1] 按国际贸易标分类(SITC)中第 764 组的产品。
[2] 根据 UN Comtrade 数据库中以印度为报告来源国的数据。

亿美元，增长了 0.81 倍（如图 4—2 所示）。

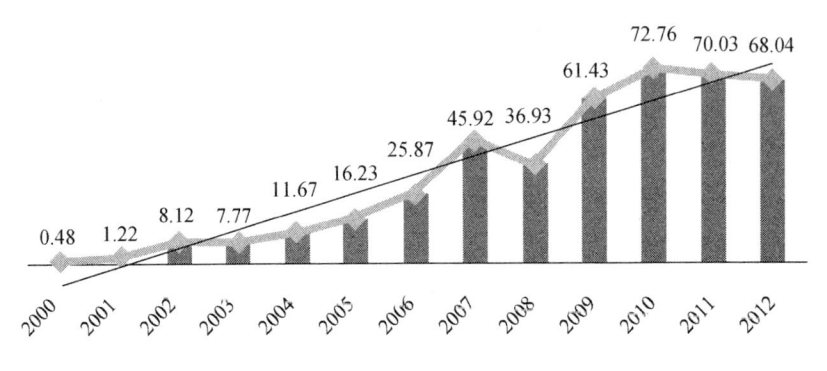

图 4—1　中印电信设备（进出口）贸易总额（亿美元）

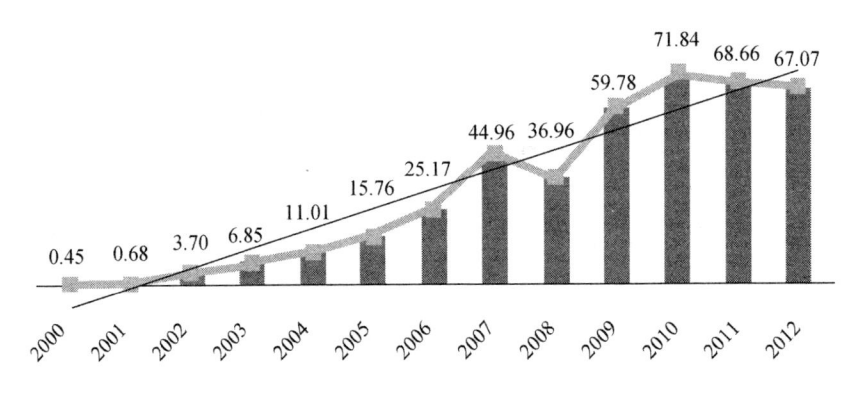

数据：0.48, 1.22, 8.12, 7.77, 11.67, 16.23, 25.87, 45.92, 36.93, 61.43, 72.76, 70.03, 68.04（2000—2012年）

图 4—2　印度从中国进口电信设备额（亿美元）

数据：0.45, 0.68, 3.70, 6.85, 11.01, 15.76, 25.17, 44.96, 36.96, 59.78, 71.84, 68.66, 67.07（2000—2012年）

第三，印度对中国出口（或中国从印度进口）电信设备贸易规模也呈上升趋势。印度对中国出口电信设备贸易额由 2000 年的 0.03 亿美元上升到 2012 年的 0.99 亿美元，13 年间印度对中国出口电信设备贸易额增长了 32 倍。而且，印度对中国出口电信设备贸易额由 2008 年的 0.15 亿美元上升到 2012 年的 0.99 亿美元，增长了 5.6 倍（如图 4—3 所示）。

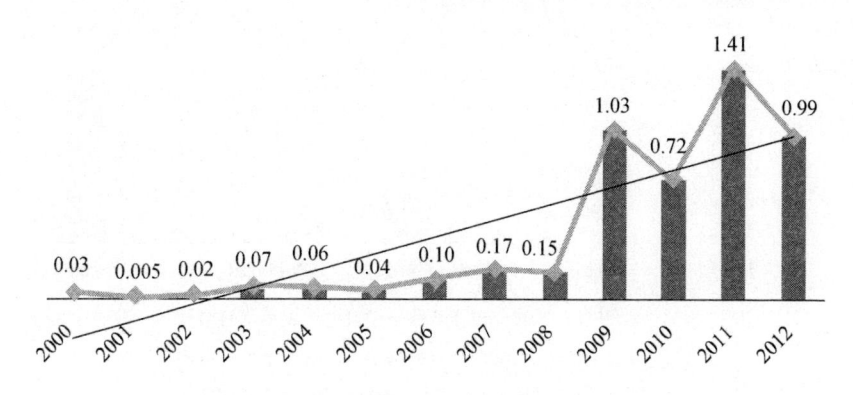

图4—3　印度对中国出口电信设备（亿美元）

由此可见，中印电信设备贸易合作不仅没有受到金融危机的冲击，反而在后金融危机时代成效更为显著。

（二）中印电信设备贸易结构互补性强

根据联合国商品贸易统计数据库按国际贸易标分类（SITC）中第764组中7641①、7642②、7643③、7648④和7649⑤分组的产品统计，在2000—2012年期间印度从中国进口（或中国对印度出口）的电信设备中，无线电话、无线电报、无线电广播或电视用发射装置等电信设备所占比重为62.33%；而印度对中国出口（中国从印度进口）的电信设备中，电信设备的相关附件和零件所占比重为74.20%（如图4—4所示）。

---

① 电话机，包括用于蜂窝网络或其他无线网络的电话；其他发射或接收声音、图像或其他数据的装置，包括用于在有线或无线网络内进行通信的装置（如局域网或广域网），第726、751、761、762和764组所列传送或接收装置除外。

② 话筒及其支架；扬声器，不论是否安装在外壳内；头戴受话器，耳机和组合式成套话筒/扬声器；音频放大器；成套声音放大器。

③ 无线电话、无线电报、无线电广播或电视用发射装置，不论是否包括接收装置或者录音或重放装置。

④ 未另列明的电信设备。

⑤ 专门适用于或主要适用于第76类所列装置的附件和零件。

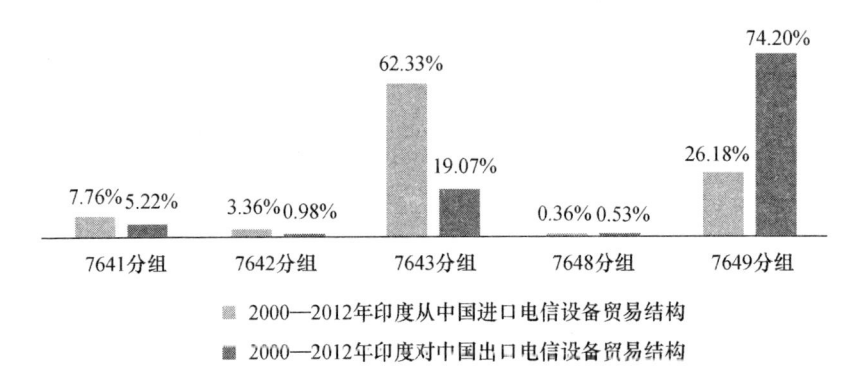

图 4—4　2000—2012 年中印电信设备进出口贸易结构

而且，在 2009—2012 年期间印度从中国进口（或中国对印度出口）的电信设备中，无线电话、无线电报、无线电广播或电视用发射装置等电信设备所占比重为 58.76%；而印度对中国出口（中国从印度进口）的电信设备中，电信设备的相关附件和零件所占比重为 79.05%（如图 4—5 所示）。

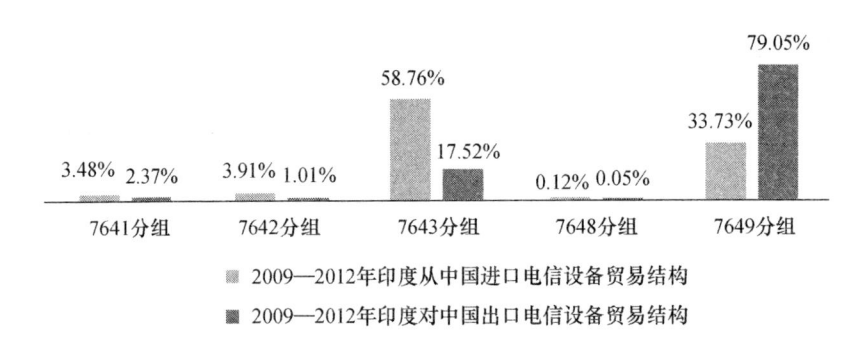

图 4—5　2009—2012 年中印电信设备进出口贸易结构

由此可见，中国向印度主要出口无线类电信设备，而印度主要向中国出口相关电信设备的附件和零件的这种贸易结构，并未随着金融危机的产生而发生较大的改变，中印电信设备贸易结构互补性强。

二、中印电信投资合作业已展开

(一) 以华为、中兴通讯为代表的中国电信企业在印投资规模逐年扩大

"尽管华为跟中兴通讯没有披露过在印度的具体业务规模,但是……这两家企业在印度的投资已经上亿元。"① 1999 年正式进入印度的"中国电信设备供应商华为科技公司将投资 1.2 亿至 1.5 亿美元用于在印度(班加罗尔)建立研发机构。这也将成为华为首个在外国的自有研发中心。该工程将于 2011 年 7 月中旬开始动工,并预计在 2013 年初投入使用"。② 华为印度分公司首席执行官蔡立群表示:"华为……从 2011 年开始,……计划是在 5 年内对印度投资 20 亿美元的资金。"华为在班加罗尔建立了一个全球服务资源中心(GSRC)和一个全球网络运营中心(GNOC),后者同时也是华为在国外建立的同类中心中规模最大的全球网络运营中心,这些中心可以为 140 多个国家的华为客户服务。③ 目前华为在印度雇用了 6000 多名技术人员和员工,其中研发人员达到了 2500 人。"据华为(印度)公司的资料显示,2008 年华为在印度全年签订合同总额逾 20 亿美元,实现销售收入 13 亿美元,取得历史性的突破。"④ 2011 年华为在印的销售收入达 12 亿美元,同比增长了 30%;预计 2013 年销售收入将达到 27 亿美元;到 2017 年华为争取实现其 100 亿美元的在印销售收入目标。⑤

中兴通讯股份有限公司也是 1999 年开始进入印度市场的,不过中兴在印度真正站稳并取得快速发展是 2003 年在印度国有固网运营商 BSNL 的

---

① 邢小萍:"印度限制中国电信商由来已久,华为用本土化反制裁",2010 年 7 月 19 日,http://biz.xinmin.cn/zhengquan/2010/07/19/5849059.html。
② 艾斯:"华为投资 1.5 亿美元在印度班加罗尔建研发中心",http://www.c114.net/news/116/a608236.html。
③ 林靖东:"华为拟在印度投资 20 亿美元建立全球研发中心",http://tech.qq.com/a/20120625/000241.htm。
④ 长乐:"华为 08 年在印度实现销售收入 13 亿美元",http://news.eccn.com/news_2009020110250081.htm。
⑤ Nabeel A Mancheri,"The Telecom Industry in India – China Trade",2013 – 07 – 16,http://www.csc.iitm.ac.in/? q = node/362.

DWDM 项目公开招标中获得成功之后；到 2005 年开始在印度进入大规模发展时期，相继与 TATA、Reliance 和其他私有运营商展开合作。[①] 目前中兴通讯在印度约有 1600 名员工，其中约 1000 名为直接工作人员、560 名为公司掌控之外的间接工作人员。[②] 中兴通讯在印度班加罗尔设有研发中心，中兴印度总部设在德里，并在印度 23 个城市设有分支机构和办公室。印度已成为中兴全球化市场的重要区域，印度市场销售额约占中兴全球销售额的 10%，其中印度 17% 的无线基站是中兴建设的，中兴无线 CDMA 产品印度市场占有率第一。[③] 2009 年中兴在印销售收入达 15 亿美元。中国设备厂商中兴通讯（印度）公司预计到 2011 年底年收入将达到 30 亿美元。[④] 现在中兴基本上和所有印度主流运营商，如 BSNL、TATA、MTNL、RELIANCE 等都建立了良好合作，为他们提供各种通信服务。随着智能手机竞争的日益激烈，华为、中兴等电信设备商也纷纷加入竞争，而且中兴通讯在印度推出 6 款智能手机，并计划 3 年内成为第三大供应商。[⑤]

除此之外，2009 年 8 月，中国电信与印度 Reliance 公司之间的中印陆地光缆传输系统顺利开通，改变了中国和印度之间通信全部通过国际海缆经由新加坡的现状。[⑥] 中国电信也与 Bharti Airtel Ltd.、Tata Communications Ltd. 等公司合作，以期在中印之间建立光缆连接。[⑦] 而且，中国电信印度分公司于 2013 年 5 月在印度首都新德里正式揭幕开业，中国电信现在印度

[①] 康钊："中兴披露在印度 10 年历程：生存下来就有大机会"，http://www.techweb.com.cn/news/2009 - 12 -02/485454.shtml。
[②] 艾斯："中兴通讯将缩减印度研发业务 或涉及班加罗尔部分裁员"，http://tech.hexun.com/2012 - 10 -29/147327774.html。
[③] 张颖："印度'硅谷'涌动中国力量 中兴跻身印度通讯主流市场"，2012 年 10 月 25 日，http://tech.cnr.cn/list/201210/t20121025_ 511216722.html。
[④] 张月红："中兴通讯印度：2011 年收入年达 30 亿美元"，2010 年 7 月 2 日，http://www.c114.net/news/116/a520780.html。
[⑤] 艾斯："中兴通讯联手 Calyx 目标成为印度前三大手机供应商之一"，2013 年 5 月 20 日，http://www.c114.net/news/127/a767411.html。
[⑥] 王锦："中国电信开通首个中印陆地光缆传输系统"，2009 年 8 月 26 日，http://tech.163.com/09/0826/11/5HKVUNMO000915BE.html。
[⑦] 华尔街日报中文网："中国电信欲往海外发展 将在印度设代表处"，2010 年 9 月 30 日，http://www.cnetnews.com.cn/2010/0930/1903441.shtml。

已拥有新德里和孟买两个节点,近期将在班加罗尔增设新节点。①

中国移动互联网企业 UC 优视也于 2011 年 11 月在印度设立分公司,该分公司成立之后的新目标是成为印度市场占有率第一,并希望能在 2015 年之前使 UC 浏览器在印度的用户达到 1 亿。②

(二)塔塔电信等印度电信企业在华合作业已起步

作为印度邻国,中国拥有全球第一大电信市场,同时生产成本又低廉,这让印度看到了在中国进行电信产业投资的巨大市场潜力。中国对印度塔塔电信来说是海外优先发展的国家。塔塔电信除透过参股中企通讯(CEC)在当地提供服务外,也与中国电信及联通有网间接口(NNI)合作。③ 2009 年 9 月印度运营商塔塔电信(Tata Communications)将其以太网服务组合拓展至中国,通过与中企通信的合作和公认的网络互操作性,目前向中国市场推出了 Dedicated Ethernet 和 Priority Ethernet 系列服务。④

当然,印度塔塔集团着力于寻求中国的硬件以及中国运营商在印度投资,⑤ 而且塔塔电信服务及塔塔通信开创了印度企业在中国采购的先河,从中国市场寻求制造商如华为、中兴,开展手机及电信基础设备的采购业务,实现了成本节省及客户效益双丰收。⑥

除此之外,在手机领域,印度电信企业皆与中国手机厂商建立了合作关系:如 Reliance 与 Tata,中兴与华为就是其长久的合作伙伴;如 Spice,其合作伙伴包括康佳、中兴通讯;还有 Xenitis,则与中国手机设计厂商长

---

① 牛震:"中国电信印度分公司成立",2013 年 5 月 17 日,http://whb.news365.com.cn/gj/201305/t20130517_1145324.html。
② 新浪科技:"UC 优视印度分公司成立 俞永福:海外市场是蓝海",2011 年 11 月 9 日,http://www.uc.cn/a/news/2011/1109/1943.html。
③ 朱凌霞:"印度 Tata 电信 2 亿美元投中东 谨慎进入中国",2010 年 3 月 9 日,http://www.ccidconsulting.com/portal/hyzx/hydt/gjjj/webinfo/2010/03/1268096720270083.htm。
④ 高媛:"印度电信运营商塔塔杀入中国 提供以太网服务",2009 年 9 月 11 日,http://www.cww.net.cn/opera/html/2009/9/11/2009911141255009.htm。
⑤ 中华人民共和国驻印度共和国大使馆经济商务参赞处:"印度 TATA 集团看好中国市场",2004 年 4 月 1 日,http://in.mofcom.gov.cn/aarticle/jmxw/200404/20040400203480.html。
⑥ 黄杨、张琳:"印跨国公司塔塔意大举进入中国钢铁行业",《中国经济时报》2008 年 1 月 28 日。

期合作。①

三、中印电信产业合作共识业已形成，合作机制日渐完善

（一）中印电信产业合作共识业已形成

中国在《通信业"十二五"发展规划》中明确指出将电信业作为国家战略性、基础性和先导性行业发展。同时，近年来电信业的飞速发展已成为印度经济快速增长的一个重要源泉，印度政府在其公布的《印度2011年国家电信政策草案》中也明确提出了多项措施重振电信业，并将电信产业作为国家发展的重要战略。因而，后金融危机时代电信产业发展成为中印两国发展战略性新兴产业。而作为当今世界上两个最大的发展中国家、新兴市场国家和世界上人口最多的两大邻国，两国理应是电信产业合作发展的天然伙伴，双方产业合作的共同利益远大于分歧。正如印度驻华大使苏杰生指出，"两国在基础设施、电力、电信和交通等领域的合作大有可为"。② 中国商务部亚洲司副司长梁文涛也表示，"两国在电力、通讯、交通等基础领域的合作成为双边经贸合作的亮点"。③ 在"2012印度电信展"开幕式上，时任中国驻印度大使张炎认为，"印中电信市场潜力巨大，双方应加强合作，满足经济增长所带来的电信领域需求的增加，实现互利共赢的良好局面"。④ 因此，中印电信产业合作共识基本形成。

（二）中印电信产业合作机制日渐完善

尽管中印两国并未就电信产业合作建构专门的合作制度机制，但是在两国相关纲领性文件中已明确表述，以此作为加强中印电信产业合作的制度机制基础。例如，2006年11月中印签署并发表的《联合宣言》中就明

---

① "中国手机响遍印度"，http://ccn.mofcom.gov.cn/spbg/show.php?id=8041。
② 付碧莲："中印企业合作潜力大"，《国际金融报》2009年12月14日。
③ 张燕、马晓芳："温家宝访印 撬开金融电信市场"，《第一财经日报》2010年12月16日。
④ 张斯路："'2012印度电信展'开幕式在印度举办"，http://gb.cri.cn/27824/2012/03/26/5951s3616214.htm。

确指出,"鉴于两国在信息通讯技术领域具有的互补优势,双方同意通过更密切的政策对话促进两国企业间的合作,包括在第三国合作,加强在这一领域的互利合作"。① 而且在 2010 年 12 月中印共同发表的《中华人民共和国和印度共和国联合公报》中也指出,"重点扩展基础设施、环保、信息技术、电信、投资、财经等领域的合作,实现优势互补、互利互赢"。② 另外,《中华人民共和国政府和印度共和国政府关于促进和保护投资的协定》也明确规定"两国政府将鼓励双方的相互投资,互为投资者提供国民待遇和最惠国待遇,保障双方投资者的正当权益"。③ 如此等等,均为深化中印电信产业合作提供了制度性保障。

与此同时,中印两国相互支持并积极参与各类电信产业会展与论坛等机制化建设。无论是中国国际信息通信展览会还是印度国际电信通讯展览会,中印两国电信企业界均相互参与和支持。迄今已经成功举办了 21 届的中国国际信息通信展览会,是亚洲乃至全球规模最大、最具影响力的信息通信与电子科技展览会。其中,有着信息通信业"达沃斯"之称的"ICT 中国·高层论坛"更是为各国电信运营商和设备制造商所青睐,为来自包括印度在内的世界各国的企业和机构提供了新的展示和交流平台。而作为南亚地区最大的、已成功举办了 19 届的印度通讯展(Covergence India),云集众多知名品牌制造商、运营商和承建商参展,吸引包括中国在内的众多国家的电信业界人士参加,推动了通信技术的发展。除此之外,定位于新兴市场和发展中国家的合作机制——"金砖国家"合作机制为中印电信企业家合作搭建了平台;孟中印缅地区合作论坛也为中印电信企业加强多种方式的互联互通和建立有效合作的机制,搭建了有效的信息沟通平台。

---

① 中华人民共和国外交部:"中国和印度发表《联合宣言》(全文)",2006 年 11 月 22 日,http://www.fmprc.gov.cn/mfa_chn/ziliao_611306/1179_611310/t281112.shtml。
② 中华人民共和国外交部:"中华人民共和国和印度共和国联合公报",2010 年 12 月 16 日,http://www.fmprc.gov.cn/mfa_chn/ziliao_611306/1179_611310/t778838.shtml。
③ 中国服务贸易指南网:"中华人民共和国政府和印度共和国政府关于促进和保护投资的协定",2006 年 11 月 21 日,http://tradeinservices.mofcom.gov.cn/b/2006-11-21/29749.shtml。

第二节 后金融危机时代中印电信业
合作面临的主要问题

一、中印电信设备（进出口）贸易增长潜力有限

印中电信设备贸易额的年增长率由2007年的77.51%下降到2008年的-19.57%，上升到2009年的66.33%之后，连续下降到2010年的18.44%和2011年的-3.75%，再上升到2012年的-2.84%（如图4—6所示）。

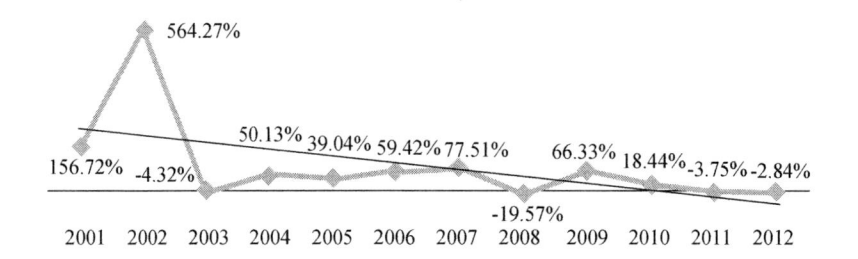

图4—6 2001—2012印中电信设备贸易额年增长率

其中，印度从中国进口电信设备贸易额的年增长率也由2007年的78.62%下降到2008年的-17.79%，上升到2009年的61.74%之后，再次下降到2010年的20.18%和2011年的-4.42%，再上升到2012年的-2.31%（如图4—7所示）。

而印度对中国出口电信设备贸易额的年增长率也由2007年的72.31%下降2008年的-12.27%，然后快速增长到2009年的578.43%之后，迅速下降到2010年的-30.63%，再次上升到2011年的96.79%之后，又下降到2012年的-29.83%（如图4—8所示）。

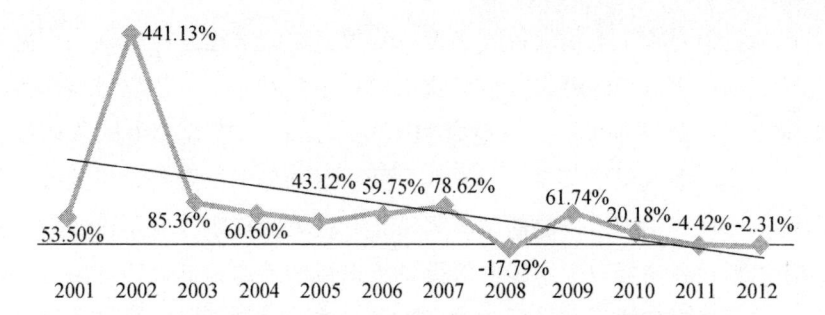

图 4—7 2001—2012 年印度从中国进口电信设备贸易额年增长率

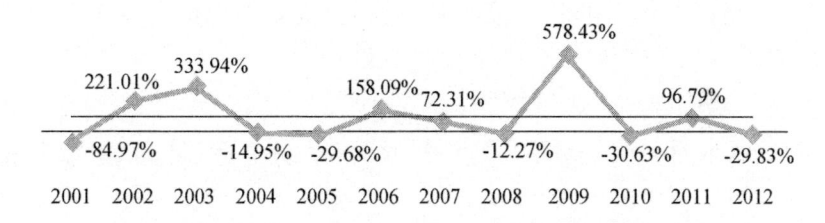

图 4—8 2001—2012 年印度对中国出口电信设备贸易额年增长率

再者，中国对印度出口电信设备贸易额占中国对外电信设备贸易总额的比重并不大，而且在后金融危机时代以来反而呈下降趋势。例如中国对印度出口电信设备贸易额占中国对外电信设备贸易总额的比重由 2008 年的 3.81% 上升到 2009 年的 4.48% 之后，一路下降到 2010 年的 3.37%、2011 年的 2.47% 和 2012 年的 1.99%（如图 4—9 所示）。这说明，印度电信设备市场对于中国电信制造业的出口贸易伙伴关系热度在下降。

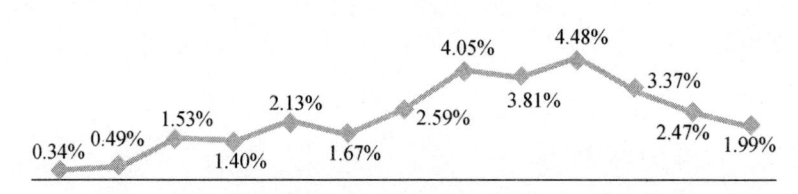

图 4—9 中国对印度出口电信设备贸易额占中国对外电信设备贸易总额的比重

由此可见，尽管后金融危机时代印中电信设备（进出口）贸易规模呈上升趋势，但是印中电信设备（进出口）贸易额的增速总体呈现出下降回落态势；而印度从中国进口（或者说中国对印度出口）电信设备贸易额的年增速下降趋势更加明显；尽管印度对中国出口（或者说中国从印度进口）电信设备贸易额的年增长率总体下降回落趋势不甚明显，但其波动幅度较大，印度对中国出口电信设备贸易具有较大的稳定性或不确定性；同时印度电信设备市场对于中国电信设备出口目的地的重要性正在减弱。这说明，在后金融危机时代，印度电信制造业的逐步发展[1]以及对中国电信设备的进口限制等因素，在很大程度上制约了中印电信设备（进出口）贸易规模的增长速率，中印（尤其是印度从中国进口）电信设备贸易增长潜力有限。

二、中印电信设备（进出口）贸易失衡问题较为突出

伴随中印电信设备（进出口）贸易规模的扩大，中印电信设备贸易差额，尤其是印度对华电信设备贸易逆差有持续增大的趋势。印度对华电信设备贸易逆差额由 2000 年的 0.41 亿美元增至 2008 年的 36.81 亿美元，进而增至 2012 年的 66.08 亿美元（如图 4—10 和表 4—1 所示）。尽管中印电信设备贸易逆差主要是中国的电信设备物美价廉，产品性价比很高，同时也是对贸易逆差贡献较大的高附加值产品，加之印度本土电信设备制造业相对落后，大部分采购国外设备[2]等原因所致，但无论如何，持续增大的中印电信设备贸易差额不利于中印电信产业合作的进一步发展，甚至使印度产生贸易保护主义的冲动，进而影响中印经贸关系的深度发展。

---

[1] 印度政府希望抓住电信业下一代技术的应用，努力扩展 3G 和 BWA 服务发展的新机遇，并不断加速发展印度国内电信制造业，从而改变过去主要依赖中国电信设备进口的局面，希望发展成为世界电信制造业的基地。

[2] 笑旦：“中印电信的'无间道'", 2010 年 8 月 7 日, http://www.21fd.cn/a/fengmian-baodao/201008072360.html。

```
2000  2001  2002  2003  2004  2005  2006  2007  2008  2009  2010  2011  2012
```

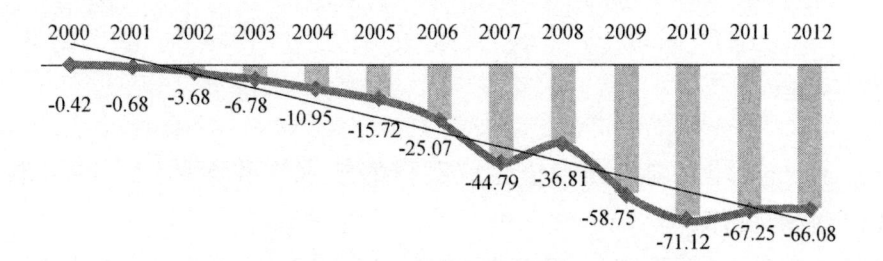

-0.42 -0.68 -3.68 -6.78 -10.95 -15.72 -25.07 -44.79 -36.81 -58.75 -71.12 -67.25 -66.08

图 4—10　2000—2012 中印电信设备贸易差额（亿美元）

表 4—1　2000—2012 年印中电信设备贸易额（亿美元）

年份	印度从中国进口电信设备额（亿美元）	印度对中国出口电信设备额（亿美元）	印中电信设备贸易差额（亿美元）
2000	0.45	0.03	－0.41
2001	0.68	0.005	－0.68
2002	3.70	0.02	－3.68
2003	6.85	0.07	－6.79
2004	11.01	0.06	－10.95
2005	15.76	0.04	－15.72
2006	25.17	0.10	－25.07
2007	44.96	0.17	－44.78
2008	36.96	0.15	－36.81
2009	59.78	1.03	－58.74
2010	71.84	0.72	－71.12
2011	68.66	1.41	－67.25
2012	67.07	0.99	－66.08

数据来源：根据联合国商品贸易数据库的有关数据整理而得。

三、过度保护与歧视性政策制约了中印电信业的深度合作

(一) 印度对中国电信企业实行的歧视性政策制约了中印电信产业的合作

印度政府主要是基于从中国进口电信设备贸易额占印度国内市场份额的比重过大且其贸易逆差持续增大,印度政府需要扶植本土电信设备产业的发展并谋划快速推进印度电信产品的"本土制造",以及所谓的"安全性"等方面的考虑而对中国电信企业采取歧视性政策。例如,印度政府频频以所谓"国家安全"为由限制甚至禁止该国运营商进口从华为和中兴等中国厂商生产的相关电信设备,进而影响了中印电信业的深度合作。正如一位印度安全分析人士所言,"安全问题不可能在短期内得到解决,新德里的某些强大的政治势力仍在宣扬中国威胁论,……视中国为头号敌人。要想根除这些成见,还需要相当长的时间"。[1]

(二) 中国过度实行电信产业保护政策制约了中印电信产业合作

多年来,中国电信业一直都是在国家政策的保护中成长起来的,目前中国电信市场依然是国有电信企业之间的竞争为主,而且同质竞争仍有可能导致非理性竞争行为。为此,"电信领域的竞争格局仍然凸显政府意志,依靠'市场之手'调控的真正有效的竞争局面的出现仍然有待时日,而且外资尚未真正进入中国基础电信行业"。[2] 政府对电信市场准入依然实行较严格的管制,不允许国外运营商独立控股经营。例如《外商投资电信企业管理规定》明确表示不允许外商独资经营,同时对外商投资电信企业的地域范围、注册资本、出资比例等方面都有限制。规定经营基础电信业务的

---

[1] 沃顿知识在线:"中国企业在印度:颠簸中前行",2006年9月19日,http://finance.qq.com/a/20060919/000265_1.htm。

[2] 许军:"中国与印度电信业投资机会分析比较",《世界电信》2005年第5期,第39页。

外商投资比例不得超过49%,经营增值电信业务的外商投资比例不得超过50%①(而印度政府从1994年起开始面向私营资本开放移动通信业,此后又在2005年将外资的比重由49%提高到74%)。如此一系列严格的规定让(包括印度在内的)外商投资者望而却步。正如Tata总裁兼首席营运官维诺德·库马尔(Vinod Kumar)认为,"中国市场在电信、科技等方面是一个高度监管的市场,只有有限的供货商及开放程度,这是进入该市场的重要挑战"。②

四、中印电信业缺乏全方位合作制约了中印电信产业合作

目前中印电信业合作主要以电信设备贸易合作为主,中印电信企业之间的投资和经济技术合作较少。虽然中国企业正在不断涌入印度,有的企业采取与印度合作或共同竞标的方式,有的采取合资的方式,但由于目前多数是以合资的方式低调进入,因此给予印度公众的印象并不深刻。中国在印度从事电信行业的企业主要只有华为和中兴,但近年来"中兴通讯将缩减印度研发业务,或涉及班加罗尔部分裁员",③ 其在印度的服务业务也大幅缩减。由于受到中国制度规范的限制,印度企业在中国电信领域的运作发展也较为受限。与此同时,中印双方企业进行联合技术攻关的项目较少,双方缺乏全方位合作的先例,而且中印电信产业全方位的深度合作方式方法及其制度机制建设还需进一步探索。

---

① 中华人民共和国工业和信息化部政策法规司:《外商投资电信企业管理规定》,2009年2月5日,http://www.miit.gov.cn/n11293472/n11294912/n11296257/11937316.html。
② 搜狐IT:"印度Tata电信2亿美元投中东 谨慎进入中国",2010年3月9日,http://www.techweb.com.cn/news/2010-03-09/552698.shtml。
③ 艾斯:"中兴通讯将缩减印度研发业务 或涉及班加罗尔部分裁员",2012年10月29日,http://tech.hexun.com/2012-10-29/147327774.html。

五、中印生活习惯与文化差异制约了中印电信产业合作

中印两国不论是在日常的商业活动还是正式的商务谈判中，都存在着较大差异。比如在日常商务活动中，印度人的时间观念是非常模糊的，迟到对于他们来说是很正常的，而在中国的商务场合中迟到则是非常不礼貌的行为。① 同时在商务谈判中，印度人往往是先声夺人，取得主动权，从心理上压倒对方；而中国人往往习惯先听对方的表述，再一一针对对方的各项指标显示出自己的实力，奉行"后发制人"。

中印两国虽说都是文明古国，历史上文化交流也较为频繁，但是两国的文化观念还是存在较大差异的，较为明显的就是中国的"对外开放"与印度的相对"保护主义"。在中国，由于改革开放30多年的巨大成就，"开放"已经是一种被普遍接受的观念。但是在印度，"对外开放"并非不加讨论的先决条件，② 反全球化的声浪仍然非常之强而且会长期存在，"贸易保护主义"则是正常现象。这两种相悖的思想观念让双方难以真正融入对方市场，促使中印电信产业达到深度合作。

第三节　后金融危机时代中国电信设备在印竞争力状况

一、中国在印度电信设备（进出口）贸易伙伴中的地位

根据联合国商品贸易统计数据库统计，中国在印度电信设备进口贸易伙

---

① 百度文库："中印商务交际文化对比"，http://wenku.baidu.com/view/4d550ccf050876323 11212e6.html。

② 戴闻名："中印巴并非'三角关系'"，2011年1月17日，http://news.ifeng.com/mil/4/detail_2011_01/17/4312301_1.shtml。

伴关系排序中由 2000 年的第 3 位下降到 2001 年的第 4 位，然后上升到 2002 年的第 1 位之后，再次下降到 2003 年的第 2 位，但是 2004 年至 2012 年中国在印度电信设备进口贸易伙伴关系排序中一直保持第 1 位。而中国在印度电信设备出口贸易伙伴关系排序中由 2000 年的第 8 位下降到 2001 年的第 28 位，又上升到 2004 年的第 4 位之后，下降到 2009 年的第 16 位，再次上升到 2010 年的第 9 位之后，然后下降到 2012 年的第 12 位（如图 4—11 所示）。

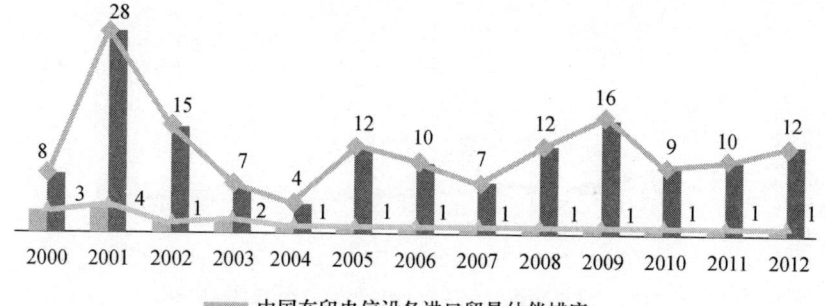

图 4—11　中国在印度电信设备贸易伙伴关系中的排序

而且，2000 年到 2012 年期间，中国在印度电信设备进口贸易伙伴关系排序中平均处于 1.5 位，而中国在印度电信设备出口贸易伙伴关系排序中平均处于 11.5 位。由此可见，相比之下，印度从中国进口电信设备的重要性要甚过印度对中国电信设备的出口，即中国对印度出口电信设备竞争力要强于印度对中国出口电信设备。

二、中国在印度电信设备进口市场的占有率[①]

根据联合国商品贸易统计数据库统计，中国出口的电信设备在印度电

---

① 市场占有率（Market Share）又称"市场份额"，是指在一定时期内某国或某公司的（特定某类或某种）产品在某国或某一（特定）市场区域（或范围）上的销售量与同期同类产品在同一市场上的总销售量之比例，一般用百分比表示。市场占有率是分析一国或企业竞争状况的重要指标。市场占有率高，表明其竞争能力强，在市场上占有有利地位；反之则表明其竞争能力弱，在市场上处于不利地位。

信设备进口市场上的占有率由 2000 年的 6.8% 上升到 2008 年的 55.7%，然后上升到 2009 年的 56.6% 和 2010 年的 59.0%，下降到 2011 年的 54.0% 之后，再次上升到 2012 年的 58.9%（如图 4—12 和表 4—2 所示）。这说明，在 2000—2012 年期间，尤其是后金融危机时代以来，中国企业电信设备在印度市场上的占有率得到快速提高，成为印度电信设备最大的进口来源国。这也表明中国企业的电信产品在印度进口市场上的竞争力强。

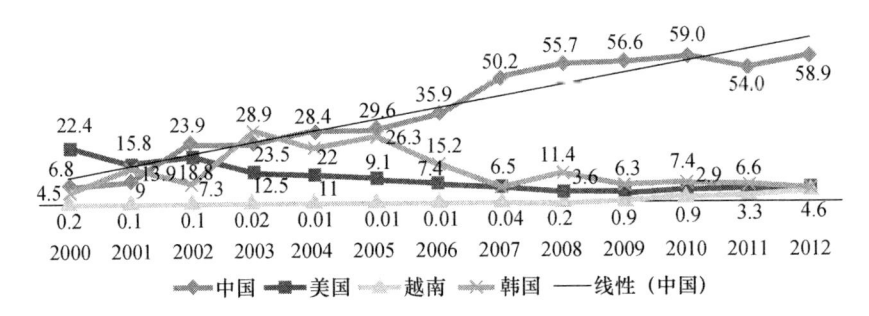

图 4—12　2000—2012 年主要国家在印度电信设备进口市场的占有率（%）

表 4—2　2000—2012 年主要国家在印度电信设备进口市场的占有率（%）

年份	2000	2001	2002	2003	2004	2005	2006	2007	2008	2009	2010	2011	2012
中国	6.8	9.0	23.9	23.5	28.4	29.6	35.9	50.2	55.7	56.6	59.0	54.0	58.9
美国	22.4	15.4	18.8	12.5	11.0	9.1	7.4	6.5	3.6	3.9	3.6	5.2	5.3
越南	0.2	0.1	0.1	0.02	0.01	0.01	0.01	0.04	0.2	0.9	2.5	3.3	4.9
韩国	4.5	13.9	7.3	28.9	22.0	26.3	15.2	4.9	11.4	6.3	7.4	6.6	4.6
新加坡	6.2	4.1	3.2	3.5	3.4	4.1	5.7	3.3	1.8	3.2	2.6	2.3	2.8
德国	4.8	6.8	5.4	2.1	2.3	1.9	1.6	1.5	0.9	1.2	1.2	3.0	2.2
瑞典	9.6	11.%	11.2	7.0	9.0	5.8	8.5	7.2	3.0	4.2	1.9	2.3	1.4

数据来源：根据联合国商品贸易数据库的有关数据整理而得。

与此相反，美国电信设备在印度进口市场的占有率由 2000 年的 22.4% 下降到 2012 年的 5.3%，新加坡由 2000 年的 6.2% 下降到 2012 年的 2.8%，德国由 2000 年的 4.8% 下降到 2012 年的 2.2%，瑞典由 2000 年的 9.6% 下降到 2012 年的 1.4%。这说明，欧美等印度电信设备传统的进口来源国在印度电信设备进口市场上占有率不断下降，并逐渐失去其竞争力。

然而，隶属于"金钻十一国"的越南的电信设备在印度进口市场占有率由 2000 年的 0.2% 上升到 2012 年的 4.9%，尤其是在后金融危机时代，越南电信设备在印度进口市场占有率保持了快速上升势头。而且，越南在 2012 年印度电信设备进口市场占有率为 4.9%，排第 3 位，仅比排在第 2 位的美国市场占有率（5.3%）低 0.4 个百分点，比排在第 4 位的韩国市场占有率（4.6%）高 0.3 个百分点，以及比排在第 5 位的新加坡市场占有率（2.8%）高出 2.1 个百分点。

三、中国电信设备在印度进口市场的贸易竞争指数[①]

根据联合国商品贸易统计数据库统计，中国电信设备在印度进口市场的贸易竞争指数由 2000 年的 0.869 上升到 2012 年的 0.971。因而从总体上看，中国电信设备在印度市场的贸易竞争指数基本上接近 1，表明中国电信设备在印度进口市场上具有较强的国际竞争力。

但与此同时，中国电信设备在印度进口市场的贸易竞争指数从 2008 年的 0.992 略微下降到 2012 年的 0.971（如图 4—13 所示）。这说明，后金融危机时代中国电信设备在印度进口市场上的国际竞争力实际上有所下降。

---

① 贸易竞争力指数（TC, Trade Competitiveness）是指一国进出口贸易的差额占进出口贸易总额的比重，系数越大表明优势越大。贸易竞争优势指数是分析行业结构国际竞争力的有效工具，它能够反映相对于世界市场上由其他国家所供应的一种产品而言，本国生产的同种产品是否处于竞争优势及其程度。贸易竞争优势指数的计算公式：TC 指数 =（出口－进口）/（出口＋进口）。其取值范围为（-1, 1）。如果 TC 指数大于零，表明该类商品具有较强的国际竞争力，越接近于 1，竞争力越强；TC 指数小于零，则表明该类商品不具国际竞争力；指数为零，表明此类商品为产业内贸易，竞争力与国际水平相当。

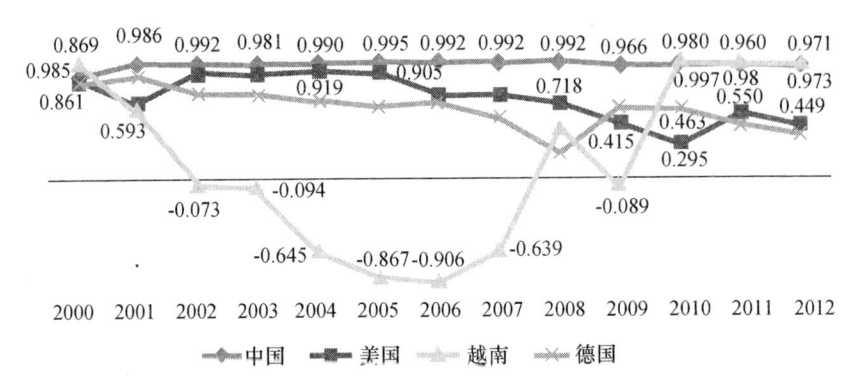

图 4—13 2000—2012 年主要国家的电信设备在印度进口市场的贸易竞争指数

表 4—3 2000—2012 年主要国家的电信设备在印度进口市场的贸易竞争指数

年份	2000	2001	2002	2003	2004	2005	2006	2007	2008	2009	2010	2011	2012
中国	0.869	0.986	0.992	0.981	0.990	0.995	0.992	0.992	0.992	0.966	0.980	0.960	0.971
美国	0.861	0.645	0.895	0.919	0.932	0.905	0.715	0.718	0.630	0.463	0.295	0.550	0.449
越南	0.985	0.593	-0.073	-0.094	-0.645	-0.867	-0.906	-0.639	0.415	-0.089	0.997	0.981	0.973
韩国	0.979	0.993	0.994	0.999	0.995	0.998	0.997	0.979	0.993	0.984	0.990	0.973	0.958
新加坡	0.748	0.627	0.768	0.842	0.942	0.944	0.848	0.822	0.423	0.181	0.567	0.657	0.731
德国	0.812	0.884	0.725	0.731	0.669	0.610	0.648	0.518	0.201	0.589	0.596	0.452	0.368
瑞典	-0.041	-0.170	0.029	0.070	0.169	0.215	0.133	0.227	0.356	-0.530	-0.025	0.185	0.331

数据来源：根据联合国商品贸易数据库的有关数据整理而得。

而其他国家如美国、德国的电信设备在印度进口市场国际竞争力同样呈下降态势（如表 4—3 所示）。但是，经历了大幅下降之后的越南电信设备，在印度进口市场的贸易竞争指数却在后金融危机时代呈稳步上升态势。

四、中国电信设备在印度进口市场的显示性比较优势指数①

根据联合国商品贸易统计数据库统计，在 2000—2012 年期间，中国电信设备在印度进口市场的显示性比较优势指数均大于 1，但是中国电信设备在印度进口市场的显示性比较优势指数从 2000 年的 0.79 上升到 2007 年的 1.97 最高值之后，下降到 2008 年的 1.67、2009 年的 1.68、2010 年的 1.33、2011 年的 1.08 和 2012 年的 1.04（如图 4—14 和表 4—4 所示）。这一方面说明，对印度电信设备出口在中国电信设备出口中的比重大于世界各国对印度电信设备出口在世界电信设备市场出口中的比重，因而中国电信设备在印度进口市场上具有比较优势和一定的国际竞争力；另一方面也说明，后金融危机时代中国电信设备在印度进口市场的比较优势正逐步减弱，甚至有可能逐渐失去其原有的国际竞争力。

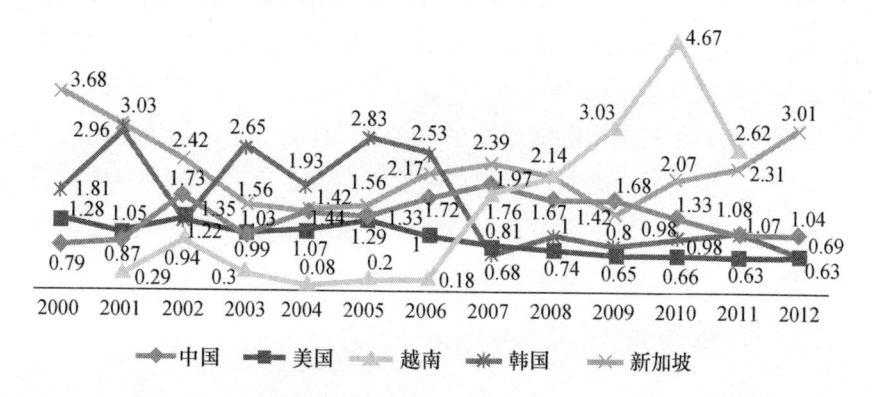

图 4—14　2000—2012 年主要国家的电信设备在印度进口市场的显示性比较优势指数

---

① 所谓出口显示性比较优势指数是指一个国家某种商品出口额占其出口总值的份额与世界出口总额中该类商品出口额所占份额的比率，用公式表示：$RCA_{ij} = (X_{ij}/X_{tj}) \div (X_{iW}/X_{tW})$。其中，$X_{ij}$ 表示国家 j 出口产品 i 的出口值，X_{tj} 表示国家 j 的总出口值；X_{iW} 表示世界出口产品 i 的出口值，X_{tW} 表示世界总出口值。一般而言，RCA 值接近 1 表示中性的相对比较利益，无所谓相对优势或劣势可言；RCA 值大于 1，表示该商品在国家中的出口比重大于在世界的出口比重，则该国的此产品在国际市场上具有比较优势，具有一定的国际竞争力；RCA 值小于 1，则表示该商品在国际市场上不具有比较优势，国际竞争力相对较弱。

表4—4 2000—2012年主要国家的电信设备在印度进口市场的显示性比较优势指数

国别	2000	2001	2002	2003	2004	2005	2006	2007	2008	2009	2010	2011	2012
中国	0.79	0.87	1.73	0.99	1.44	1.33	1.72	1.97	1.67	1.68	1.33	1.08	1.04
美国	1.28	1.05	1.35	1.03	1.07	1.29	1.00	0.81	0.74	0.65	0.66	0.63	0.63
越南	–	0.29	0.94	0.30	0.08	0.20	0.18	1.76	2.14	3.03	4.67	2.62	–
韩国	1.81	2.96	1.22	2.65	1.93	2.83	2.53	0.68	1.00	0.80	0.98	1.07	0.69
新加坡	3.68	3.03	2.42	1.56	1.48	1.56	2.17	2.39	2.11	1.42	2.07	2.31	3.01
德国	0.74	0.54	0.38	0.23	0.30	0.27	0.28	0.25	0.35	0.34	0.38	0.46	0.34
瑞典	1.70	3.71	3.70	3.78	3.30	2.05	2.80	2.35	2.76	2.61	1.94	1.51	0.99

数据来源：根据联合国商品贸易数据库的有关数据整理而得。

而且，2012年在印度电信设备进口市场占有率排前5位的中国、美国、越南、韩国和新加坡中，越南和新加坡电信设备在印度进口市场的显示性比较优势指数自后金融危机时代以来基本上高于中国电信设备在印度进口市场的显示性比较优势指数，这也进一步印证了后金融危机时代中国电信设备在印度进口市场上的国际竞争力或比较优势正在逐步衰减。

由此可见，尽管中国电信设备在印度进口市场上保持了较强的竞争力和比较优势，但是后金融危机时代在印度电信设备进口市场上，中国需面对如越南、新加坡这样的其他新兴经济体国家的竞争，其在印度进口市场上的国际竞争力或比较优势正逐步消减。

第四节 后金融危机时代深化中印电信业合作的对策建议

"全球范围的金融危机为中国移动的国际化提供了有利时机。而印度市场被认为是除了中国内地之外增长最快的电信市场"；① 与此同时，印度"电信商希望通过发展国际业务保证增长，而且这也是各大电信企业国际化的必然选择"。② 因而，"加强与深化中印电信业的合作，既有利于发挥中国电信企业的优势，扩大中国电信业的国际影响，同时也有助于不断充实互利共赢的两国战略合作伙伴关系内涵，推动双方的共同崛起"。③ 为此，我们从以下几个方面提出后金融危机时代深化中印电信业合作的对策建议。

一、转变观念，着眼未来发展

首先，印度应摒弃"零和"的冷战思维，公平对待中国电信企业。虽然中印双边互访不断升级，政治关系日渐改善，双边经贸合作不断深化，但是印度政府频频以国家安全为由限制甚至禁止进口中国电信设备和产品，而且中国电信企业（如华为和中兴）在印投资活动屡屡遭遇不平等待遇，这给中印两国电信产业深度合作造成极为不利的消极影响。这主要是因为印度"戴着有色眼镜"④ 来看待中国并把中国作为一个最主要甚至是"零和博弈"的竞争对手来防范。事实上，印度与中国电信产业合作能借鉴中国的相关发展经验，促进印度电信产业更快发展。只有印度真正放弃了这种冷战思维，公平地对待中国企业，双方的电信产业合作才能真正地进一步深入发展。

其次，中国政府应加大电信业的对外开放力度，鼓励竞争中的合作。虽然中国将电信产业定位于中国的基础性、先导性产业，中国基础电信业务领域在原有对外开放的基础上，以外资介入、成立合资企业的方式继续加快对外开放步伐，但是中国目前（除电信制造业外）的电信服务或营运业事实上处于国家控制下，增值电信业务和基础电信业务对外资开放度不

---

① 马晓芳："中国移动现阶段没有投资印度市场计划"，2009年6月23日，http://article.pchome.net/content-908981.html。

② 北方网："印度电信商与南非MTN秘密进行并购会谈"，2008年5月7日，http://it.enorth.com.cn/system/2008/05/07/003247130.shtml。

③ 王学人："印度电信业现状与中印电信合作前瞻"，《南亚研究季刊》2013年第1期，第43页。

④ 张保平："中资企业在印屡遭不公 印度为何戴着有色眼镜？"，《市场报》2006年6月7日。

大，这就在一定程度上限制了中国与外国（包括印度）在电信产业上的合作。所以，中国政府应进一步放开对电信产业服务民营化、外资化的限制，加大该产业的对外开放度，引入国际竞争机制，让本土电信企业真正参与到国际竞争合作中去，增强其国际竞争力。目前印度电信企业在中国的投资主要集中在电信设备和电信产品领域，而基本上未涉及基础电信运营业，这就大大限制了两国合作的领域。同时，就算是在电信设备和电信产品领域有合作，中国也有着很严格的规定，更是限制了两国合作可以发展的空间。所以，要推进中印电信产业合作的进一步深入，中国政府就要逐步加大电信业务的开放度，鼓励中国电信企业在竞争中合作。

二、建立健全中印电信产业合作机制，管控合作中的冲突与分歧

事实上，中印电信产业合作正面临如电信设备贸易不平衡问题，中国电信设备出口遭遇印度反倾销贸易保护主义"杀伤"，中印电信企业相互投融资保护，以及如何进一步拓展中印电信产业深度合作和实现共赢性发展等诸多挑战和困难。而新自由主义认为，"合作是对冲突的反映，而国际机制既是对冲突的反映又是对冲突的限制"。因此，中印双方需客观理性地认识到，应在现有的合作共识及其相关合作制度机制基础之上，进一步建立健全中印电信产业合作机制，以促进共赢性发展。

三、通过深化合作的内容与形式，解决中印电信产业合作中的不平衡、不对等问题

目前中印电信合作存在诸如电信设备贸易不平衡、投资不对等问题，这些问题都是中印电信产业合作与各自发展进程中遇到的问题，也是中印电信产业发展水平及结构差异性等所致。然而，目前中印电信产业合作主要基于电信设备贸易合作，而相互投资成效并不显著，因而可以说中印两国并未真正地融入到对方的电信市场之中。为此，我们认为中印电信产业

合作中遇到的不平衡、不对等问题，也只有通过进一步深化两国电信产业合作的内容与形式予以克服。

第一，中印可以探讨建立联合实验室，对电信产业发展的关键技术进行联合攻关，或是加强在新技术应用方面的合作，共同开辟电信领域的"蓝海市场"。这样既可以突破跨国公司的技术封锁，又可以开发出适合两国国情的实用高新技术。例如，电信、电视、计算机三大网络在技术、业务和应用上的融合，已经成为全球电信业发展的趋势。中国"十二五"规划明确提出要积极促进"三网融合"，印度电信委员会也意识到融合趋势，并将广播和有线电视行业纳入到电信服务范围。因而，中印两国可以合作，共同为中印两国市场开发一系列数字电视互动应用产品，推动"三网融合"进程的发展。

第二，可以尝试组建两国电信产业相关的企业战略联盟。目前中国和印度电信企业规模相对较小，拥有的资源有限，难以在两国国内、国际市场上与跨国公司进行有效的竞争。因此，中印两国电信企业有必要组建战略联盟，以扩大规模、整合资源，加强在国际上的竞争力。

第三，加强中印电信方面的人才联合培养，不断扩展培养方式和内容。中国和印度在电信产业专业人才方面都有所短缺，但中国更缺软件人才，而印度更需要硬件人才。[①] 印度每年培养大量的软件人才——其中有很大一部分流入他国，但是硬件人才缺乏，而中国国内硬件领域的人才近年来却因高校扩招而迅猛增加。加强两国人才联合培养，能改善两国人才短缺的状况，也能增加两国人民之间的相互了解，使双方企业更好地融入对方市场。目前两国在人才方面的合作主要在两个方面：一是雇用当地人员；二是创办学院或是培训中心，或是与国内高校联合开办软件培训中心，培养相关专业人才。除了将这二者结合起来之外，还可以开拓更多的培养方式和更广泛的内容。中印两国可以考虑通过政府间签订协议的方式，开办联合培训学院或中心，或是定期交流和派遣相关专业人员进行互相考察学习，或者是直接到对方接受教育，学习对方的先进技术，加强人

[①] 杨文武、戴江涛、倪香芹："中印信息技术产业合作与发展问题探析"，《社会科学》2006年第12期。

才联合培养，促进电信产业的进一步合作。

第四，共同助推中印电信产业的转型升级。现在中国电信开始步入"三网融合"以及移动互联网时代，中国电信策略需要升级和转型。中国电信产业的转型会使得中国自身基础电信制造业的规模稳定甚至缩减，从而减少（包括印度在内的）对外出口，同时这一转型升级将使得中国从外国进口更多的软件技术，加大进口，这一双重效果会将中印电信设备贸易逐步推向平衡发展。与此同时，印度重塑自身制造业这一规划，也使中国电信企业的投资得到有效实施，同时不断改善印度的贸易结构，推进中印双边贸易的平衡发展。

四、增进双方的沟通与了解，有针对性地开拓对方电信市场

增进对对方市场的了解，可以通过收集、整理并研究对方市场信息，包括当地的制度政策、行业规范、消费水平、消费者心理、产品需求等等各个方面，来制订切实可行的进入方案。这些既可以通过官方机构了解，也可以建立民间联络机构收集，并及时与国内企业进行信息交流，让企业了解最新的市场状况，能实时、更有针对性地开拓对方市场。

同时，要增进双方语言文化、生活习惯等方面的沟通与了解。印度是一个多元化的国家，在很多习惯上都与中国有很大差异，比如通过对印度市场的调研发现，印度南部和北部的消费群体对手机的喜好是有很大差异的。印度北部多为锡克族和印度族，他们喜欢白色，喜欢有内置大喇叭等夸张的设计，手机要厚，且做生意更偏机会主义；而印度南方多为穆斯林，喜欢红色，更喜欢内敛的设计，追求更薄，且讲究游戏规则和信用。[①] 所以，为了进一步加强双方电信产业的合作，必须加强双方的沟通了解，包括语言文化、生活习惯等各方面。对于不同的习惯和偏好，企业要有针对性地去"投其所好"。

---

① 环球企业家："中国山寨手机公司玩转印度：击败三星惹恼诺基亚"，2012年5月10日，http://finance.ifeng.com/news/tech/20120510/6440906.shtml。

第五章

后金融危机时代中印信息技术产业合作*

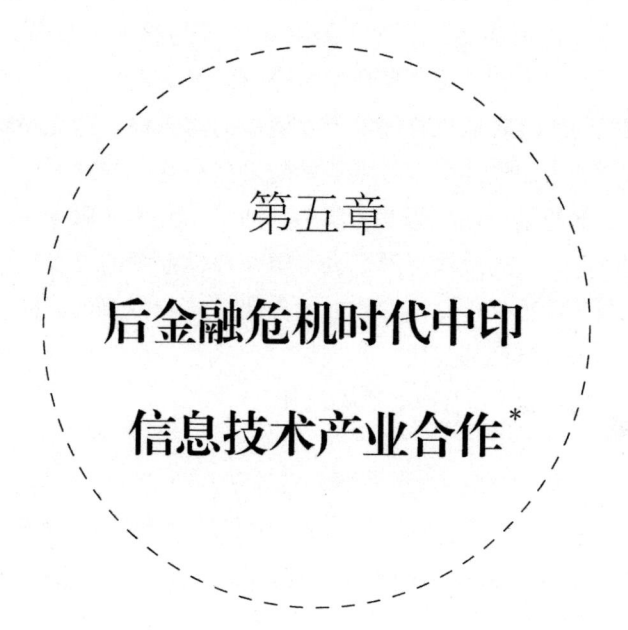

* 杨文武、刘晓华:"后金融危机时代中印电信业合作研究",《南亚研究季刊》2015年第3期,第55—63页。

后金融危机以来，世界经济格局进入新的调整分化期，经济复苏缓慢的欧美等发达国家，在遭遇虚拟经济带来的经济崩溃之后，重新认识到先进制造业实体经济的重要性，这无疑对中印信息技术的发展产生不利影响，甚至有可能引发新一轮信息技术革命。而经济发展态势稳中趋好的亚洲国家日渐成为后金融危机时代世界经济新的增长极，这无疑给包括信息技术产业在内的中印经济合作带来了新的发展机遇。与此同时，中印两国政府都提出了加快集设计、研发、制造、加工、技术和服务等环节于一体的信息技术产业发展的战略规划，也希望在世界范围内寻找适合自身的合作伙伴，以期共同推进信息技术产业的健康可持续发展。因此，为了更好地抵御外部冲击，降低外部风险并把握时代赋予的合作机遇，中印寻求信息技术产业双边合作[①]具有历史的必然性。

第一节　后金融危机时代中印信息技术产业合作现状

一、中印信息技术产品贸易合作成效显著

（一）中印信息技术产品贸易规模进一步扩大且增速较快

如果我们用标准国际贸易分类（SITCRev.3）中第75类[②]（包括751

---

① 中印信息技术产业合作仅指中印两国在运用信息手段和技术，收集、整理、储存、传递信息情报，提供信息服务，并提供相应的信息手段、信息技术等服务方面的产业合作，它主要包含从事信息的生产、流通和销售信息以及利用信息提供服务的产业部门。

② 办公用机器及自动数据处理设备。

组①、752 组②和 759 组③）产品数据代表中印信息技术产品（货物）贸易规模，那么中印信息技术产品贸易规模从 2008 年的 19.78 亿美元上升到 2009 年的 19.97 亿美元、2010 年的 27.02 亿美元、2011 年的 35.53 亿美元、2012 年的 42.14 亿美元和 2013 年的 47.26 亿美元（如图 5—1 所示）。而且，自 2008 年金融危机后，中印信息技术产品贸易额年增长速度也较快。例如，中印信息技术产品贸易年增长率 2009 年为 0.96%、2010 年为 35.30%、2011 年为 31.50%、2012 年为 18.60% 和 2013 年为 12.15%，其平均年增长率达到 19.70%。由此可见，后金融危机时代中印信息技术产品贸易并没有受金融危机的影响，其规模与增速均保持了逐年上升趋势。

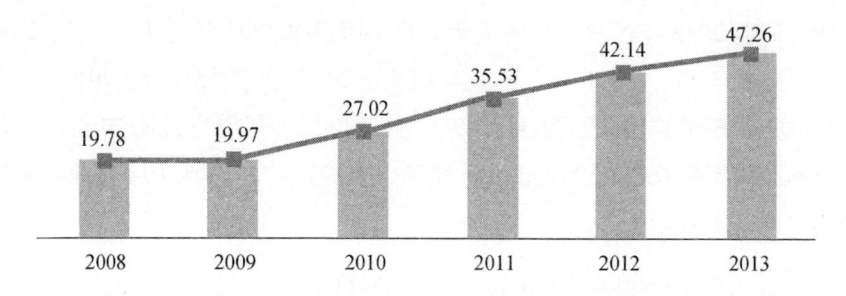

图 5—1　中印信息技术产品进出口贸易总额（亿美元）

图 5—2 为印度从中国进口信息技术产品额，其贸易额由 2008 年的 19.58 上升到 2009 年的 19.69 亿美元、2010 年的 26.81 亿美元、2011 年的 34.95 亿美元、2012 年的 41.53 亿美元和 2013 年的 46.71 亿美元。其年增长率 2009 年为 0.56%、2010 年为 36.16%、2011 年为 30.36%、2012 年为 18.83% 和 2013 年为 12.47%，年平均增长率为 19.68%。由此可见，印度从中国进口信息技术产品贸易规模与增速均保持了持续快速的增长态势。

---

① 办公用机器。
② 自动数据处理机及其设备；磁性或光学读出机，将数据以编码形式转录到数据存储介质上的机器以及处理这类数据的未另列明的机器等。
③ 专门用于或主要用于第 751 和 752 组所列机器的零件及附件（盖套、提箱及类似物品除外）。

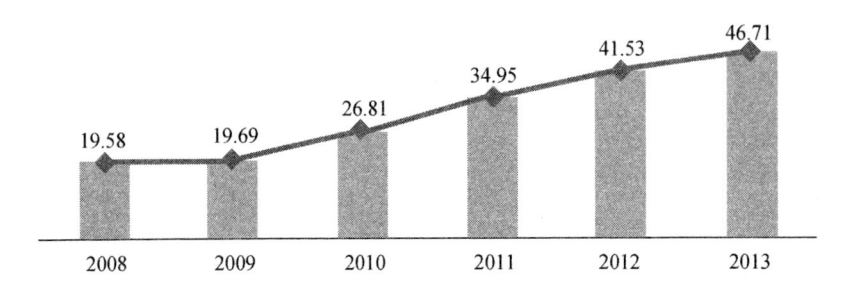

19.58　19.69　26.81　34.95　41.53　46.71

2008　2009　2010　2011　2012　2013

图 5—2　印度从中国进口信息技术产品额（亿美元）

如图 5—3 所示，印度对中国出口信息技术产品贸易额从 2008 年的 0.199 亿美元上升到 2009 年的 0.282 亿美元，又下降到 2010 年的 0.202 亿美元，然后上升到 2011 年的 0.580 亿美元、2012 年的 0.609 亿美元之后，再次下降到 2013 年的 0.550 亿美元。其年增长率 2009 年为 41.71%、2010 年为 −28.37%、2011 年为 187.13%、2012 年为 5% 和 2013 年为 −9.69%，年平均增长率为 35.16%。由此可见，尽管印度对中国出口信息技术产品贸易规模在金融危机后呈现出不稳定性，但其年均增速较高且总体上保持上升态势。

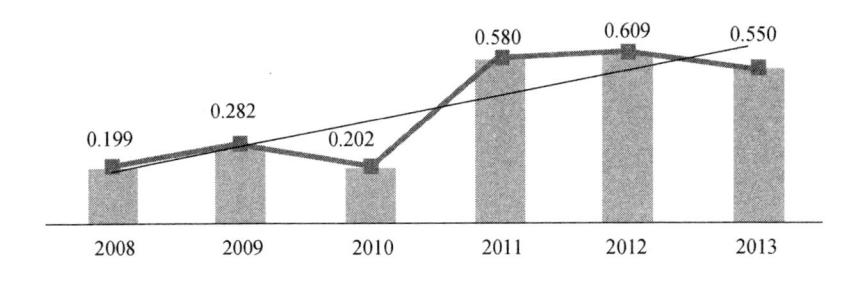

0.199　0.282　0.202　0.580　0.609　0.550

2008　2009　2010　2011　2012　2013

图 5—3　印度对中国出口信息技术产品贸易额（亿美元）

（二）中印信息技术产品贸易结构的互补性大

根据联合国商品贸易统计数据，并按标准国际贸易分类（SITCRev.3）第 75 类中的 751 组[①]、752 组[②]和 759 组的组别结构进行统计，在 2009—

---

① 办公用机器。
② 自动数据处理机及其设备；磁性或光学读出机，将数据以编码形式转录到数据存储介质上的机器以及处理这类数据的未另列明的机器等。

2013 年期间，752 组信息技术产品占印度从中国进口的信息技术产品总额的 66.53%。其中，7522 分组（即便携式自动数据处理机，重量不超过 10 公斤，至少由一个中央处理器、一个键盘和一个显示器组成）信息技术产品占印度从中国进口的 752 组信息技术产品贸易额的 55.50%。而在 2009—2013 年期间，759 组信息技术产品占印度对中国出口的信息技术产品总额的 81.72%（如图 5—4 所示）。

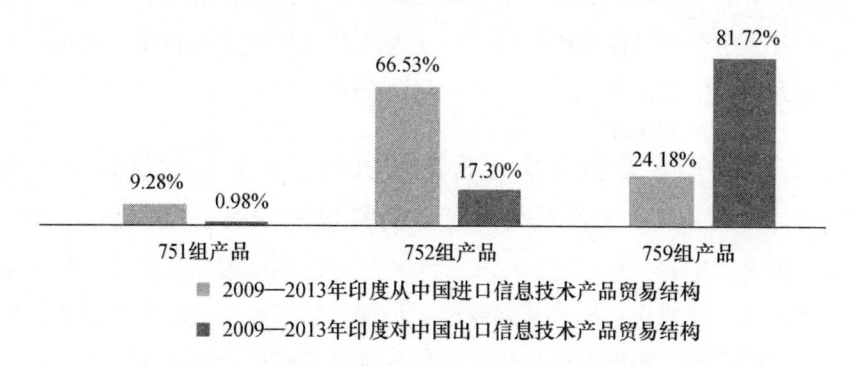

图 5—4　2009—2013 年中印信息技术产品贸易结构

由此可见，印度主要从中国进口便携式自动数据处理机，重量不超过 10 公斤，至少由一个中央处理器、一个键盘和一个显示器组成等信息技术产品；而印度主要对中国出口相关信息技术产品的零件及附件。这说明，中国信息技术制成品明显强于印度的相关产品。

二、中印信息技术产业合作机制与制度安排初步构建

（一）中印软件产业合作峰会为中印信息技术产业合作机制建设奠定了基础

2005 年，在中国政府有关部门、软件企业和行业机构以及塔塔、NASSCOM 与 TCS、Infosys、Satyam 和 Wipro 四大印度软件巨头等参加的中印第一次软件产业合作峰会——北京峰会上，中印两国业界形成了"合作

比竞争更重要"[1]的基本共识。这既是对中印两国信息技术产业发展（在硬件制造、软件技术、用户经验、文化、企业管理、质量控制和人力资源等诸多方面）互补性需求的高度归纳，也是对信息技术、人才、管理、文化契合度、质量提升等共赢性合作的经典性概括。软件业是一种"无物流产业"，中国在质量控制以及用户经验方面还较为落后，而且国际化程度相对封闭。于是，印度与中国的合作不仅起到了"引狼壮羊"的作用，[2]还将中国全球市场网络战略与印度质量认证和服务创新战略有机结合，进一步提升了中印信息技术产业全局性发展战略合作水平与档次。因此，此次峰会为中印信息技术产业合作机制建设奠定了基础。

（二）中印企业首席执行官论坛机制成为包括信息技术产业在内的两国重点合作领域大型企业间常设的对话交流平台

2010年12月，在《中华人民共和国和印度共和国联合公报》中，中印两国提出了"重点拓展在基础设施、环保、信息技术、电信、投资、财金等领域的合作，实现优势互补、互利共赢"之目标，而且成立了"讨论商贸事务，为扩大贸易和投资合作建言献策"的中印企业首席执行官论坛。因而，中印企业首席执行官论坛机制成为包括信息技术产业在内的两国重点合作领域大型企业间常设的对话交流平台。[3] 该平台将有力推动两国企业间的交流和对话，进一步深化中印两国在包括信息技术产业在内的重点领域的务实合作，共同培育双方经贸合作领域的新的增长点。

（三）中印战略经济对话机制也成为包括信息技术产业在内的高新技术领域开展务实合作的对话与交流的重要平台

2010年，中国国务院总理温家宝在访问印度期间与印度总理辛格达成共识，双方同意建立中印战略经济对话机制，而且自2011年首次会议召开以来，中印战略经济对话机制成功运行。中印双方不仅就宏观经济

---

[1] "中印软件业合作比竞争更重要"，《北京青年报》2005年2月28日，http://finance.sina.com.cn/roll/20050228/06011387841.shtml。

[2] 江金骐："中印软件业5年后展开厮杀"，《华夏时报》2005年2月25日，http://finance.sina.com.cn。

[3] 《中华人民共和国和印度共和国联合公报》，2010年12月16日。

形势、宏观经济政策的沟通协调、产业政策，还就投资、基础设施、高新技术等领域的深化与拓展之务实合作展开对话与交流。① 包括信息技术产业在内的高新技术领域合作备受中印政府高度重视，并已成为中印战略经济对话机制的重要组成部分。因此，中印战略经济对话机制也成为包括信息技术产业在内的高新技术领域开展务实合作的对话与交流的重要平台。

（四）"金砖国家"智库峰会构建了包括信息技术产业在内的中印交流合作的对话平台

2010年4月，在巴西举行的第二次"金砖国家"智库峰会标志着"金砖四国"的合作构想已从空谈走向实际行动，并开始注重实际应用领域的相互合作。在此之后的2011年、2012年峰会，分别宣布了《三亚宣言》和《新德里宣言》，更体现出"金砖国家"之间的合作开始向书面化、效力化发展。尤其是在2013年的德班峰会上，"金砖国家"之间提出更为量化的合作政策、立法及其资金所用去向等层面的具体化合作内容与方式。比如，创建应急基金、成立用于支持成员国基础设施建设的金砖开发银行（其中，中国将出资410亿美元，印度将出资180亿美元）等等，构建了包括信息技术产业合作在内的中印交流合作的新的对话平台。

三、中印信息技术人才培养合作与交流取得新进展

尽管印度国内的整体教育水平落后于中国，但是印度在IT领域的教育与培训经验却值得中国学习与借鉴：中央政府支持成立信息技术学院和职业技术学院，使印度IT业的教育体系形成一个融国家、大学、企业于一体的独特链条式的软件人才培养体系。相比较而言，中国虽然有着大量的电子信息制造业工人，但却缺乏高端的研发人才、设计人才，更谈不上拥有软硬件领域全能的综合人才。而且，中国的信息技术人才基本上是以大学

---

① "第二次中印战略经济对话在印度举行"，驻印度大使馆，2012年11月26日，http://www.fmprc.gov.cn/ce/cein/chn/zygx/zywl1/t992903.htm。

专业课学习作为培养渠道，缺乏实际操作，在实际运用中不能很好地发挥其专业作用。

近年来，作为一个专业的职业培训机构——印度国家信息技术学院（NIIT）在中国各大城市设立了分校，其在传授专业理论知识的同时，也不断强化实践操作。这为中国应用型和职业对口型人才的培养提供了良好的机遇，同时也为中印之间信息技术微观领域的合作与交流找到了突破口。例如，2009年11月，印度国家信息技术学院中国区院校合作业务总监安迪（Andy）、NIIT嵌入式院校教育市场部经理王钰在四川五月花专修学院讲学并指导学生；2011年9月23日成都大学与印度塔塔信息技术（中国）股份有限公司签署"合作培养专业技术人才"合作框架主服务协议，合作开展对在校学生的实习培训和对企业专业技术人才的培养；[①] 此外，还与广东商学院、西南财经大学天府学院、西南石油大学等签署联合人才培养协议，等等。中印信息技术人才培养合作与交流取得新进展和新的成效。

第二节 后金融危机时代中印信息技术产业合作面临的新机遇与新挑战

正如库克认为的那样，"企业间既竞争又合作"，[②] 中印信息技术产业间同样存在着（有形与无形的）竞合关系。但是，受后金融危机时代变化的全球环境及生存压力的影响，中印信息技术产业间的竞合关系面临着更多的新机遇与新挑战。

[①] 李渝、马原："成都大学与印度塔塔中国公司合作共建人才培养机制"，中国日报网（北京），中国日报四川记者站，2011年9月23日。

[②] 白永秀、惠宁：《产业经济学基本问题研究》，中国经济出版社2008年版，第91—92页。

一、中印信息技术产业合作面临的新机遇

(一) 资源禀赋结构决定的比较优势有利于中印信息技术产业合作战略的实施

当代产品内分工最基本的源泉依然是不同国家资源禀赋结构决定的比较优势因素，企业内部和外部规模经济也构成产品内分工的利益来源，产品分工的动因来自当代技术进步和制度改进，并为选择外向型发展模式提供新的有利外部条件，且通过节约成本展现经济合理性。[1] 事实上，中国和印度信息技术产业发展的比较优势较为明显。例如，中印信息技术产业发展的生产要素各有所长[2]、需求条件各有偏颇[3]、相关支撑产业和辅助行业发展状况各有优势[4]、企业战略结构和竞争情况各有侧重[5]。因而，处于信息技术时代发展初级阶段的中印信息技术产业发展比较优势明显，促使

---

[1] 张幼文等著:《金融危机后的世界经济:重大主体与发展趋势》，人民出版社 2011 年版，第 47—48 页。

[2] 就中国而言，硬件制造、基础设施建设、电子类相关产品等是中国具有优势的信息技术生产要素。但另一方面，IT 教育和语言相对优势成为印度信息技术产业崛起的重要要素之一，同时大量民间资本也流入信息技术教育领域。与此同时，印度国内银行等金融机构建立了相关风险投资基金，将信息技术和金融通过风险投资机制来实现产业化的快速发展。再者，中国和印度信息技术产业从业人员所处的领域仍然存在很大差异，中国 IT 业的从业人员主要集中于电子信息制造业等硬件领域，而印度 IT 业的从业人员依然集中在 IT 外包服务领域。而且，印度国家信息技术学院在 20 世纪就开始在全国和地方风靡，共有 31 所，每年大约培养 22 万名高学历人才。

[3] 刺激内需成为中国国内需求的主措施，目光聚焦非西方世界成为印度国外需求的重要举措；中国 IT 业整体出口规模大于印度，特别是中国计算机类产品、通讯设备类产品出口远超印度，但是中国软件外包服务出口依然大幅落后于印度。

[4] 中国电子信息业的发展带动了硬件设备制造业的发展，包括电子计算机、通信设备、广播电视、家用试听设备、电子元器件等构成中国信息技术产业的支撑产业。同时，近年来嵌入式软件的发展也较为迅速，但是就本土软件业而言，单个企业规模不经济，不同规模企业之间没有建立起合理、有序的分工协作关系（参见楚尔鸣、李勇辉:《高新技术产业经济学》，中国经济出版社 2005 年版），而且中国成为世界电子产品第一制造大国且电话和互联网普及率高于印度。虽然印度的硬件发展较为落后，基础设施相当薄弱，但印度全国软件与服务公司联合协会、印度软件和服务公司协会、国家信息中心等都在很大程度上促进印度信息技术产业的发展，并成为不可或缺的专业性辅助机构。

[5] 中国力求全球市场网络，印度注重技术创新、质量和激励机制、服务水平；中印处于各自的地理集聚体导致的产业发展差异，即企业竞争力集群差异，中国存在硬件产业集群优势，而印度存在软件产业集群优势。

资源实现跨国最优配置，推动中印对信息技术产业结构做升级调整，进行有效的深层次合作潜力巨大。

（二）价值链差异化的相对比较优势有利于中印信息技术产业合作潜力的进一步发挥

尽管中印没有掌握信息产业的关键技术或核心技术，均处于全球信息技术产业价值链中低端的比较劣势地位，但是后金融危机时代，随着全球信息技术产业整体价值链[①]的调整和升级优化进程不断加快，包括中印在内的全球信息技术产业内部的分工和协作关系也将进行相应调整。这是因为，侧重于加工的中国和侧重于服务的印度这两大新兴经济体在信息技术产业发展进程中也存在着差异化价值链的相对比较优势。如果通过中国的嵌入式软件、IT 硬件与印度的 IT-BPO 的差异化交叉合作，不仅能在某种程度上解决中国高速增长的软件业面临的瓶颈，而且能缓解印度加强基础设施建设与所需硬件支持之间的矛盾。因此，后金融危机时代价值链差异化的相对比较优势的存在，将助推中印信息技术产业合作潜力的进一步发挥。

（三）包括信息技术在内的国际产业转移出现的多方向、跳跃式的发展态势为中印合作创造了新机遇

伴随着包括信息技术产业在内的国际产业转移，多方向、跳跃式的发展态势出现了，在这一大背景下，比较成熟和发达的国家在将信息技术外包转移到广大发展中国家的同时，也会将一部分信息技术的非核心研发和设计项目向具有专业能力的发展中国家转移。事实上，信息技术发达的美欧各国在利用自己的核心能力和优势资源从事某一关键工序的同时，也利用跨国公司在全球范围内找寻资源的最优配置。而在比较竞争优势的作用下，比较成熟和发达的国家将其信息技术的非关键性环节转移到最具竞争力的新兴经济体——中国和印度，这为中印信息技术产业开拓更广的合作领域创造了新机遇和新条件。

---

① 按照迈克尔·波特的逻辑，每个企业都处在产业链中的某一环节，一个企业要赢得和维持竞争优势，不仅取决于其内部价值链，而且取决于在一个更大的价值系统（即产业价值链）中，一个企业的价值链同其供应商、销售商以及顾客价值链之间的联接。

(四)"亚洲脱钩"诱发了中印信息技术产业的合作潜力

后金融危机时代,由于中国出口的多数是劳动密集型产品和资本密集型产品,具有极强的替代性,所以针对中国的反倾销调查更为密集,包括信息技术产品在内的更多的中国产品成了发达国家和部分发展中国家推动贸易保护主义的靶子。[①] 而印度基础设施落后且把发展基础设施寄望于私人投资(但其相对应的公共政策扶持力不足),以及仍然维持着较高的关税等客观现实,也对包括 IT 业在内的印度企业参与国际分工产生了消极影响。危机后的世界经济格局给包括中印在内的发展中国家在欧美国家的市场拓展带来了共同的挑战。"亚洲脱钩",即"亚洲不再过度依赖西方市场"的呼声备受关注。

与此同时,中国自古以来就是一个大国,而印度的大国意识根深蒂固;中印两国的外交优先目标都是为了加强或巩固各自的地区和世界大国地位,在国际事务中争取更多话语权与更多的主导权。[②] 中印借力合作,能在国际事务中发挥成倍的影响力。正如 2013 年习近平与辛格会面时指出的,"世界需要中印共同发展"。为此,脱钩西方,即寻找西方以外的市场和扩大内需,不断拓展亚太区域内的市场空间,则成为亚太区域经济新的增长点。中印是世界上两个最大的发展中国家和重要的新兴经济体,中印两国凭借庞大的国内市场及其双边贸易合作、领先的经济增速,能够相互吸收更多的包括信息技术产业在内的高端产品。所以,为了突破后金融危机时代的市场瓶颈以及拓展经济均衡发展新空间,必须寻求适合自身发展的对外合作伙伴,从而诱发中印信息技术产业的合作潜力。

(五)中印双边或多边机制化建设为中印信息技术产业合作潜力的发挥提供强有力的制度保障

中印两国高层也充分认识到自己及对方在发展信息技术产业领域具有的优势,两国高层互访时谈论的一个重要话题就是包括信息技术产业在内的产业合作问题。而机制化就是预设某种对话模式,以及商定一系列规

[①] 李扬主编:《"金砖四国"与国际转型》,社会科学文献出版社 2011 年版,第 208 页。
[②] 李扬主编:《"金砖四国"与国际转型》,社会科学文献出版社 2011 年版,第 187 页。

范、规定、标准等,即处理或管理问题模式化。① 因此,近年来,中印无论是在双边还是区域多边层面均构建了一系列促进包括信息技术产业在内的机制建设,为中印信息技术产业合作潜力的发挥提供了强有力的制度保障。例如,"金砖四国"的巴西利亚峰会以及之后 2010 年、2011 年、2012 年的峰会都在某种程度上进一步推进了包括中印信息技术产业在内的金砖国家间双边或多边合作走向实体化。

二、中印信息技术产业合作面临的新挑战

(一) 中印"非零和博弈"导致信息技术产业合作陷入"锁定效应"

中国的劳动力密集型低端产品、嵌入式软件、IT 硬件的应用与维护服务等比较优势,与印度服务外包、软件、应用服务外包下各类 ITO 与 BPO 等比较优势,在日益变化的国际社会中并不能为中印提供长久的收益,反而会导致国际反倾销、反补贴等贸易救济措施的制裁,这就是所谓的"锁定效应"。② 但是比较优势理论本身也有其局限性,比较优势仅注重静态比较利益,忽视了动态发展优势。

与此同时,在信息技术产业发展中,中印各自保留了自身关键环节的机密,两国并未将各自优势领域的核心技术及其服务完整地融入到双方合作之中,在信息不完全对称及零和博弈(有可能是正和博弈,也有可能是负和博弈)的情况下,一旦出现了负和博弈,中印信息技术产业的合作将会导致各自利益损失或减少,这种锁定效应将不可避免地产生。

(二) 信息技术产业制造集群的"空心化"制约着中印深度合作

在后金融危机时代,专注于提升核心竞争力,降低成本,保证专业化程度更高已成为信息技术产业发展的新需要,所以生产制造从集群区中分离出来,结果便出现了创新集群与制造集群的分离。③ 这就使得信息技术

---

① 李扬主编:《"金砖四国"与国际转型》,社会科学文献出版社 2011 年版,第 180 页。
② 洪银兴:"从比较优势到竞争优势",《经济研究》1997 年第 6 期。本文引自张幼文等著:《金融危机后的世界经济:重大主体与发展趋势》,人民出版社 2011 年版,第 40—41 页。
③ 牟锐:《中国信息产业发展模式研究》,中国经济出版社 2010 年版,第 73 页。

产业制造集群更为"空心化",无法促使以信息制造业为主的信息产业基地培育出新兴的创新聚集区,导致中印两国无法形成一体化、系统性的创新合作体系。例如,中国电子信息产业的关键核心技术和设备（CPU、集成电路、新兴元器件等决定一国电子信息产业在国际分工中的地位）依然主要从国外进口;在软件方面,芯片用英特尔,操作系统用微软,服务器用 IBM,网络设备用思科。而印度长期以发展软件外包为主,导致自主创新能力减弱,这种不符合一般规律的发展并未使得印度第二产业充分发展,加之印度国内电脑普及率相对较低、通信状况相对较差的现状,印度信息技术产业失衡的不健康发展必将使之在信息技术产业强国市场出现波动的情况下严重受挫。这样的局面严重制约着中印之间信息产业核心技术的创新与发明。与此同时,2013年美国再次提出致力于大力发展先进制造业的目标任务,这无疑给中国和印度这两大新兴经济体之间的信息技术产业合作带来了不可预知的压力和挑战。

（三）国际贸易保护主义抬头给中印信息技术产业合作带来不可避免的挑战

在全球化步伐进一步加快的进程中,信息技术产业作为新兴的、战略性产业,将面临更为激烈的国际竞争。特别是在后金融危机时代,尽管中国在电子信息产品出口,以及印度在软件外包中占全球信息技术产业的市场份额依然在不断提高,但是处于疲软状态的欧美发达经济体,为了保证自身在信息技术产业的领先地位,仍不惜利用技术法规、国际创新网络和质量标准、产品认证、环保要求等方面的变化手段,采取"保障措施"来限制中印信息技术产业的发展,这已成为惯例。此外,中国境外投资主体以国有企业为主,主要投资领域集中于信息技术等高新技术领域,所以国外各种形式的保护主义（包括贸易保护主义、投资保护主义、金融保护主义）措施将直接或间接地影响着中印信息技术产业的深度合作。

（四）技术进步和自主研发创新的缺乏使得中印信息技术产业合作存在瓶颈

在信息技术从研发设计到最终实现市场销售的所有环节中,中印只充当着加工和服务的角色,并未充当开发者的角色。于是,长久以来信息技术研发的主导权仍然掌握在欧美等发达国家手中，中印只处在价值链的低端，并未真正走上自主研发创新的道路。因此，在技术进步和自主研发创新瓶颈难以突破的情况下，中印信息技术产业并不能从技术源头实现真正的合作。

（五）国家创新体系的一体化动力不足影响中印信息技术产业系统性的深度合作

目前中印两国不仅没有建立起系统性的国家创新体系[①]或系统，其国家创新体系的构成要素[②]残缺不全，而且国家创新体系一体化的动力不足，两国之间缺乏一个强有力的推动双边或区域整体价值链发展的合作机制，特别是中印信息技术产业合作机制与制度安排也刚刚起步，导致中印信息技术产业系统性的深度合作难以实现。

第三节 后金融危机时代中印信息技术产业合作对策建议

总体来讲，中国和印度信息产业在后金融危机时代开展的合作与发展潜力巨大，而且双方合作的意向较为强烈，特别是越来越多的企业已经认识到对方的市场空间，并着力于如何进一步加强中印信息技术产业的合作

---

① 经济合作与发展组织认为：国家创新系统旨在政策基础上实现创造、应用和扩散知识，实现信息技术领域的相互作用，以及各类机构之间的相互影响和相互作用。

② 国家创新体系包括：a. 企业可以通过组织生产实现环境创新，获取外部知识，是创新活动的直接参与者和组织者，是合作的必要条件，也是创新活动的直接载体和受益者；b. 国家公共部门通过制定政策，推动制度创新，发挥引导和调控作用，为企业发展与实现对内对外合作创造动态的产业环境；c. 研究和研发机构极大地扩展了产品范围，是推动技术进步的引擎，开发新技术和新产品的基地；d. 教育和培训体系是高层次人才诞生的发祥地，是潜在创新动力和技术创新实现的重要因素，决定着信息技术开发能力的形成、扩散和延续过程；e. 金融体系把储蓄或借贷转化为投资，为企业提供资本补充和支持的外部制度安排，有利于信息技术科研成果向市场转化；f. 信息网络为信息技术研发与创新提供了更广阔、更迅速的传递信息平台。参见郭熙保、陈志刚和胡卫东著：《发展经济学》，首都经济贸易大学出版社2009年版，第338页。

与发展。为此,进一步深化中印信息技术产业的合作与发展可采取以下几方面的举措。

一、充分发挥政府的积极引导作用

中国将信息产业作为国民经济的主导产业,印度将其作为"战略产业",这表明了 IT 业在各自经济发展中的重要地位,所以政府在加强双方合作时要引导、支持企业与对方企业开展合作,加强信息在双方之间的流通,为两国 IT 业的合作创造良好的贸易、商业营运与投资环境,如两国法律制度的差异性、政府保护主义、知识产权保护等等,均需要充分发挥两国政府的积极作用。[1]

二、构建中印信息技术合作新机制

第一,建立信息技术人力资源培养合作机制。人才之间的互补是中印信息技术产业合作的一大优势,而且人力资源培养合作也是加强中印信息技术合作的源头。中印信息技术产业合作必须依托于中印信息技术专业人才的相互交流,才能提升信息技术扩散和创新速度。只有通过人力资源合作培养才能为中印信息技术产业的发展和合作起到纽带作用,并为中印信息技术经济增长做出更大的贡献。一是雇用对方的人员,并通过对其进行培训以使其掌握某门技术;二是创建学院,专门为对方培养人才,如印度在中国开展业务的多家软件公司。此外,可以考虑互派信息技术研究方面的交流人才,直接到对方接受教育,学习对方的先进技术。企业之间也可以签订人才相互培养的协议,扩大人才培养的渠道,加大人才培养合作。

第二,组建中印信息技术战略合作联盟。研发组织是指两个或两个以上的企业或特定事件职能部门通过合约形式把互补资源集合起来,或是合作研发或是项目合作,目的在于实现共同的利益和目标,降低风险,实现了战略层面、研发层面、项目实施层面的多重合作。[2] 就中国和印度而言,

---

[1] 杨文武等:"中印信息技术产业合作与发展问题探析",《社会科学》2006 年第 12 期。
[2] 楚尔鸣、李勇辉:《高新技术产业经济学》,中国经济出版社 2005 年版,第 238 页。

信息技术产业合作可采取技术互补性战略联盟、多角合作性战略联盟、资源共享性战略联盟、人才合作培养性战略联盟等多种形式，以促进中印信息技术产业的深度合作。

第三，互建信息技术研发中心。从企业角度而言，两国 IT 企业应分别加强与政府、高校、科研院所的联系，通过股份制、合同制、合资办企业等多种制度安排，互建信息技术研发中心。只有充分发挥中印信息技术合作中的企业主体作用，才能在各自的宏观调控下实现有保障、可持续的健康合作。

第四，建立联络机构。我们可以派民间组织到对方国相应组织建立与信息技术相关的联络机构，收集和整理对方信息技术市场信息并及时地传递给国内。例如中国广东省目前已经在新德里建立了"中印贸易中心"，与印度政界和商界取得了广泛的联系，其他一些行业和地方可以效仿，为信息技术企业之间的沟通与交流提供便利，逐步建立起一个互信机制，更有利于进一步促进两国信息技术产业的合作与发展。

三、拓展中印信息技术合作新领域

第一，借鉴欧盟的"数字化议程"计划，寻求多领域信息技术合作。"数字化议程"计划所关注的七大领域（数字化信息市场、技术标准和兼容、网络信任与安全、宽带覆盖率、投资研发、国民素质、ICT 技术等）也正是中印急需扩大发展的信息技术领域。而且，普及互联网的使用，扩大宽带覆盖范围甚至覆盖到每个村镇，加大开发力度，加大投资和提升技术的兼容性等也正是目前中印都需要在全国范围推广的工作。在实施过程中，以印度的高性能软件提升中国的硬件水平，将中国的高质量硬件作为印度软件升级的平台，进而改善印度在硬件方面的劣势，最终推动两国 IT 业整体素质的提高。与此同时，中印间可以开展核心零部件研发的合作，打破发达国家在这些领域的垄断地位，争取占领全球 IT 产业生产链中的优势地位。加强在新技术应用方面的合作，尽快把新技术用于生产。所以，中印可以借鉴此"数字化议程"计划来实现危机后经济的持续包容性增长。

第二，探索"信息技术生态系统"领域的战略合作。一方面，中国和印度都是发展中的人口大国，医疗问题也一直是困扰中印的亟待解决的民生问题，而一个完善的现代医疗服务系统离不开先进的信息技术产业的支持。所以，将成熟的信息技术带到医疗体系中，可以让人民生活更方便、更具安全感，还可以降低医疗失误的概率。让 IT 互联网更有效地接近消费者，可以使用智能软件为患者提供远程医疗监测服务。就像奥巴马所说的"信息技术很有可能在医疗行业中掀起一场新的革命"。[1] 另一方面，在智能电网方面，通过信息技术系统可以将电力供应商和电力用户连接起来。[2] 这样的连接可以实现高效率的电力供给需求，印度可以引进中国供电技术等相关技术来满足印度的用电需求，提供稳定的电力供应系统。

第三，在保护本国知识产权的基础上，推动信息技术专利的跨国合作。科研的国际化推动了研究成果的国际化，使得专利申请也出现了国际化的发展趋势。信息技术全球化带动企业在全球范围内实现多方面、多层次、多领域、多方式的合作，而中国和印度这样的大型新兴经济体国家正是跨国公司未来发展的热点地区，所以中印应该尝试这种特殊方式的合作，为中印在信息技术尖端科技领域跻身于国际前列创造机会。

第四，摸索"云计算"领域的可合作性。云计算（Cloud Computing）是一种基于互联网的计算方式，通过这种方式，共享的软硬件资源和信息可以按需提供给计算机和其他设备。云计算完全有可能改变现有信息技术产业格局，推动 IT 产业融合，形成产业生态聚合格局。2010 年 10 月 18 日，工业和信息部与国家发改委联合印发《关于做好云计算服务新发展试点示范工作的通知》，确定在北京、上海、深圳、杭州、无锡等 5 个城市先行开展云计算服务创新发展试点示范工作。[3] 上海世博会成为信息技术应用平台；大陆高世代液晶面板产业获得突破性发展；超级计算机位列全球 500 强前茅。与此同时，印度威普、印孚瑟斯、塔塔咨询服务公司等也在不断发展各自的技术，目的是为金融服务部门、银行及其制造业提供云

---

[1] 张幼文等著：《金融危机后的世界经济：重大主体与发展趋势》，人民出版社 2011 年版，第 228 页。

[2] 张幼文等著：《金融危机后的世界经济：重大主体与发展趋势》，人民出版社 2011 年版，第 232 页。

[3] "《关于做好云计算服务创新发展十点示范工作的通知》文件解读"，核高基测试部，2010 年 12 月 22 日，http：//www.zfcg.com/guide/2010 - 12 - 22/A302434.html。

计算应用程序及其解决方案。在印度，越来越多的企业采用"混合云"（私营部门和公共部门）来消除他们的数据隐私性隐患。目前，在印度市场已经有 50 多个云计算服务提供商。与此同时，印度互联网服务提供商和数据中心服务提供商包括巴蒂电信（Bharti Airtel）、思飞科技（Sify）、Trimax 和 NetMagic。它们正着力于投资新的云计算服务应用程序和带宽支持服务。① 2011 年到 2015 年，NTT Communications 有限公司计划在欧洲和印度投资 15.8 亿美元发展它的云计算业务。② 因此，云计算对中印信息技术产业的均衡发展和合作将起到推动作用，并引领后危机时代云计算领域的新发展和新合作，例如中国液晶面板产业与印度云计算服务提供商、数据中心服务提供商之间的产品与技术合作。

四、推动中印信息技术产业的根植性合作

根植性合作是指融入于现实社会，在国际、国内、区域等范围，在经济、政治、文化多个领域相关联，扎根于本土的政治、文化，甚至大众习俗的一种合作行为。③ 因而，中印两国信息技术产业的合作与发展，必须加强双方企业间包括语言文化、宗教信仰以及生活习惯等各个方面的沟通与了解，需将本土文化、民间习俗、当地法律和行政法规、政治因素等纳入考虑范围。只有扎根于当地的本土文化，与本土文化高度契合才能真正融入民间，便于 IT 企业真正了解客户需求。尤其是印度作为一个多民族、多宗教、多信仰的民主国家，人们的生活习惯在很大程度上有别于中国。为此，为进一步促进两国信息技术产业的合作与发展，必须加强双方企业间的沟通与了解，并扫除一系列影响因素，④ 融入有活力的本土文化环境而不触碰本土政治敏感地带，逐渐消化吸收与扩散，最终开创符合时代需要的中印信息技术合作新空间。

---

① "电子和计算机软件"，英文资料翻译，http://www.ibef.org/exports/Electronic - and - Computer - Software.aspx。
② "电子和计算机软件"，英文资料翻译，http://www.ibef.org/exports/Electronic - and - Computer - Software.aspx。
③ 楚尔鸣、李勇辉：《高新技术产业经济学》，中国经济出版社 2005 年版，第 202—203 页。
④ 杨文武等："中印信息技术产业合作与发展问题探析"，《社会科学》2006 年第 12 期。

第六章

后金融危机时代中印环保业合作

随着经济增长，世界环境问题日益凸显，环境污染和环境保护受到广泛关注，广阔的市场空间使环保产业①成为一个新兴产业体系并在世界各国迅速发展。而具有社会效益和经济效益双重属性的环保产业，在治理环境污染、改善人类生活环境的同时，还可带动整个产业链协同发展，促进就业和实现国民经济增长。环保产业是一个巨大的蓝海市场，发达国家已经在这个市场中占领先机，实现首轮产业发展和技术进步，而广大发展中国家更需要把握市场机遇，推动环保产业向前发展。中国与印度同为世界经济和人口大国，两国发展路径具有一定相似性，也同时面临相似的环境污染状况。尤其是在后金融危机时代，中印政府都提出加快包括环保产业在内的传统产业转型，大力倡导环保产业等战略新兴产业的发展，这为中印两国加强环保产业合作提供了历史机遇。中印两国环保产业的发展虽然同发达国家相比还存在一定差距，但这并不能阻碍中印两个亚洲最大的发展中国家进行环保产业合作。而且中印两国只有加强包括环保产业在内的新兴领域的合作，才能有利于促进中印环保产业技术水平的提升和促进中印经济可持续发展。事实上，后金融危机时代，无论是政府层面还是企业层面更需积极展开环保产业合作，抓住合作机遇，挖掘合作潜力，推动中印环保产业合作更上一个新台阶。为此，本章主要在阐述中印环保产业合作所取得的成绩基础之上，深刻剖析中印环保产业合作中存在的主要问题，探究中印环保产业合作的潜力，并提出进一步开拓中印环保产业深度合作空间的对策建议。

---

① 环保产业的定义非常广泛，经济合作与发展组织（OECD）将该产业界定为：狭义上是指为污染清理、污染控制、减少污染排放和废弃物处理方面提供设备及服务的行业；广义上还包括清洁技术和清洁产品。因受统计数据限制，本文涉及的环保产业主要指狭义定义中的产品和服务。

第一节　后金融危机时代中印环保产业合作取得的成效

一、中印与环保设备有关的商品贸易合作规模逐年扩大

如图 6—1 所示，根据联合国贸易与发展会议的数据①显示，中印环保产业贸易水平一直持续提高。中印与环保设备有关的商品贸易总额由 2007 年的 1.62 亿美元上升到 2012 年的 3.52 亿美元，② 增长了 1.17 倍，这说明中印与环保设备有关的商品贸易总额增长速度较快，中印环保产业合作潜力较大。而且，近几年，随着中印两国环保产业的发展，两国企业之间的合作形式呈现由商品贸易到项目合作，再到工程总包这种递进式深层次发展的状态，大型项目交流变得更加频繁。因而，中印环保企业间合作形式多样，环保商品贸易与环保产业项目合作呈现不断向纵深发展态势。

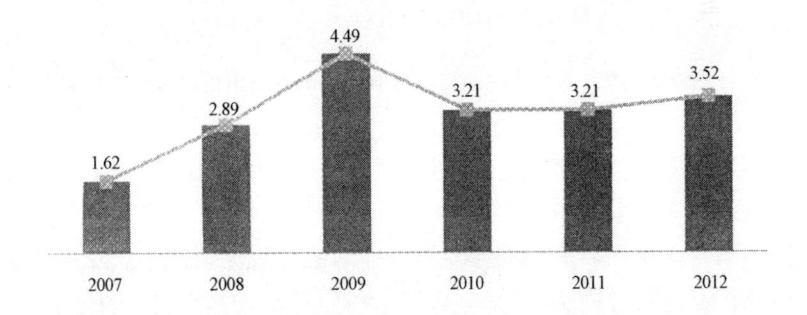

图 6—1　2007—2012 年中印与环境设备有关的商品贸易总额（亿美元）

---

①　数据来源：UN Comtrade（中印与环保设备有关的进出口产品，主要归入协制编号 8416、8417 和 8419）。

②　联合国贸易数据统计网站：http：//comtrade.un.org/db/？v＝3&utm_expid＝19417094－2.0qoule3aTIGBPONKrHwQ4w.3&utm_referrer＝http%3A%2F%2Fmail.qq.com%2Fcgi－bin%2Fmail_spam%3Faction%3Dcheck_link%26url%3Dhttp%3A%2F%2Fcomtrade.un.org%2Fdb%2F%26mailid%3DZC2616－k2Cb6XNrUom~R10PtdavJ39%26spam%3D0）。

如图 6—2 所示，中国对印度出口与环保设备有关商品的贸易额由 2007 年的 1.47 亿美元上升到 2012 年的 3.35 亿美元，上升了 1.28 倍；而中国从印度进口与环保设备有关的商品贸易额由 2007 年的 0.15 亿美元上升到 2012 年的 0.17 亿美元，仅上升了 0.13 倍。这说明中国对印度出口与环保设备有关商品的增长速度快于中国从印度进口与环保设备有关的商品贸易的增长速度。这主要是因为中国三废治理的技术水平和大型环保设备制造工艺比印度略强，而印度环保产业市场较广。

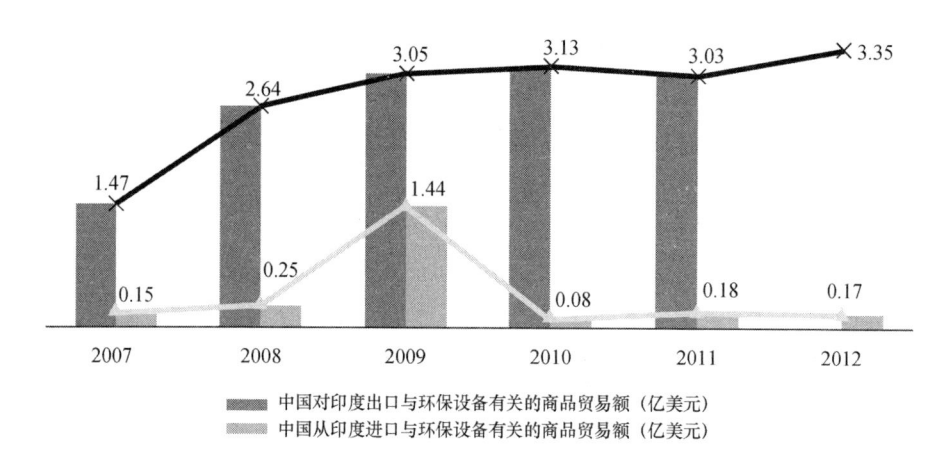

图 6—2　2007—2012 年中印与环保设备有关的商品进出口贸易额（亿美元）

目前中印环保产业项目合作多数以中方企业为主导，中方企业由为部分项目提供解决方案发展到整体工程承包，提供环境治理"一站式"服务，使两国合作达到环境利益与经济利益双赢的局面。因此，受中国对印度出口与环保设备有关商品的单边贸易量不断增加的影响，中印与环保设备有关的商品贸易差额较大。例如，中印与环保设备有关的进出口商品贸易顺差额由 2007 年的 1.32 亿美元上升到 2012 年的 3.18 亿美元。所以，在未来环保产品贸易中，需进一步发挥中印各自环保产业发展的比较优势，不断改善中印环保产品贸易逆差。

二、中印环保产业投资合作步伐不断加快

中国企业同印度的投资合作包括在印度设立合资公司、全资子公司等手段，其中以鼎联控股旗下的鼎联高新技术（北京）有限公司同成都市兴蓉投资股份有限公司共同成立的鼎联印度（TRI‐TECH INDIA PRIVATE LIMITED）、菲达环保旗下的菲达印度有限公司（Feida India Private）为代表。这些中资企业纷纷在印度设立子公司或合资公司，启用当地管理人员和技术人员，利用当地劳动力发展环保装备制造业，同时为进一步了解印度市场需求，挖掘潜在市场奠定良好基础。

表6—1 中国对印度的环保直接投资企业[①]

核准日期	境内投资主体	境外投资企业（机构）	地区	经营范围
2009‐12‐23	福建龙净环保股份有限公司	福建龙净环保股份有限公司印度办事处	福建省	电力、环保设备的业务联系
2010‐12‐30	浙江菲达环保科技股份有限公司	菲达印度有限公司	浙江省	电除尘器、脱硫设备、布袋除尘器、气力输灰系统、垃圾焚烧、污水处理、城市环保等环保设备的研究、开发、工程设计、生产制造、销售、服务和零配件供应
2011‐07‐26	西安中电能源环保有限公司	西安能源（印度）私人有限公司	陕西省	机电产品及设备的国际贸易
2011‐08‐04	北京中日联节能环保工程技术有限公司	北京中日联节能环保工程技术有限公司JSW干熄焦项目部	北京市	为了更好地实施与印度JSW钢铁厂签订的干熄焦技术服务（专家派遣）项目合同，主要负责在当地的联络和项目相关日常事务
2011‐08‐30	福建龙净环保股份有限公司	龙净工程印度私人有限公司	福建省	销售工业静电除尘器等环保设备

[①] 中国对外投资和经济合作网站，http：//fec.mofcom.gov.cn/index.shtml。

续表

核准日期	境内投资主体	境外投资企业（机构）	地区	经营范围
2012-08-24	鼎联高新技术（北京）有限公司	鼎联印度私营有限公司	北京市	环保工程管理咨询服务
2013-02-06	成都鹏润新能源开发有限责任公司	东部设备工程私营有限公司	四川省	为电厂EPC及运营等所有领域内提供咨询、建议及所有相关的工程服务，包括供应所有类型的电厂设备、装置及其组成部件和连接中使用的其他材料
2013-03-13	华西能源工业股份有限公司	华西能源印度有限公司	四川省	执行印度及国外发电项目，主要包括电厂项目修建，开展印度电厂的土建工程、安装、调试、性能测试、相关监督指导服务，以及人员培训
2013-04-08	成都市兴蓉投资股份有限公司	鼎联印度私营有限公司	四川省	环境类工程管理咨询服务

资料来源：中国对外投资和经济合作网站。

2008年1月到2013年9月期间，中国企业在印度直接设立合资公司或子公司的相关资料中可以看出（如表6—1所示）：中国环保企业在印度发展步伐日益加快，6年间涉及环保行业的直接投资项目达9项之多；环保产业投资主体多为上市公司或私营企业，具有政府背景的国有企业还未涉及印度环保领域。由此可见，中印环保直接投资合作还有待加强，中印环保投资合作空间潜力巨大。

三、中印环保产业经济技术合作业已展开

中印环保产业项目合作基本上是以中方企业的经济技术合作为主，其中主要包括为部分项目提供解决方案发展到整体工程承包，再到环境治理提供"一站式"服务等内容。从2007年到2012年的中印在环保产业的合

作案例中可以看出（如表6—2所示），承接项目的中国企业在国内环保领域都是业界的龙头企业，环保产业经济技术合作项目涉及金额较大，参与印度环保产业项目合作的中资企业都是拥有雄厚资金和技术实力的且在业界享有较高知名度的企业，这为中印环保产业的经济技术合作奠定了成功的基石。

表6—2　中印环保项目经济技术合作

时间	主体	内容	金额	方式
2007—2009年	华西能源与印度RKM公司	MTPP4×360MW电站锅炉项目锅炉机组供应		项目合作
2009—2010年	浙江菲达环保装备有限公司与印度BGR ENERGY公司和SYSTEMS LIMTIED公司	印度麦拓1×600MW除尘器项目合同及印度卡利森2×600MW除尘器项目	948.25万欧元和2351.4万美元	项目合作
2011年	鼎联高新技术（北京）有限公司与印度Bihar城镇基础设施开发有限公司（BUID-Co）	1. 设计并建造生活污水处理厂 2. 修建一套覆盖全镇的污水收集管网设施体系 3. 为建好的污水处理厂、污水收集管网体系提供为期5年的运营及维护	4200万美元	工程总包
2012年	龙净环保与印度钢铁管理局有限公司比莱钢厂	锅炉及涡轮鼓风机房建筑的设计、制造、供货、安装、调试等	人民币3.5亿元	工程总包

资料来源：互联网资料收集整理。

四、中印环保产业合作制度机制正在形成

第一，中印在环境方面建立了伙伴关系，并签署了环保合作的相关协议。2007年由印度中国经济文化促进会、印度拉吉夫·甘地基金会和世界自然基金会共同主办的"中国印度商业可持续发展核心：拯救地球节能环保创新合作"高层圆桌会议开启了印中两国在节能环保领域合作交流的对

话新篇章。① 2009 年中印签署应对气候变化的《中国政府和印度政府关于应对气候变化合作的协定》，② 这标志着中印两国在共同应对气候变化方面的关系得到进一步发展。2010 年温家宝总理与印度总理辛格会谈时两国签署了包括环保领域在内的多项合作文件；2011 年 9 月国家发改委公布的《中印战略经济对话首次会议纪要》也明确指出"中印将在能效和节能环保领域加强合作，积极开展包括新能源在内的能源合作"；③ 2012 年 11 月在印度首都新德里召开的第二届中印战略经济对话节能环保分组会议上，国家发展与改革委员会同印度电力部签署了加强提高能效的合作备忘录；2013 年 5 月李克强总理访问印度时，中印双方签署包括环保在内的八项合作协议。由此可见，在中印两国都面临严峻的环境挑战之际，加强环保产业（尤其是在森林生态保护、污染控制、野生动植物管理等重要领域）合作已经成为中印政府高层磋商的重要内容，这为中印环保行业、企业间合作带来了强劲动力。

第二，中印多边环保合作机制在逐步加强。中印作为世界上最大的两个发展中国家，在世界环境保护合作中也积极承担自己的责任和义务。两国共同签署包括《联合国气候变化框架公约》《关于消耗臭氧层物质的蒙特利尔协定书》《控制危险废弃物越境转移及其处置巴塞尔公约》在内的多项国际环境公约。在这些公约的指导下，两国积极发展节能环保、大气污染及臭氧层治理、危险废弃物处置等多项环境产业，力求实现环保政策目标与环境产业需求的统一。正如印度环境部长贾伊拉姆·拉梅什所说，"中印两国在哥本哈根会议上有很好的合作"。

第三，行业展会、半官方的环保论坛和会议成为中印环保合作的重要平台。据不完全统计，2013 年全球涉及环保领域的大型国际展览会有 14 起，而且大多集中于发达国家。但是"金砖五国"中的中国、印度、俄罗斯三国也举办了环保国际展会（如表 6—3 所示④），中印两国很注重通过

---

① 节能与环保杂志编辑部："中印节能环保创新合作对话北京"，《节能与环保》2007 年第 8 期，第 24 页。
② http://world.people.com.cn/GB/41214/10233731.html.
③ http://finance.eastmoney.com/news/1346, 20110928166074160.html.
④ 在 2012—2013 年两年中，印度举办环保类展会 3 次、中国 4 次，展会次数较多且频率几乎一致。印度对水处理问题关注度更高；而中国较为平衡，中国开展的 4 次展会中有 2 次涉及环保产业全领域，其余 2 次则涉及废水处理技术、固体废弃物处理和循环利用。

举办国际展会与其他国家的企业和代表团进行交流，引进新技术、挖掘新市场、达成新合作。除此之外，中印之间在一些半官方的洽谈会、论坛上也纷纷建立联系，力求在绿色环保和可持续发展方面携手共赢。如 2006 年"中印（武汉）国际投资、项目招商暨贸易采购洽谈会"就达成一项 5000 万美元的环保合同。① 2011 年"低碳经济与环境保护中印青年友好论坛"不仅增强了两国青年的环保意识，还从理论上论证了积极发展环保产业的重要性。② 2011 年中印富强基金会主席李如梁表示十分愿意促进中印两国在环保、医疗等问题上的合作。③ 2013 年"世界节能环保产业合作论坛——暨第三届节能环保产业企业家峰会"上，中印双方就如何建立环保产业投融资体系达成共识。④ 由此可见，为了实现环保贸易目标，推动环保产业合作，一些半官方论坛以及形式多样的商贸会议在一定程度上促进了中印两国的环保合作。

表 6—3　中印环保展会交流合作

国家	展会名称	展会内容概要
印度	2012 年第六届印度国际水处理展览会	化学水处理、生物水处理、污水处理、脱盐设备、污泥处理过滤设备、末端净水系统等
	2013 年印度国际水资源博览会	污水处理技术与设备、膜及膜分离技术及设备、废水资源化应用技术与设备、制水技术及设备等
	2013 年第一届印度环境保护博览会	固体废物管理、固体废物再生、水循环以及污水处理、空气清洁保持和排放以及能源保护等

---

①　"武汉环保企业进军印度年贸易额达 5000 万美元"，荆楚网消息（楚天金报），2006 年 9 月 10 日。
②　"'低碳经济与环境保护'中印青年友好论坛举办"，中国共青团网，www.gqt.org.cn，2011 年 10 月 10 日。
③　"中印学者齐聚香港 探讨中印双边及多边合作"，中国新闻网，2011 年 11 月 14 日。
④　"世界节能环保产业合作论坛在京举办"，人民网—环保频道，2013 年 5 月 16 日。

续表

国家	展会名称	展会内容概要
中国	2012年第十二届中国国际环保展览会	垃圾处理和资源再生利用；水资源利用和污水处理；大气与空气污染治理等
	2012年第十三届中国国际城市环保及垃圾处理设备展览会	城市污水与污泥处理设备；垃圾焚烧等相关的设施设备与技术
	2012年中国国际上海固体废弃物处理利用技术与设备展览会	生活废弃物、医疗废弃物、电子废弃物、工业废弃物处理技术与设备；废水、污水处理和循环利用设备与技术
	2013年第十三届中国国际环保展览会	大气污染防治；城市生活污水及各种工业废水处理；固体废物处理及城市生活垃圾收运、处理；危险废弃物处理处置；环境监测与分析、环境管理与服务等

资料来源：互联网资料搜集整理。

第二节 后金融危机时代中印环保产业合作存在的问题

一、中印环保装备制造业发展的差异性致使中印环保产业合作失衡

当前，中印环境污染治理基本上处于利用环保工程或设备减少污染排放或治理污染的终端治理阶段，中印主要通过环保装备制造业来发展环保产业。发达国家环保治理的发展经验表明，只有环保装备制造业发展到一定程度，环保产业才有可能向环保监测、环保服务等领域进一步深入。因此，环保装备制造业是中印两国环保产业发展的重要领域。

印度作为一个农业大国，近几年来服务业发展也日益兴盛，但比较而言，其制造业的发展一直处于滞后阶段，主要出口产品为农产品、原材料和初级工业制成品。而中国一直被视为制造业强国，机械装备生产制造自新中国成立起就被视为经济发展的重中之重。中国在大型装备生产中具有原材料、劳动力、流程工艺等多项发展优势。因此，基于两国环保装备制造业基础的差异性，尤其是在环保装备制造业贸易和投资方面，中印环保产业合作中出现了主要是中国向印度出售环保产品、中国对印度进行环保项目建设的单边主导局面，中印环保产业合作出现了严重失衡现象。

二、发达国家技术优势阻碍了中印环保产业合作

发达国家环保产业经过40年的快速发展，其环保产业产值已占国内生产总值的10%—20%。[①] 发达国家不仅拥有世界先进的环保技术和强大的研发能力，而且正源源不断地将新材料技术、新能源技术、生物工程技术等高新技术广泛应用于环保产业，使其占据了全球节能环保产业市场的绝大多数份额。作为发展中国家的中印两国，虽然近年来经济增速较快，在很多领域取得了令人满意的成就，但在环保技术水平和环保新产品研发方面仍远远落后于发达国家，而且仅占据节能环保产业链的低端环节。因此，在以技术创新为源头的环保产业合作中，一方面考虑自身环保产业良性发展之需要，另一方面受到产业资本趋利性的影响，中印两国均倾向于同发达国家环保企业进行合作。例如，已有大约150家美国企业同印度企业进行合资或者项目合作，在印投资的公司数量远远大于中资企业。[②] 中国同发达国家的环保合作更为频繁，同日本、德国等国企业建立了更为良好的合作伙伴关系。而发达国家更加看重中印广阔的环保市场，将本国市场已经饱和的设备和已经被赶超的技术向中印等发展中国家转移，占领市场，攫取高额利润。由此可见，这种看似双赢的南北环保产业合作正成为中印等发展中国家环保产业合作的巨大阻碍因素。

---

① "发达国家环保产业发展现状及特点分析"，http://news.bjx.com.cn/html/20140224/492551.shtml。

② "参与印度环保业 中国企业大有作为"，金羊网，2008年2月28日。

三、中印环保产业合作内容少、合作方式简单

广义的环保产业包括节能降耗、清洁生产、污染控制、污染治理、环境监测、生态修复等促进整个社会环境的循环可持续发展内容，而且发达国家的经验表明：只有集环保全产业链于一体地为客户提供整体解决方案，才是环保公司对外合作、向海外扩张的最优路径选择。但是，目前中印环保产业合作内容大多局限于节能减排和污染治理，中印并未形成环保全产业链意义上的产业合作。因而，中印环保产业合作市场容量有限，并且无法形成新的利润增长点。

从价值链的角度来看，环保产品的生命周期包括环保产品研发设计、环保产品生产以及环保产品消费三个阶段，在这三大阶段中分别涉及环保工程总包商、材料设备商和运营服务商三类供给企业。而且，在某些环保产业合作项目中，这三类供给企业是可以合为一体地为环保产品需求方提供全面服务的。但是，在近年来的中印环保产业项目合作中，大多数为材料设备买卖、项目工程总包等方式，很少有集这三类供给企业于一体的合作方式。而此种合作方式不仅很难将最佳环保产品生命周期完整地体现给买方，而且无法挖掘到更多的潜在客户，也更容易使现有客户流失。因此，简单的合作方式成为中印环保产业深度合作的瓶颈之一。

第三节　后金融危机时代中印环保产业合作的对策建议

一、加强环保技术及人才合作，促进中印环保产业创新发展

第一，环保技术合作是中印环保产业合作的重要保障。当前，在以高新技术为导向的环保产业中，环保技术是产业发展的重要动力。而一国的

环保技术主要源于环保技术引进或自主研发两个方面。然而，在发展中国家自主研发容易受到多种外界因素的限制，特别是大型环保生产设备因前期技术研发投入成本较高，依靠单个主体获得技术突破更加困难。因此，中印两国不仅可以互相引进国内先进的环保技术，而且可以利用各自优势，联合引进发达国家尖端的环保科技。与此同时，由于中印环境污染状况相似，中印联合开发环保技术设备成本较低，研发出的新技术在两国都有相应的市场，后期规模优势凸显。

第二，环保人才交流是中印环保产业合作的重要内容。近年来，中印两国十分重视人才培养，人员交往频率升高，特别是高校交流增多，而且环保行业间人员的流动也不断增加。事实上，印度全国高等技术院校超过6000 所，国际知名院校包括印度理工学院、德里大学等；中国本科院校2334 所，每年向社会输送将近 700 万高校毕业生。中印高校互访成为一项长期合作项目，双方共同研究相关领域的科学项目，为中印环保技术人才合作提供了契机。

二、加强投融资合作，促进中印环保产业做大做强

资金是支撑环保产业发展的关键要素之一，而中印两国环保产业发展在国内都面临因投资收益小、回收周期长而形成巨大资金缺口的困境。中印要发展环保产业，就必须处理好资金投入与资本收益问题，整合好国家财政资金、政策补贴以及社会资本，积极引进和合理利用外商直接投资开展环保项目合作，支持本国环保企业"走出去"，最终实现产业的繁荣发展。一方面，中印要充分利用两国相互间的直接投资，开展环保产业合作。基于环保产业良好的市场前景与巨大的市场潜力，应推动更多的产业资本直接在海外设厂，更何况中国很多有实力的环保企业已经在印度拥有了全资子公司或合资公司。另一方面，中印要充分利用国际金融市场满足环保产业发展的资金需求。中印应在确保风险的前提下进一步扩大股票市场、债券市场的融资强度；利用世界银行、亚洲开发银行的环境保护项目获得低息或无息贷款；由政府或环保行业协会牵头引进合作国家的投资

者，培育双边本币债券市场；① 银行业设立跨国分支机构，为本国企业跨国投资的大型环保设备或环保基础设施建设提供资金。因此，中印两国应该顺势开展投融资合作，建立完善的资本投融资交流渠道，解决产业转型过程中的资金问题。

三、建立环保产业蓝海战略，② 为中印合作开辟新途径

第一，加强重点领域和重点城市的环保交流合作。首先，确立中印合作的重点领域——污水处理市场。尽管中印环保产业发展现阶段的重点在三废治理上，但比较而言，中印两国在水资源处理上互补性更强。印度淡水缺乏，境内河流水污染已经相当严重，受到水源型缺水和水质型缺水的双重困扰。2013年中印会谈时，印度总理辛格也强调中印应推动对水资源有效利用的合作。而中国也面临同印度相似的状况，政府不断加大污水处理基础设施投资，且企业经过多年研发，污水处理技术已比较成熟，并为国内很多省市提供了成熟的污水处理方案，从业经验相对丰富。例如，碧水源公司自主研发的MBR（膜生物反应器）技术达到世界先进水平，可将污水转化为清洁水源，未来市场前景广阔，公司也在不断扩大产能，产品国内市场占有率连年攀升。因此，中印污水处理领域的合作可以充分利用中国先进的循环水处理技术解决印度水源匮乏的问题，合作可以实现政府支持、市场支持、技术支持和经验支持，这有利于中印两国将该领域合作长久进行下去。其次，把握中印合作的重点城市——经济发达而污染严重的区域。2009—2013年印度综合污染指数显示，古吉拉特邦的环境污染程度是所有邦中最高的。近年来，古吉拉特邦工业发展迅猛，在化工、水泥、化学品方面占据较高产值，也因此导致环境恶化程度加剧。Vapi和Ankaleshwar的环境综合和污染指数都超过85%。当地政府也意识到环境治理的紧迫性，已经做出治污计划，该邦各个城镇乡村环境保护市场发展前景良好。当前，中国很多省市在国家政策的指引下大力扶持环保相关产

---

① 张卢鸽、胡列曲："中印金融合作的动因及制约因素分析"，《时代金融》2014年第1期（总第540期），第13页。

② "蓝海战略"是指开创无人争抢的市场空间，超越竞争的思想范围，开创新的市场需求，开创新的市场空间，经由价值创新来获得新的空间。

业。例如，浙江省倾力打造环保产业工业园区，并且已经形成较为完善的产业链条。环保企业可以在完善国内市场的同时借此契机发展印度市场业务，对古吉拉特邦进行深入调研，针对当地情况制订工业粉尘、硫化物、氮化物造成空气污染和有色金属冶炼造成水源污染的解决方案；再从市场潜力、产品购买力等多方面研究中国环保企业如何本土化经营，因地制宜进行直接投资或商品贸易合作。这种点对点的新型合作模式的建立，一方面可以集中优势，整合资源快速取得污染治理的成果；另一方面还为环保合作树立品牌形象，为中印两国继续加强省与邦之间规模化合作奠定良好基础。

第二，探索中印环保企业新领域合作。随着产业发展持续演进，旧的领域已经形成完善的市场规范和竞争规则，市场容量日益饱和，发达国家也形成一批具有竞争力的优质企业，中印两国无论是竞争还是合作都很难实现自身利益的最大化。因此，主动创造市场空间和市场需求，利用环保产业边界界定模糊的特质深入挖掘"蓝海领域"，是实现利润超额增长的有利选择。首先，开展中印海洋环境保护合作。国际政治与国际经济理论认为，海洋无论是对于政治还是经济都具有重要的战略意义。中印两国海岸线绵长，海洋资源开发与海洋环境保护是中印未来展开蓝海合作的重要领域。早在2003年，中印两国总理就签署了《中华人民共和国国家海洋局与印度共和国政府海洋开发部海洋科技领域合作谅解备忘录》。在海洋资源开发与保护方面，应当重视对保护海洋生物多样性的研究。在海洋污染方面，两国可以合力解决石油泄漏、化工废水排放、固体垃圾倾倒等造成的海洋污染。其次，加强中印环保新能源合作。近年来，各国新能源产业发展得如火如荼，中印在新能源产业发展上也各有千秋。中国的太阳能产业发展势头迅猛，光伏企业得到政府政策、资金和技术的大力支持。印度的风电技术达到世界先进水平，风电装机容量巨大，在全球多个国家设有研发中心和设备生产中心。中印两国在新能源领域内的合作前景十分乐观。例如，印度全球知名风电商苏司兰已经同中国建立合作关系，在天津开设设备生产研发基地。中国的光伏产业虽然屡遭印度反倾销调查，但中印两国在太阳能环保汽车、油电混合动力车等更加微观的产业领域已有合作先例，说明中印合作的基础依然存在。

四、通过环保产业链整合与产业园区建设,推进中印环保产业的深度合作

按照环境保护产品流向划分,环保产业上游包括环保装备制造、环保产品生产;中游包括项目或工程分包;下游包括大型环保设施或公共产品环保项目开发。① 环保产业链整合不仅涉及上下游供应商、资源禀赋等相关内容,更是对信息流、资金流和物流的高效利用。因此,环保产业合作不限于环保技术研发、产品生产、项目或工程等合作,还包括环保信息、物流等合作内容。与此同时,由于中印两国环保产业发展路径较为相似,市场容量处于爆发式增长阶段,硬件基础和软件设施互补性强,所以随着金融市场的日益开放及基础设施建设的日益完善,两国合作也会更加深入。目前,中印在医药、信息等产业领域正在形成完整的产业链,两国在环保领域全产业链合作模式还有待借鉴经验与深入研究。在整合产业链过程中,为节省交易费用,节约生产成本,建设产业园区成为推进中印产业发展的惯用手段。中国环保局数据显示,2005 年,经环保局批准成立的环保产业建设基地有 3 个,还有 8 个环保科技产业园。② 2013 年,印度政府提出在北方邦、哈里亚纳邦和安得拉邦建立中国产业园。中国政府也迫切希望投资印度包括环保产业在内的制造业等领域。③ 这一政府行为为打造中印跨国环保产业合作奠定了坚实基础,更为整合中印环保产业链的发展形成强大动力。

---

① 李碧浩:"基于产业链整合的节能环保产业创新模式研究",《上海节能》2011 年第 11 期,第 21 页。
② 中华人民共和国环境保护部,http://kjs.mep.gov.cn/hbcyyq/。
③ 中华人民共和国商务部网站:"印度加快推进中国工业园区建设",2013 年 10 月 22 日,http://www.mofcom.gov.cn/article/i/jyjl/j/201310/20131000361145.shtml。

第七章

后金融危机时代中印农产品贸易合作*

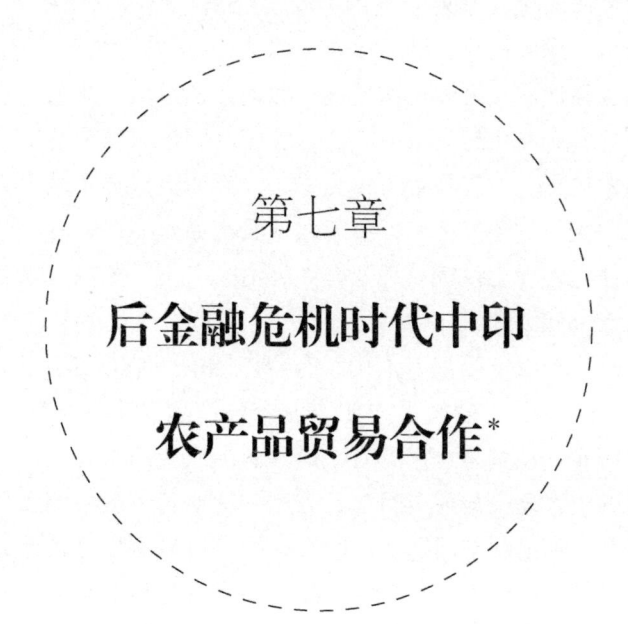

* 杨文武、李星东:"后金融危机时代中印农产品贸易合作",《南亚研究季刊》2013 年第 2 期,第 67—74 页。

2008年全球金融危机爆发后，世界主要经济体为避免国际金融体系的崩溃和世界经济的全面衰退而不得不联手合作。中印农产品①贸易合作也正是伴随着后金融危机时代继续加强与深化中印双边合作，"龙象"互利共赢之格局逐渐形成并得以迅速发展。然而，从总体上来看，后金融危机时代中印双边农产品贸易额占中印各自农产品进出口贸易总额的比重都较小，贸易结构欠佳，农产品贸易种类单一，而作为世界上两个人口最多的发展中国家和最大的新兴市场，中印两国农产品贸易的互补性强，中印双边农产品贸易合作潜力巨大。而且，"对中国来说，挖掘尚未开发或未充分开发的农产品市场的出口潜力具有十分重要的现实意义，而对印度而言，中国也是一个农产品消费大国，有着广阔的（农产品）市场（需求）空间"。② 因而，如何有效拓展中印农业合作空间，丰富中印农业合作内涵，挖掘中印农产品贸易合作潜力，提升两国农产品贸易水平等，成为学界必须面对的重大理论与现实问题。为此，本章着力从后金融危机时代中印农产品贸易合作成就与问题、中印农产品出口显示性比较优势比较以及中印农产品贸易合作潜力等方面进行深入细致的分析与研究，并提出促进中印农产品贸易合作的对策与建议。

---

① 指按国际贸易标准分类（SITC）的第0条、第1条，以及第21款、22款、26款（不包括266、267和269组）和29款及第4条的产品。
② 陈晓艳：《中印农产品贸易关系及合作潜力研究》，南京农业大学2006年度硕士学位论文，第Ⅰ页。

第一节 后金融危机时代中印农产品贸易合作成就与问题

一、后金融危机时代中印农产品贸易合作取得的成就

(一) 中印农产品贸易合作规模不断扩大

中印农产品贸易额由2008年的19.95亿美元下降到2009年的13.99亿美元，负增长29.87%之后，上升到2010年的30.62亿美元、2011年的42.59亿美元，与2008年同比，分别增长了53.48%和113.48%[①]（如图7—1所示）。由此可见，在国际金融危机蔓延的背景下，中印两国农产品贸易尽管受到一定程度的冲击，但从总体上来看，中印农产品贸易合作保持了较为旺盛的活力。

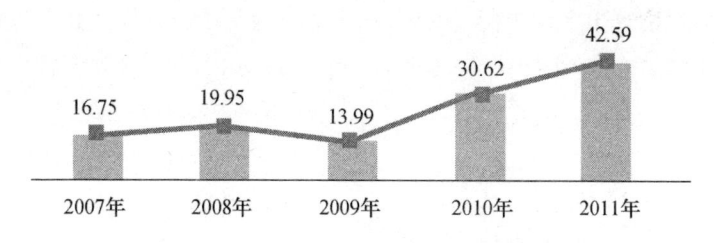

图7—1 中印农产品贸易额（亿美元）

(二) 中印农产品贸易额占中印双边贸易总额的比重呈上升趋势

中印农产品贸易额占中印双边贸易总额的比重也由2007年的4.33%下降到2008年的3.85%和2009年的3.23%之后，上升到2010年的

[①] 根据UN Comtrade数据计算。

4.96%和2011年的5.76%①（如图7—2所示）。这说明中印农产品贸易在中印双边贸易中的作用与地位在后金融危机时代不仅没有下降，反而得到进一步提升。与此同时，也表明中印双边农产品贸易还有较大的合作潜力。

```
4.33    3.85    3.23    4.96    5.76
2007年  2008年  2009年  2010年  2011年
```

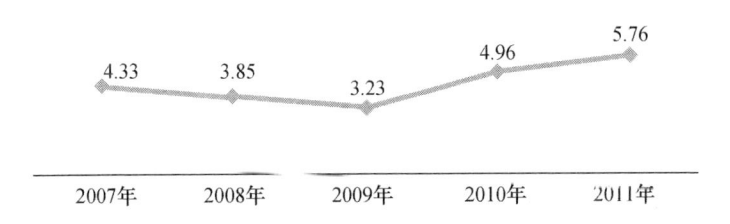

图7—2 中印农产品贸易额占中印双边贸易总额的比重（%）

（三）中国对印度农产品贸易条件②日趋改善

中印进出口农产品种类多，计量单位各不相同，但都有表达重量的吨数，用它们的总吨数除其总值，即得出其平均每吨的价格。因而，我们可以将中国对印度出口以及中国从印度进口的各种农产品按其总吨数除其总值而粗略地估算出平均单价。我们以2007年为基期，分别计算出2008年、2009年和2010年中国出口印度以及中国从印度进口农产品平均单价指数（如表7—1所示）。然后，用中国出口印度农产品平均单价指数除以中国从印度进口农产品平均单价指数，求出各年度中国对印度农产品价格贸易条件。如图7—3所示，中国对印度农产品价格贸易条件指数呈上升趋势。这说明，后金融危机时代中国对印度出口农产品的平均单价指数呈上升趋势，中国从印度进口价格指数呈下降态势，中国对印度农产品贸易条件日

---

① 根据UN Comtrade数据计算。

② 贸易条件（Net Barter Terms of Trade，NBTT）是指商品的出口价格指数与进口价格指数之比，它衡量的是出口对进口的单位购买力。若与基期相比较而言，交换比价上升，则贸易条件改善，即同等数量的出口商品能换回比基期更多的进口商品，反之则称为贸易条件恶化。其计算公式为：

$$NBTT = \frac{Px}{Pm}$$

其中，Px和Pm分别代表出口商品价格指数与进口商品价格指数。

渐改善。

表7—1 中国对印度农产品价格贸易条件

年 份	2007年	2008年	2009年	2010年	2011年
中国对印度出口农产品平均单价（美元/千克）	4.80	5.11	4.22	6.77	7.84
中国从印度进口农产品平均单价（美元/千克）	3.13	3.43	5.17	5.27	3.91
中国出口印度农产品平均单价指数	100	106.4	88.01	141.18	163.28
中国从印度进口农产品平均单价指数	100	109.81	165.29	168.44	125.14
中印农产品价格贸易条件	1	0.97	0.53	0.84	1.30

资料来源：根据 UN Comtrade 数据计算。

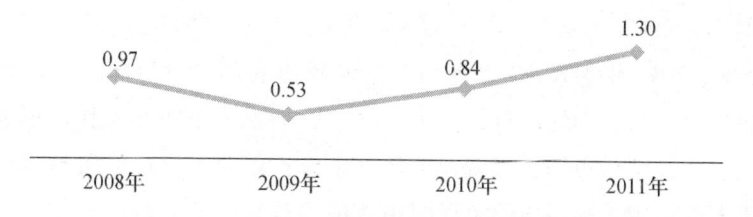

图7—3 中国对印度农产品价格贸易条件指数

（四）中印两国进一步加强对话平台与交流机制建设，为深化中印农产品贸易奠定更为广泛的合作基础

2010年12月16日，中国和印度在新德里发表联合公报，同意建立战略经济对话机制，并确立2015年双边贸易额达到1000亿美元的新目标；中印双方还决定建立两国国家元首、政府首脑定期互访机制。此外，通两国总理电话热线；双方还同意建立中印外长年度互访机制，以及中印通过举办如"中印经济发展与合作研讨会"、"中国—印度经贸、投资与合作峰会"等一系列对话交流机制与合作平台，为后金融危机时代深化中印农产品贸易合作达成共识，并构建了更为广泛的合作基础。在2008年1月于北京举行的"中国—印度经贸、投资与合作峰会"上，中印与会代表均表示，双方将拓展经贸合作方式和（包括农产品在内的）合作领域。而出席

此次峰会的印度总理辛格也指出"除了具有竞争力的制造业外，印度还拥有多样化的农产品基础，其食品加工业也在迅速增长"，这为扩大中印农产品贸易合作空间指引了目标。

二、后金融危机时代中印农产品贸易合作中面临的主要问题

（一）中印双边农产品贸易额占中印各自农产品进出口贸易总额的比重不大

如图7—4所示，中印双边农产品贸易额占中国农产品进出口贸易总额的比重2007年为2.2%、2008年为2.2%、2009年为1.5%、2010年为2.6%、2011年为2.8%；中印双边农产品贸易额占印度农产品进出口贸易总额的比重2007年为7.1%、2008年为6.8%、2009年为5.2%、2010年为8.5%、2011年为8.5%。因而，中印双边农产品贸易额占中印各自农产品进出口贸易总额的比重并不大。这一方面说明中印并未真正形成互为开放的农产品贸易市场，或者说中印并未真正将对方农产品贸易市场放在至关重要的位置；另一方面也说明中印应当重视农业领域的合作，尤其是需减少中印双边农产品贸易中的各种限制性条件，以进一步拓展中印农产品贸易的合作空间。

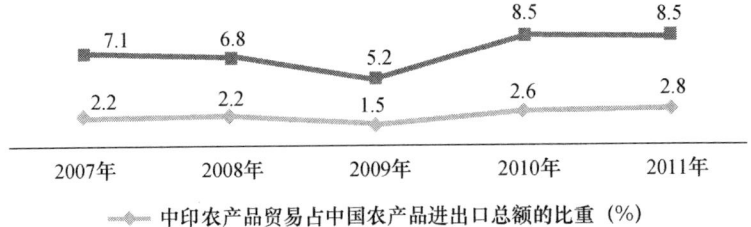

图7—4 中印农产品贸易占中印各自农产品进出口贸易总额的比重

（二）中印农产品贸易结构不合理

第一，中印农产品贸易主要集中于非食用原料、食品及活动物，而动植物油、脂和蜡与饮料及烟草所占比重都不大。例如，2007年至2011年，69.32%的农产品贸易集中于非食用原料（不包括燃料）、[①] 22.46%的农产品贸易集中于食品及活动物，[②] 而仅有8.05%的农产品贸易集中于动植物油、脂和蜡[③]及0.17%的农产品贸易集中于饮料及烟草[④]（如图7—5所示）。

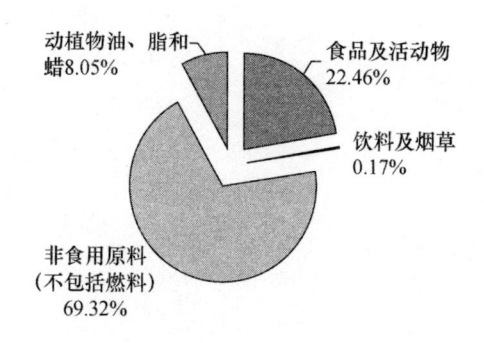

图7—5　2007年至2011年中印农产品贸易的部门结构

第二，2007年至2011年，中国对印度出口80%以上的农产品组别主要集中于丝、蔬菜、水果、植物原料、香料和羊毛6类商品（如表7—2所示）。而中国对印度出口排前20位的农产品组别分别为丝（44.43%），蔬菜（11.91%），鲜的或干制的水果及坚果（不包括油料用坚果）（9.04%），未另列明的植物原料（8.02%），香料（3.80%），未另列明的已制备好的或保藏的蔬菜、块根和块茎（3.20%），羊毛及其他动物毛（毛条除外）（2.11%），谷物制品以及水果或蔬菜的粉或淀粉的制品（1.94%），糖、糖浆及蜂蜜（1.68%），牲畜饲料（不包括未碾磨谷物）

---

① 属于标准国际贸易分类中的第2部门。
② 属于标准国际贸易分类中的第0部门。
③ 属于标准国际贸易分类中的第4部门。
④ 属于标准国际贸易分类中的第1部门。

(1.53%)，非挥发性植物油脂"软性"的、未加工的、已提炼或精制的（1.42%），未另列明的食用品及其制品（1.31%），未另列明的动物原料（1.29%），糖果（1.17%），果汁和蔬菜汁（1.10%），茶及马黛茶（0.61%），棉花（0.52%），加工烟（不论是否有烟草代用品）（0.48%），可可（0.39%）和人造黄油及起酥油（0.39%）等。

表7—2 2007—2011年中国对印度出口农产品的主要品种

组别	品　种	2007—2011中国对印度出口总额（美元）	所占比重（%）	排序
261	丝	1010663540	44.43	1
054	蔬菜①	274353435	11.91	2
057	鲜的或干制的水果及坚果（不包括油料用坚果）	208335593	9.04	3
292	未另列明的植物原料	184707081	8.02	4
075	香料	87543305	3.80	5
056	未另列明的已制备好的或保藏的蔬菜、块根和块茎	73760116	3.20	6
268	羊毛及其他动物毛（毛条外）	48689325	2.11	7
048	谷物制品以及水果或蔬菜的粉或淀粉的制品	44623296	1.94	8
061	糖、糖浆及蜂蜜	38655371	1.68	9
081	牲畜饲料（不包括未碾磨谷物）	35263129	1.53	10
421	非挥发性植物油脂"软性"的、未加工的、已提炼或精制的	32741320	1.42	11
098	未另列明的食用品及其制品	30074983	1.31	12
291	未另列明的动物原料	29836395	1.29	13

---

① 指鲜的、冷藏的、冻藏的或简便保藏的蔬菜（包括干制的豆类蔬菜），块根、块茎及其他未另列明的鲜的或干制的食用蔬菜制品。

续表

组别	品　种	2007—2011 中国对印度出口总额（美元）	所占比重（%）	排序
062	糖果	26892382	1.17	14
059	果汁和蔬菜汁①	25246297	1.10	15
074	茶及马黛茶	16202086	0.61	16
263	棉花	14162525	0.52	17
122	加工烟（不论是否有烟草代用品）	11905676	0.48	18
072	可可	11111712	0.39	19
091	人造黄油及起酥油	9030356	0.39	20

资料来源：根据 UN Comtrade 数据计算。

第三，2007 年至 2011 年从印度进口 91.67% 的农产品组别主要集中于棉花、油脂、牲畜饲料、鱼和油籽及含油果实 5 类商品（如表 7—3 所示）。而中国从印度进口排前 20 位的农产品组别分别有棉花（67.13%），植物油脂（8.96%），畜饲料（8.47%），鱼（4.87%），油籽及含油果实（2.24%），蔬菜（包括干制的豆类蔬菜）（1.86%），甲壳动物、软体动物或其他水生无脊椎动物（1.16%），未另列明的植物原料（1.09%），植物纺织纤维（1.01%），糖、糖浆及蜂蜜（0.91%），非挥发性植物油脂（0.36%），香料（0.34%），奶和奶油及乳制品（0.31%），茶及马黛茶（0.26%），丝（0.17%），羊毛（0.15%），水果及水果制品（0.07%），已加工的动植物油脂（0.07%），未另列明的巧克力及其他含有可可的食物制品（0.06%），水果及坚果（0.06%）。

---

① 果汁（包括葡萄汁）和蔬菜汁，未经发酵及不加酒精的，不论是否加糖或加其他甜味料。

表7—3 2007—2011年中国从印度进口农产品的主要品种

组别	品种	2007—2011年中国从印度进口总额（美元）	所占比重（%）	排序
263	棉花	6771659844	67.13	1
422	未加工的精制的或提炼的非挥发性植物油脂（"软性"的除外）	904081295	8.96	2
081	牲畜饲料（不包括未碾磨谷物）	854644649	8.47	3
034	鲜的（活的或死的）、冷藏或冻藏的鱼	491716014	4.87	4
222	油籽及含油果实，用以提炼"软性"植物油的（不包括细粉及粗粉）	225958773	2.24	5
054	蔬菜①	187910914	1.86	6
036	甲壳动物、软体动物或其他水生无脊椎动物②	116604423	1.16	7
292	未另列明的植物原料	110279824	1.09	8
265	植物纺织纤维（棉花及黄麻除外）、生麻或纺前加工麻、下脚麻	101537266	1.01	9
061	糖、糖浆及蜂蜜	91912582	0.91	10
421	非挥发性植物油脂（"软性"的、未加工的、已提炼或精制的）	36540911	0.36	11
075	香料	34147886	0.34	12
022	奶和奶油及乳制品（黄油及干酪除外）	30793901	0.31	13

① 指鲜的、冷藏的、冻藏的或简便保藏的蔬菜（包括干制的豆类蔬菜）；块根、块茎及其他未另列明的鲜的或干制的食用蔬菜制品。

② 指鲜的（活的或死的）、冷藏的、冻藏的、干制的、盐腌的或盐水渍的甲壳动物、软体动物或其他水生无脊椎动物（无论是否带壳）；蒸煮过的带壳甲壳动物，不论是否冷藏的、冻藏的、干制的、盐腌的或盐水渍的；适于人类食用的甲壳动物或水生无脊椎动物的细粉、粗粉和团粒。

续表

组别	品种	2007—2011年中国从印度进口总额（美元）	所占比重（%）	排序
074	茶及马黛茶	26115976	0.26	14
261	丝	16903782	0.17	15
268	羊毛及其他动物毛（毛条除外）	15508027	0.15	16
058	保藏的水果及水果制品（果汁除外）	7376477	0.07	17
431	已加工的动植物油脂、蜡、未另列明的不适宜食用的动植物油脂的混合物或产品	6895353	0.07	18
073	未另列明的巧克力及其他含有可可的食物制品	6304053	0.06	19
057	鲜的或干制的水果及坚果（不包括油料用坚果）	6014672	0.06	20

资料来源：根据 UN Comtrade 数据计算。

（三）中印农产品贸易差额不断扩大

中国对印度农产品贸易差额由2007年的-8.92亿美元扩大到2008年的-11.88亿美元，然后降至2009年的-4.60亿美元之后再度上升到2010年的-20.46亿美元和2011年的-31.97亿美元（如图7—6所示和表7—4所示）。尽管中国对印度农产品贸易逆差也为缩减中印贸易顺差差额起到一定的作用，但无论如何，后金融危机时代随着中国对印度农产品市场需求逐年扩大及印度拓展中国农产品市场潜力初现，中印农产品贸易逆差现象也应引起各界的重视与关注。

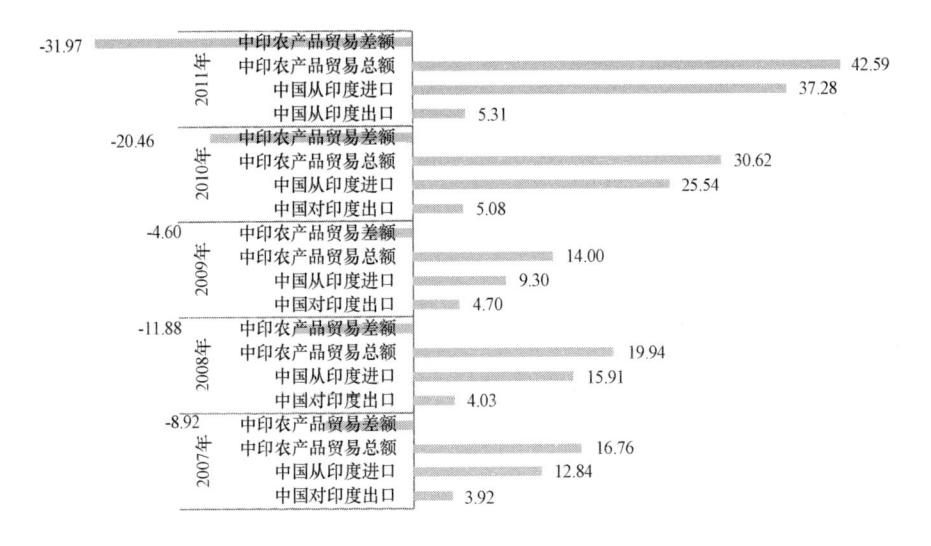

中印农产品贸易差额（亿美元）

2011年	中印农产品贸易差额	-31.97
	中印农产品贸易总额	42.59
	中国从印度进口	37.28
	中国对印度出口	5.31
2010年	中印农产品贸易差额	-20.46
	中印农产品贸易总额	30.62
	中国从印度进口	25.54
	中国对印度出口	5.08
2009年	中印农产品贸易差额	-4.60
	中印农产品贸易总额	14.00
	中国从印度进口	9.30
	中国对印度出口	4.70
2008年	中印农产品贸易差额	-11.88
	中印农产品贸易总额	19.94
	中国从印度进口	15.91
	中国对印度出口	4.03
2007年	中印农产品贸易差额	-8.92
	中印农产品贸易总额	16.76
	中国从印度进口	12.84
	中国对印度出口	3.92

图 7—6　中印农产品贸易差额（亿美元）

表 7—4　中印农产品贸易[①]差额

年份	贸易流向	食品及活动物（美元）	饮料及烟草（美元）	非食用原料（不包括燃料）（美元）	动植物油、脂和蜡（美元）	总额（美元）	差额（美元）
2007年	中国对印度出口	103237644	2120473	284230746	2174259	391763122	-891783245
	中国从印度进口	264548298	264978	933997431	84735660	1283546367	
2008年	中国对印度出口	119386362	2842744	246463128	34661044	403353278	-1188019856
	中国从印度进口	404109918	386766	1056713433	130163017	1591373134	
2009年	中国对印度出口	233851520	6900150	227395103	1941292	470088065	-459809037
	中国从印度进口	264761885	314190	518223999	146597028	929897102	
2010年	中国对印度出口	216790136	3393466	284325463	3502647	508011712	-2046408112
	中国从印度进口	402805712	208094	1890057570	261348448	2554419824	
2011年	中国对印度出口	232617781	4647110	290535813	3123586	530924290	-3196879991
	中国从印度进口	540694732	262501	2857038294	329808754	3727804281	

资料来源：联合国商品贸易统计数据库（UN Comtrade）。

---

①　根据联合国贸易与发展会议颁布的"标准国际贸易分类"（standard international trade classification，SITC Rev. 3），中印农产品贸易分别属于 SITC Rev. 3 中包括按国际贸易标准分类（SITC）的第 0 部门、第 1 部门以及第 2 部门中的第 21、22、26（不包括 266、267 和 269 组）、29 类以及第 4 部门的产品。

（四）印度高进口关税的保护性以及中印关税减免的有限性阻碍了中印农产品贸易合作空间的进一步拓展

"印度虽对进口农产品已实行单一关税，关税税率在0%—300%之间，但有近50%的农产品关税税率超过100%，其中加工食品和植物油的上限关税分别确定在150%和300%。此外，还利用关税升级保护加工业。印度关税升级产品主要集中在食品、饮料和烟草领域。例如，印度对冷、鲜、冻肉类征收30%的进口关税，但对香肠及类似产品征收100%的进口关税。"[1] 而且"目前两国在《曼谷协定》中都对对方农产品的出口给予了不同幅度的关税税率减免，但这些农产品包含的范围十分有限，对两国农产品贸易的促进效果并不明显"。[2] 如此等等，均不利于促进中印农产品贸易规模的进一步扩大。

第二节 后金融危机时代中印农产品贸易的比较优势和互补性

一、后金融危机时代中印农产品出口显示性比较优势[3]

（一）中国农产品出口显示性比较优势（RCA）

根据联合国商品贸易统计数据库数据，按照出口显示性比较优势指数

---

[1] 刘晓凤："'金砖四国'农产品关税的比较与借鉴"，《农业展望》2009年第11期，第41页。
[2] 陈晓艳：《中印农产品贸易关系及合作潜力研究》，南京农业大学2006年度硕士学位论文，第I页。
[3] 所谓出口显示性比较优势指数是指一个国家某种商品出口额占其出口总值的份额与世界出口总额中该类商品出口额所占份额的比率，用公式表示：$RCA_{ij} = (X_{ij}/X_{tj}) \div (X_{iW}/X_{tW})$。其中，$X_{ij}$表示国家j出口产品i的出口值，$X_{tj}$表示国家j的总出口值；$X_{iW}$表示世界出口产品i的出口值，$X_{tW}$表示世界总出口值。一般而言，RCA值接近1表示中性的相对比较利益，无所谓相对优势或劣势可言；RCA值大于1，表示该商品在国家中的出口比重大于在世界的出口比重，则该国的此产品在国际市场上具有比较优势，具有一定的国际竞争力；RCA值小于1，则表示该商品在国际市场上不具有比较优势，国际竞争力相对较弱。

(RCA)公式,计算出 2007 年至 2011 年中国农产品出口显示性比较优势指数。研究表明:一是 2007 年至 2011 年,中国各类农产品出口显示性比较优势(RCA)均值仅有 0.65,这说明中国农产品在国际市场上不具有竞争优势,国际竞争力不强;二是 2007 年至 2011 年,中国农产品出口显示性比较优势(RCA)均值大于 1 的农产品组别共有 12 组(如表 7—5 所示),其中包括丝(8.8),未另列明的动物原料(2.1),禽蛋类(2.33),未另列明的已制备好的或保藏的蔬菜、块根和块茎(1.87),羊毛及其他动物毛(1.59),未另列明的制备好的或保藏的鱼、甲壳动物、软体动物等(1.57),保藏的水果及水果制品(1.5),甲壳动物、软体动物或其他水生无脊椎动物①(1.13),其他谷物的粗粉和细粉(1.25),茶及马黛茶(1.36),香料(1.32),新鲜或冷冻蔬菜②(1.08)。

表 7—5　中国农产品出口显示性比较优势指数(RCA)

组别	农产品	2007 年	2008 年	2009 年	2010 年	2011 年	均值
025	鲜的、干制或用其他腌制的禽蛋和蛋黄,加糖或不加糖;蛋清	0.33	10.52	0.28	0.30	0.24	2.33
036	甲壳动物、软体动物或其他水生无脊椎动物③	0.50	2.49	0.98	1.02	0.63	1.13
037	未另列明的制备好的或保藏的鱼、甲壳动物、软体动物或其他水生无脊椎动物	2.65	0.02	1.88	2.03	1.29	1.57

---

① 鲜的(活的或死的)、冷藏的、冻藏的、干制的、盐腌的或盐水渍的甲壳动物、软体动物或其他水生无脊椎动物(无论是否带壳);蒸煮过的带壳甲壳动物,不论是否冷藏的、冻藏的、干制的、盐腌的或盐水渍的;适于人类食用的甲壳动物或水生无脊椎动物的细粉、粗粉和团粒。

② 鲜的、冷藏的、冻藏的或简便保藏的蔬菜(包括干制的豆类蔬菜);块根、块茎及其他未另列明的鲜的或干制的食用蔬菜制品。

③ 鲜的(活的或死的)、冷藏的、冻藏的、干制的、盐腌的或盐水渍的甲壳动物、软体动物或其他水生无脊椎动物(无论是否带壳);蒸煮过的带壳甲壳动物,不论是否冷藏的、冻藏的、干制的、盐腌的或盐水渍的;适于人类食用的甲壳动物或水生无脊椎动物的细粉、粗粉和团粒。

续表

组别	农产品	2007年	2008年	2009年	2010年	2011年	均值
047	其他谷物的粗粉和细粉	0.14	6.05	0.02	0.03	0.01	1.25
054	新鲜或冷冻蔬菜①	0.88	1.51	0.92	1.05	1.05	1.08
056	未另列明的已制备好的或保藏的蔬菜、块根和块茎	1.72	2.62	1.45	1.70	1.85	1.87
058	保藏的水果及水果制品（果汁除外）	1.46	1.93	1.36	1.37	1.40	1.50
074	茶及马黛茶	1.35	1.77	1.21	1.07	1.39	1.36
075	香料	1.13	1.91	1.32	1.21	1.02	1.32
261	丝	9.51	10.32	8.84	7.59	7.75	8.80
268	羊毛及其他动物毛（毛条除外）	1.26	2.53	1.25	1.44	1.48	1.59
291	未另列明的动物原料	2.04	2.79	1.92	1.83	1.92	2.10

资料来源：联合国商品贸易统计数据库。

（二）印度农产品出口显示性比较优势（RCA）

根据联合国商品贸易统计数据库数据，按照出口显示性比较优势指数（RCA）公式，计算出2007年至2011年印度农产品出口显示性比较优势指数。研究表明：一是2007年至2011年，印度各类农产品出口显示性比较优势（RCA）均值达1.79，这说明印度农产品在国际市场上有较强的出口竞争优势，其比较优势明显强于中国；二是2007年至2011年，中国农产品出口显示性比较优势（RCA）均值大于1的农产品组别共有26组（如表7—6所示），其中包括黄麻及其他未另列明的纺织用野杂韧皮纤维等（24.07），棉花（18.83），香料（16.1），植物纺织纤维（10.04），茶及马黛茶（8.96），稻米（7.38），糖、糖浆及蜂蜜（4.47），未另列明的植物原料（4.28），甲壳动物、软体动物或其他水生无脊椎动物（4.08），未加工的烟草（3.89），牲畜饲料（3.27），牛肉（3.13），咖啡及其代用品

---

① 鲜的、冷藏的、冻藏的或简便保藏的蔬菜（包括干制的豆类蔬菜）；块根、块茎及其他未另列明的鲜的或干制的食用蔬菜制品。

(2.01)，未磨粉的玉米（1.92），油籽及含油果实（1.83），禽蛋和蛋黄（1.77），油籽及含油果实等（1.76），丝（1.66），未加工的精制的或提炼的非挥发性植物油脂（1.53），未磨粉的谷物（1.45），未另列明的动物原料（1.43），鲜的或干制的水果及坚果（1.38），其他谷物的粗粉和细粉（1.36），已加工的动植物油脂等（1.33），新鲜或冷冻蔬菜（1.26），羊毛及其他动物毛（1.23）等。

表7—6 印度农产品出口显示性比较优势指值（RCA）

组别	农产品	2007年	2008年	2009年	2010年	2011年	均值
011	鲜的、冷藏或冻藏的牛肉	2.80	2.93	2.35	3.63	3.95	3.13
025	鲜的、干制或用其他腌制的禽蛋和蛋黄，加糖或不加糖；蛋清	3.02	2.53	1.21	1.10	0.99	1.77
036	甲壳动物、软体动物或其他水生无脊椎动物①	4.88	3.98	3.31	3.82	4.41	4.08
042	稻米	16.51	5.45	5.20	4.78	4.97	7.38
044	未磨粉的玉米（甜玉米除外）	1.42	2.93	1.86	1.56	1.84	1.92
045	未磨粉的谷物（小麦、稻米、大麦及玉米除外）	0.70	1.97	1.45	2.22	0.93	1.45
047	其他谷物的粗粉和细粉	1.68	1.72	1.02	1.16	1.20	1.36
054	新鲜或冷冻蔬菜②	1.22	1.67	1.37	1.11	0.93	1.26
057	鲜的或干制的水果及坚果（不包括油料用坚果）	1.42	1.89	1.57	1.01	1.02	1.38
061	糖、糖浆及蜂蜜	4.42	7.54	5.52	2.01	2.83	4.47
071	咖啡及其代用品	1.78	3.04	2.62	1.32	1.30	2.01

① 鲜的（活的或死的）、冷藏的、冻藏的、干制的、盐腌的或盐水渍的甲壳动物、软体动物或其他水生无脊椎动物（无论是否带壳）；蒸煮过的带壳甲壳动物，不论是否是冷藏的、冻藏的、干制的、盐腌的或盐水渍；适于人类食用的甲壳动物或水生无脊椎动物的细粉、粗粉和团粒。

② 鲜的、冷藏的、冻藏的或简便保藏的蔬菜（包括干制的豆类蔬菜）；块根、块茎及其他未另列明的鲜的或干制的食用蔬菜制品。

续表

组别	农产品	2007年	2008年	2009年	2010年	2011年	均值
074	茶及马黛茶	8.09	12.28	9.98	6.69	7.75	8.96
075	香料	14.41	24.50	20.71	10.44	10.45	16.10
081	牲畜饲料（不包括未碾磨谷物）	3.63	4.34	3.61	2.42	2.37	3.27
121	未加工的烟草，烟草废料	3.57	4.91	3.53	4.48	2.94	3.89
222	油籽及含油果实，用以提炼"软性"植物油的（不包括细粉及粗粉）	1.68	2.66	2.35	1.11	1.39	1.83
223	油籽及含油果实，整粒或碎粒，用以提炼其他植物油（包括未另列明的油籽或含油果实的细粉和粗粉）	1.43	2.30	2.37	1.04	1.66	1.76
261	丝	1.10	2.14	2.40	1.39	1.29	1.66
263	棉花	14.77	27.52	28.35	13.94	9.56	18.83
264	黄麻及其他未另列明的纺织用野杂韧皮纤维，生麻或纺前加工麻，短麻及下脚麻（包括下脚纱及回收纤维）	2.54	34.08	29.49	30.70	23.55	24.07
265	植物纺织纤维（棉花及黄麻除外），生麻或纺前加工麻；下脚麻	10.37	14.53	12.81	5.83	6.67	10.04
268	羊毛及其他动物毛（毛条除外）	0.49	1.15	1.24	0.64	2.66	1.23
291	未另列明的动物原料	0.79	2.31	2.07	0.71	1.28	1.43
292	未另列明的植物原料	2.34	7.13	6.07	1.95	3.89	4.28
422	未加工的精制的或提炼的非挥发性植物油脂（"软性"的除外）	1.18	2.08	2.21	1.16	1.03	1.53

续表

组别	农产品	2007年	2008年	2009年	2010年	2011年	均值
431	已加工的动植物油脂，蜡，未另列明的不适宜食用的动植物油脂的混合物或产品	0.98	1.77	2.07	0.89	0.94	1.33

资料来源：联合国商品贸易统计数据库。

二、后金融危机时代中印农产品的产业间和产业内贸易互补性

（一）中印农产品的产业间贸易①互补性

产业间贸易是指一国集中出口其具有比较优势的产品，集中进口其具有比较劣势的产品。因而，基于产业比较优势的差异性，不同国家之间形成了不同产业间贸易互补性。为此，一方出口其具有显示性比较优势（RCA）大于1的农产品，而另一方进口其显示性比较优势（RCA）小于1的农产品，以实现不同国家间不同农产品的产业间贸易互补性。2007—2011年，中印一方（RCA）均值大于1而另一方小于1的农产品共有20组（如表7—7所示），它们之间存在着产业间贸易互补性。在这20组农产品中，中国有3组而印度有17组农产品，因而印度向中国出口农产品潜力明显大于中国向印度出口农产品潜力。

表7—7 2007—2011年中印一方（RCA）均值大于1而另一方小于1的产品组别

组别	农产品	中国	印度
011	鲜的、冷藏或冻藏的牛肉	0.03	3.13
037	未另列明的制备好的或保藏的鱼、甲壳动物、软体动物或其他水生无脊椎动物	1.57	0.75

---

① 产业间贸易（Inter-industry Trade）是产业间国际贸易的简称，是指一个国家或地区在一段时间内，同一产业部门产品只出口或只进口的现象。在产业间贸易中，同一产业产品基本上是单向流动的。

续表

组别	农产品	中国	印度
042	稻米	0.16	7.38
044	未磨粉的玉米（甜玉米除外）	0.11	1.92
045	未磨粉的谷物（小麦、稻米、大麦及玉米除外）	0.28	1.45
056	未另列明的已制备好的或保藏的蔬菜、块根和块茎	1.87	0.90
057	鲜的或干制的水果及坚果（不包括油料用坚果）	0.35	1.38
058	保藏的水果及水果制品（果汁除外）	1.5	0.59
061	糖、糖浆及蜂蜜	0.23	4.47
071	咖啡及其代用品	0.06	2.01
081	牲畜饲料（不包括未碾磨谷物）	0.33	3.27
121	未加工的烟草，烟草废料	0.55	3.89
222	油籽及含油果实，用以提炼"软性"植物油的（不包括细粉及粗粉）	0.15	1.83
223	油籽及含油果实，整粒或碎粒，用以提炼其他植物油（包括未另列明的油籽或含油果实的细粉和粗粉）	0.36	1.76
263	棉花	0.04	18.83
264	黄麻及其他未另列明的纺织用野杂韧皮纤维，生麻或纺前加工麻，短麻及下脚麻（包括下脚纱及回收纤维）	0.02	24.07
265	植物纺织纤维（棉花及黄麻除外），生麻或纺前加工麻，下脚麻	0.18	10.04
292	未另列明的植物原料	0.57	4.28
422	未加工的精制的或提炼的非挥发性植物油脂（"软性"的除外）	0.01	1.53
431	已加工的动植物油脂，蜡，未另列明的不适宜食用的动植物油脂的混合物或产品	0.12	1.33

资料来源：联合国商品贸易统计数据库。

(二) 中印农产品的产业内贸易[①]互补性

产业内贸易也称水平贸易（Horizontal Trade）或双向贸易（Two - Way Trade），指一个国家在出口的同时又进口某种同类产品。这主要是基于产品门类、品质等的不同而产生的产业内贸易，它使得一国具有比较优势的产品可能在大量出口的同时也在大量进口。研究表明：中国和印度在禽蛋、甲壳动物等、其他谷物的粗粉和细粉、蔬菜、茶及马黛茶、香料、丝、羊毛和未另列明的动物原料等 9 组产品上都应当具有较强的比较优势，其 RCA 值都大于 1（如表 7—8 所示），因而中印在这 9 组农产品间于理论上都存在着产业内贸易互补性。

表 7—8　2007 年至 2011 年中印 RCA 均值都大于 1 的产品组别

编号	农产品	中国	印度
025	鲜的、干制或用其他腌制的禽蛋和蛋黄，加糖或不加糖；蛋清	2.33	1.77
036	甲壳动物、软体动物或其他水生无脊椎动物	1.13	4.08
047	其他谷物的粗粉和细粉	1.25	1.36
054	新鲜或冷冻蔬菜[②]	1.08	1.26
074	茶及马黛茶	1.36	8.96
075	香料	1.32	16.1
261	丝	8.8	1.66
268	羊毛及其他动物毛（毛条除外）	1.59	1.23
291	未另列明的动物原料	2.1	1.43

资料来源：联合国商品贸易统计数据库。

然而，根据 2007—2011 年联合国商品贸易统计数据，利用产业内贸易

[①] 这里的同类产品是指按国际贸易标准分类（SITC）至少前 3 位数相同的产品，即至少属于同类同章同组的商品。

[②] 鲜的、冷藏的、冻藏的或简便保藏的蔬菜（包括干制的豆类蔬菜）；块根、块茎及其他未另列明的鲜的或干制的食用蔬菜制品。

指数①公式，分别对上述9组农产品进行计算（如表7—9所示）后得出：中国只有鲜的（活的或死的）、冷藏的、冻藏的、干制的、盐腌的或盐水渍的甲壳动物、软体动物或其他水生无脊椎动物（无论是否带壳）；蒸煮过的带壳甲壳动物，不论是否是冷藏的、冻藏的、干制的、盐腌的或盐水渍的；适于人类食用的甲壳动物或水生无脊椎动物的细粉、粗粉和团粒；以及羊毛及其他动物毛（毛条除外）两组农产品间存在着产业内贸易。而印度也只有其他谷物的粗粉和细粉；鲜的、冷藏的、冻藏的或简便保藏的蔬菜（包括干制的豆类蔬菜），以及块根、块茎及其他未另列明的鲜的或干制的食用蔬菜制品等两组农产品存在着产业内贸易。由此可见，在中印出口显示性比较优势RCA均值都大于1的农产品产业内贸易指数中，没有同一组农产品产业内贸易指数同时介于0.5和1之间。因而，我们认为中印农产品贸易事实上不存在产业内贸易互补性。即使其出口显示性比较优势RCA均值都大于1，该类农产品也更多地以产业间贸易为主。

表7—9　中印出口显示性比较优势RCA均值都大于1的农产品产业内贸易指数

编号	农产品	中国	印度
025	鲜的、干制或用其他腌制的禽蛋和蛋黄，加糖或不加糖；蛋清	0.02	0.02
036	甲壳动物、软体动物或其他水生无脊椎动物	0.63	0.02
047	其他谷物的粗粉和细粉	0.28	0.51
054	新鲜或冷冻蔬菜	0.40	0.61
074	茶及马黛茶	0.09	0.13
075	香料	0.07	0.36
261	丝	0.04	0.06
268	羊毛及其他动物毛（毛条除外）	0.52	0.26
291	未另列明的动物原料	0.38	0.48

资料来源：联合国商品贸易统计数据库。

---

① 计算公式：$T = 1 - (|X - M|)/(X + M)$。在公式中，X和M分别表示某一特定产业或某一类商品的出口额和进口额，并且对X−M取绝对值。T的取值范围为[0, 1]，T=0时，表示没有发生产业内贸易；T=1时，表明产业内进口额与出口额相等；当T介于0和0.5之间时，表明该商品的贸易以产业间贸易为主；当T介于0.5和1之间时，表明该商品以产业内贸易为主，T值越大说明产业内贸易程度越高。

第三节 后金融危机时代中印农产品贸易的增长潜力

如果我们仅通过中印一方（RCA）均值大于 1 而另一方小于 1，以及中印两方（RCA）均值都大于 1 的农产品组别来判定中印两国农产品贸易具有互补性与竞争性，就不能判断中印两国农产品贸易合作是否具有增长潜力。这是因为若仅从中印 RCA 均值指标的计算结果来判断其增长潜力，便忽视了中印两国各组农产品贸易合作中的交易量的大小问题。因此，需要从具有比较优势的中印农产品贸易强度指数①以及该类农产品贸易量的年均增长率等角度综合去考察是否真正具有增长潜力。假如本具有比较优势的农产品贸易强度指数已经大于 1，以及具有比较优势的农产品的年均增长率负增长，那么我们就认为中印任何一方对对方出口该类农产品却不具有增长潜力，反之则具有增长潜力。

一、印度对中国出口具有增长潜力的农产品

假如印度对中国出口其具比较优势农产品的贸易强度指数大于 1，则说明印度对中国出口其该类农产品的出口水平，已经高于同期中国在世界市场进口该类农产品中所占的份额；而如果印度对中国出口其具有增长潜力的农产品在过去 5 年均呈负增长状态，则说明印度该类农产品在世界或中国市场的比较优势正在逐渐丧失。为此，除去以上两种情况（如表 7—10 所示），我们认为：印度对中国出口如牛肉、禽蛋类、甲壳动物、未磨

---

① 贸易强度指数（Trade Intensity Index，简称 TII）计算公式为：TIIab = [Xab/Xa] / [Mb/(Mw – Ma)]，TIIab 为 A 国和 B 国间的贸易强度指数，此时出口方向是从 A 国到 B 国；Xab 表示 A 国对 B 国的出口额；Xa 表示 A 国的总出口额；Ma、Mb 分别表示 A 国和 B 国的总进口额；Mw 表示世界总进口额。所以，当 TIIab 大于 1 时，就表示 A 国对 B 国的出口水平高于同期 B 国在世界进口市场中所占的份额，否则便相反。

粉的玉米、未磨粉的谷物（小麦、稻米、大麦及玉米除外）、水果及坚果、糖或糖浆及蜂蜜、咖啡及其代用品、烟草、（用以提炼"软性"植物油的）油籽及含油果实、植物纺织纤维（棉花及黄麻除外）、羊毛及其他动物毛、未另列明的动物原料、未另列明的植物原料和蜡等16组农产品具有一定的市场增长潜力。

表7—10　印度对中国出口其具有比较优势农产品的贸易强度指数和年均增长率（%）

组别	农产品	2011年印度对中国出口其具有比较优势的农产品贸易强度指数	2007—2011年印度对中国出口其具有比较优势的农产品的年均增长率（%）
011	鲜的、冷藏的或冻藏的牛肉	0.00	0.00
025	鲜的、干制或用其他腌制的禽蛋和蛋黄，加糖或不加糖；蛋清	0.00	0.00
036	甲壳动物、软体动物或其他水生无脊椎动物①	0.23	11.13
042	稻米	0.00	−68.79
044	未磨粉的玉米（甜玉米除外）	0.08	42.33
045	未磨粉的谷物（小麦、稻米、大麦及玉米除外）	0.66	328.38②
047	其他谷物的粗粉和细粉	0.00	−25.00
054	新鲜或冷冻蔬菜③	2.52	52.21

---

①　鲜的（活的或死的）、冷藏的、冻藏的、干制的、盐腌的或盐水渍的甲壳动物和软体动物或其他水生无脊椎动物（无论是否带壳）；蒸煮过的带壳甲壳动物，不论是否是冷藏的、冻藏的、干制的、盐腌的或盐水渍；适于人类食用的甲壳动物或水生无脊椎动物的细粉、粗粉和团粒。
②　注：这是一个异常值，做了适当处理。
③　鲜的、冷藏的、冻藏的或简便保藏的蔬菜（包括干制的豆类蔬菜）；块根、块茎及其他未另列明的鲜的或干制的食用蔬菜制品。

续表

组别	农产品	2011年印度对中国出口其具有比较优势的农产品贸易强度指数	2007—2011年印度对中国出口其具有比较优势的农产品的年均增长率（%）
057	鲜的或干制的水果及坚果（不包括油料用坚果）	0.01	229.91
061	糖、糖浆及蜂蜜	0.02	1308.02
071	咖啡及其代用品	0.22	73.18
074	茶及马黛茶	1.49	100.35
075	香料	1.84	94.91
081	牲畜饲料（不包括未碾磨谷物）	2.05	52.77
121	未加工的烟草，烟草废料	0.00	1711.31
222	油籽及含油果实，用以提炼"软性"植物油的（不包括细粉及粗粉）	0.10	51.68
223	油籽及含油果实，整粒或碎粒，用以提炼其他植物油（包括未另列明的油籽或含油果实的细粉和粗粉）	0.00	960.80
261	丝	17.23	2633.58
263	棉花	1.84	74.43
264	黄麻及其他未另列明的纺织用野杂韧皮纤维，生麻或纺前加工麻，短麻及下脚麻（包括下脚纱及回收纤维）	0.00	−25.00

续表

组别	农产品	2011年印度对中国出口其具有比较优势的农产品贸易强度指数	2007—2011年印度对中国出口其具有比较优势的农产品的年均增长率（%）
265	植物纺织纤维（棉花及黄麻除外），生麻或纺前加工麻，下脚麻	0.88	146.76
268	羊毛及其他动物毛（毛条除外）	0.02	22.11
291	未另列明的动物原料	0.23	43.62
292	未另列明的植物原料	0.46	21.68
422	未加工的精制的或提炼的非挥发性植物油脂（"软性"的除外）	8.30	41.03
431	未另列明的植物原料，蜡，未另列明的不适宜食用的动植物油脂的混合物或产品	0.02	156.99

资料来源：联合国商品贸易统计数据库。

二、中国对印度出口具有增长潜力的农产品

同样，除中国对印度出口其具有比较优势的农产品贸易强度指数大于1，以及近5年中国对印度出口其具有比较优势的农产品的年均增长率为负数的农产品组别外，中国对印度出口如冷冻蔬菜、保藏的水果及水果制品（果汁除外）、茶及马黛茶、香料、羊毛及其他动物毛（毛条除外）、未另列明的动物原料等6组农产品具有一定的市场增长潜力（如表7—11所示）。

表 7—11 中国对印度出口其具有比较优势的农产品的贸易强度指数和年均增长率（%）

组别	农产品	2011 年中国对印度出口其具有比较优势的农产品贸易强度指数	2007—2011 年中国对印度出口其具有比较优势的农产品的年均增长率（%）
025	鲜的、干制或用其他腌制的禽蛋和蛋黄，加糖或不加糖；蛋清	0.13	-25.00
036	甲壳动物、软体动物或其他水生无脊椎动物①	0.14	-40.59
037	未另列明的制备好的或保藏的鱼、甲壳动物、软体动物或其他水生无脊椎动物	1.22	-10.03
047	其他谷物的粗粉和细粉	0.00	-25.00
054	冷冻蔬菜②	0.22	8.58
056	未另列明的已制备好的或保藏的蔬菜、块根和块茎	2.75	27.07
058	保藏的水果及水果制品（果汁除外）	0.67	79.99
074	茶及马黛茶	0.21	9.26
075	香料	0.73	43.76
261	丝	1.21	0.73
268	羊毛及其他动物毛（毛条除外）	0.11	18.50
291	未另列明的动物原料	0.70	8.36

资料来源：联合国商品贸易统计数据库。

---

① 鲜的（活的或死的）、冷藏的、冻藏的、干制的、盐腌的或盐水渍的甲壳动物和软体动物或其他水生无脊椎动物（无论是否带壳）；蒸煮过的带壳甲壳动物，不论是否是冷藏的、冻藏的、干制的、盐腌的或盐水渍的；适于人类食用的甲壳动物或水生无脊椎动物的细粉、粗粉和团粒。

② 鲜的、冷藏的、冻藏的或简便保藏的蔬菜（包括干制的豆类蔬菜）；块根、块茎及其他未另列明的鲜的或干制的食用蔬菜制品。

第四节　后金融危机时代中印农产品贸易合作的对策建议

总体而言，中印农产品贸易合作并未受金融危机的影响，反而随着中印双边贸易规模的扩大而不断增加，中印农产品贸易额占中印双边贸易总额的比重也呈上升趋势，中国对印度农产品贸易价格条件日渐改善，而且进一步加强对话平台与交流机制建设也为深化中印农产品贸易奠定了更为广泛的合作基础。当然，我们也必须正视中印农产品贸易合作中面临的诸如中印双边农产品贸易额占各自农产品进出口总额的比重不大、贸易结构不合理、逆差额还在不断扩大、对农产品出口给予的关税税率减免所包含的农产品范围十分有限，以及印度进口高关税的限制性等等现实问题。与印度相比，中国农产品出口基本上不具备比较优势，而且中印农产品贸易合作以产业间贸易为主，基本上不存在产业内贸易；同时就中印农产品贸易合作潜力而言，印度对中国出口农产品的增长潜力远大于中国对印度出口农产品的增长潜力。为此，我们认为：

第一，应拓展中印多样化的农产品贸易合作基础，做大农产品贸易合作规模，优化结构。

第二，在巩固两国业已存在的农产品的产业间贸易合作基础之上，中印应进一步深化双方具有绝对或相对比较优势农产品的专业化分工，延展产业链，扩大产品的差异性，细分农产品市场，以使中印农产品在品种、规格、特点上形成多样化和差别化，从而拓展中印农产品的产业内贸易合作空间。

第三，将中印农产品贸易合作融入整个中印农业合作机制体系之中，尤其是将中印农产品贸易合作与中印农业科技合作、粮食安全保障、农业种质资源交换和农业信息交流等领域的合作有机地结合起来，形成联动共振的共赢性合作效应。

第四，搭建中印农产品贸易双边或多边的合作平台与交流沟通机制，比如通过形式多样的相互农产品展览展销活动或博览会等，挖掘尚未开发或未充分开发的中印农产品贸易合作潜力，以推动中印农产品贸易的进一步合作。

第五，通过进一步协调降低或减免中印双边农产品关税等措施，逐步开放双方的农产品市场，拓展市场空间，将潜在的互补性转化为现实的互利共赢性。

第八章

后金融危机时代中印科技合作[*]

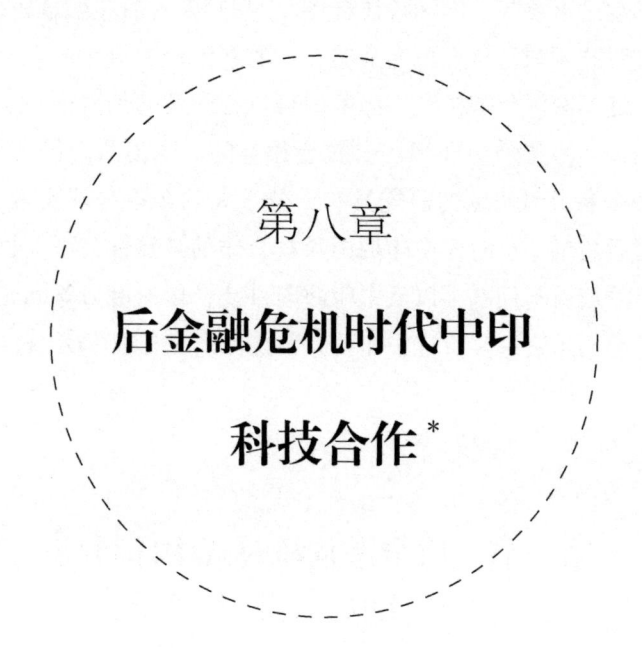

[*] 杨文武、李文贵:"后金融危机时代中印科技合作",《南亚研究季刊》2015 年第 4 期,第 80—86 页。

随着世界经济全球化进程的加快，科技国际化得以迅猛发展，中印两国也在不同程度上参与了国际科技合作。[①] 特别是自后金融危机时代以来，中印两国在科技领域已步入长期战略合作的新阶段，合作成就显著，合作的深度和广度不断深化与扩展，但两国科技合作潜力仍需进一步挖掘，所以对于如何进一步拓展中印两国科技合作空间、丰富两国科技合作内涵、挖掘科技合作潜力等问题的研究具有十分重大的理论与现实意义。为此，本章着力对后金融危机时代中印两国科技合作的必要性与可能性，中印科技合作取得的成就与问题，以及中印两国科技合作的潜力等问题进行了深入探究，并提出了进一步促进中印两国科技合作的对策建议。

第一节 后金融危机时代中印科技合作的必要性与可能性

一、后金融危机时代中印科技合作的必要性

（一）有利于更好地融入科技与经济一体化的时代潮流

美国经济学家丹尼森的研究表明，科学技术和教育已经成为经济增长

[①] 国际科技合作是指在国与国之间开展的科技交流和科技合作两方面的内容。科技交流侧重于科技情报与信息的交换，一般表现为科技人员互访、技术培训、专家咨询、信息通报、举办学术会议和科技成果展览会等；科技合作则侧重于科技项目的研究、开发和应用，一般包括对未知领域的基础性研究和应用研究，以及对某项技术的合作开发、转让和产业化等活动。

的内生变量,成为经济系统宏观性状变化的基本因素。然而,任何科技优势绝不会自然而然地形成竞争优势,只有在"生产过程成了科学的应用,而科学反过来成了生产过程的因素即所谓职能",① 进而使科技在融入经济系统并释放出巨大的经济功能的同时,形成了由经济社会科技化和科技经济社会化的双向互动所构成的现代"科技与经济一体化"社会与境②时,科技才能真正成为现实的"第一生产力"。为此,伴随着现代科技与生产一体化趋势的加强和一体化体系结构的出现,中印加强双边科技交流与合作,有利于推动国际科技交流与合作,加快经贸一体化和经济全球化发展步伐,更好地实现经济跨越式发展。

(二) 有利于减少对发达国家技术的过度依赖性

伴随着新技术革命浪潮的涌现,世界科技经济一体化进程逐步加快,中印两国都加速推进国际科技合作步伐。例如,2011年至2012年,印度积极开展国际双边或多边科技合作项目,与超过25个国家开展联合研究项目。③ 截至2009年底,中国已与152个国家和地区建立了科技合作与交流关系。④ 然而,由于目前欧美发达国家掌握了全球90%以上的核心技术,包括中印两国在内的广大发展中国家对外科技交流与合作对象绝大多数都是一些发达国家,而且越是技术密集性行业,对发达国家的技术依赖程度就越高。因此,中印两国有必要进一步强化双边科技交流与合作,以利于打破发达国家的技术垄断地位,从而减少对发达国家技术的过度依赖。

(三) 有利于进一步深化中印两国经贸关系

作为世界上最具市场潜力的两大新兴经济体,中印两国经贸关系在国际上具有重要地位。长期以来,中印经贸关系曲折发展,但随着印度对外贸易发生结构性转变,目前中国已跃升为印度第一大贸易伙伴,尤其是自

---

① 《经济学手稿》(1861—1863),《马克思恩格斯全集》第47卷,第570页。
② 刘冠军:"'科技与经济一体化'社会与境成因探析",《烟台大学学报(哲学社会科学版)》2006年第2期,第121页。
③ Annual Report 2011 - 2012, Government of India Department of Science & Technology Ministry of Science & Technology, New Delhi, pp. 247 - 248.
④ 《中国科学技术发展报告》2009年,第208页。

全球金融危机爆发以来，为避免经济全面衰退，实现可持续性发展，实现互利共赢之格局，加强中印两国（包括双边科技合作在内的）经贸合作成为必然选择。然而，中印双边贸易的总量与两国的经济发展水平、两国对外贸易总体水平相比极不对称，而中印科技具有较大的互补性与拓展空间，因此后金融危机时期加强中印两国科技合作，对进一步深化两国经贸关系具有重要意义。

二、后金融危机时代中印科技合作的可能性

（一）日趋成熟的中印关系为两国科技合作注入了新的动力

近年来，中印两国高层互动和民间交往日益频繁，经贸合作及人文交流不断丰富。2010 年 12 月，中印同意建立战略经济对话机制，确立 2015 年双边贸易额达到 1000 亿美元的战略目标。同时，双方决定建立两国国家元首、政府首脑定期互访机制，并开通两国总理电话热线，同意建立中印外长年度互访机制。此外，"中印经济发展与合作研讨会"以及"中国—印度经贸、投资与合作峰会"等一系列对话交流机制与合作平台，均对促进两国包括科技交流与合作在内的经贸关系发展产生了深远的历史与现实影响。

（二）科技大国战略实施使中印加强科技合作成为可能

除了在应对气候变化和构建经济新秩序等国际性问题方面具有共同的利益诉求外，同为世界发展中新型经济体大国，中印两国均把加强国际间科技合作作为各自科技发展的重要战略选择。例如，2009 年至 2010 年间，印度先后举行了 18 次各类国际科技研讨会和专题会议，进行了 520 次国际科技交流互访活动，参与了 416 个新的国际科技合作项目，支持了 500 余个国际科技在研项目。[1] 而截至 2009 年底，中国也先后与 97 个国家签订了 104 个政府间的国际科技合作协定；[2] 2010 年中国建成了一批国际联合

---

[1] Annual Report 2009 – 2010, Government of India Department of Science & Technology Ministry of Science & Technology, New Delhi, p. x.
[2] 《中国科学技术发展报告》2009 年，第 208 页。

研究中心与合作基地，使自身国际科技合作基地数量达 200 多家。[1] 由此可见，中印两国都致力于成为科技大国，不断加强国际双边或多边科技交流与合作，并将其作为科技发展的重要战略选择。因此，共同的区域乃至全球性科技发展战略使两国加强双边科技交流与合作具有现实可能。

（三）科技比较优势为中印科技合作与交流奠定了现实基础

据世界经济论坛《2011—2012 年全球竞争力报告》显示，在中印两国企业 R&D 支出国际比较排名中，中国领先印度 10 个名次（中国排名 23 位，印度排名 33 位）；中国的研发全时当量（FTE）[2] 人力是印度的 13 倍多（中国为 140.23 万，印度为 10.54 万），中国占据绝对优势。而中印两国在创新能力国际排名中，中国领先印度 12 个名次（中国 23 位，印度 35 位），中国的创新能力明显强于印度；在产学研合作方面，中国得分高于印度，中印全球排名分别为 29 和 50 位；在实用专利（每百万人口）方面，中国的得分也高于印度，全球排位分别为 46 和 59 位。[3] 然而，在科研机构质量以及科学家和工程师可用性这两项指标方面，中国的得分低于印度，全球排位也落后于印度。由此可见，虽然中国总体科技实力强于印度，但印度在某些指标上优于中国，中印科技竞争力存在着比较优势，且具有一定的互补性，这为中印两国开展跨境科技合作与交流奠定了现实基础。

第二节 后金融危机时代中印科技合作现状

一、后金融危机时代中印科技合作成就

（一）双边科技合作机制与合作平台已初步建构

20 世纪 80 年代末，中印在科技领域签订了两国政府间科技合作协定，

---

[1] 《中国科学技术发展报告》2010 年，第 234 页。
[2] 指全时人员数加非全时人员按工作量折算为全时人员数的总和。
[3] 资料来源：Global Competitiveness Report 2011-12, World Economic Forum。

而且双方举行了5次联委会会议，并确定了几十个科技交流与科技合作项目，两国有关部门还签署了20多项部门间科技合作协议和备忘录。2006年中印双方共同发表了《联合宣言》，促进科技领域合作再次成为两国关注重点。与此同时，2006年9月两国科技部在北京还签署了《科技合作谅解备忘录》，成立了部长级中印科技合作指导委员会。尤其是自2008年全球金融危机爆发以来，两国科技合作与交流得到进一步发展。这些举措不仅协调解决了双边合作中的战略性问题，用于指导两国科技合作发展路径，而且搭建了中印两国科技合作平台，提供了中印科技合作与交流的运行保障机制。

(二) 科技合作与科技交流领域不断拓展

自20世纪80年代以来，中印两国已在农业、生物技术、化工、医学、电子和新材料等领域加强了科技合作与科技交流。进入新世纪后，两国科技合作与交流已拓展到水利、空间技术、地震和纳米技术等领域，中印科技合作关系得到进一步深化与发展。例如2006年，中印双方就地震工程学、气候变化和天气预报、纳米技术、生物技术和制药等领域开展合作达成共识，[①] 而且目前两国在气候变化和自然灾害减灾、新能源开发等高技术领域的交流与合作方面也进行了有益的探索，并取得一定的成效。

(三) 金砖国家合作框架内的多边科技合作业已展开

长期以来，中国和印度的国际科技合作对象主要是发达国家，两国已分别与美国、英国、德国等发达国家建立了广泛而又深入的科技合作关系。相比较而言，中印两国双边科技合作关系度不深，且主要是在"金砖国家"框架内展开。例如在2011年9月大连夏季达沃斯论坛期间，"金砖国家"探讨了促进各国间科技、创新领域合作的方式，商讨了五国科技创新合作战略、优先领域及工作机制等议题，各方同意在科技创新重点领域

---

① 李学华："中印科技合作步入'快速路'——访印度驻华使馆科技官员沙玛先生"，《科技日报》2008年1月14日，第2版。

开展合作。① 在"金砖国家"框架内,印度在纳米技术领域与台湾地区开展合作,支持20项在研项目,并批准支持10项新项目,开发生物传感器和能源储存设备所需的高级纳米材料,还开发洪水预报系统等。② 2011—2012年度,"金砖五国"工作小组会议就双边和多边科技交流与科技合作提出了一些关键性建议。2013年,"德班行动计划"明确提出举行"金砖国家"的科技部长会议和科技高官会议,"金砖国家"合作框架为中印科技合作提供了良好的契机。

二、后金融危机时代中印科技合作存在的主要问题

(一)双方缺乏政治互信,阻碍了中印两国科技合作进程

国际经验表明,国际政治关系对国际科技合作发展产生着重要影响。尽管中印两国在文化上具有某些共同性,而且双方都具有增进彼此交流合作的意愿,并具有广阔的拓展空间,但中印两国关系长期隔绝疏远,两国在地缘政治上互为竞争对手,至今仍然缺乏政治互信,这对双方科技合作产生了一定的消极影响。例如,即使印度拥有一个庞大的电信市场且近年来市场发展迅速,但由于中印缺乏互信,华为在印度的投资屡遭冷遇与阻力;③ 而中国国家电网公司(SGCC)在印度设立基地的行动正式启动后,印度政府管理者因怀有戒心,对中国高科技企业进入其市场一直持消极态度。④ 因此,政治互信的缺乏,在很大程度上阻碍了中印两国的科技合作进程。

(二)双边科技合作机制尚不完善,运行绩效较差

从两国合作机制来看,在宏观层面上,尽管中印两国高层基本保持常态化的会晤机制,彼此也希望进一步深化双方的科技关系,扩大科技合作

---

① Annual Report 2011–2012, Government of India Department of Science & Technology Ministry of Science & Technology, New Delhi, pp. 260–261.
② Annual Report 2010–2011, Government of India Department of Science & Technology Ministry of Science & Technology, New Delhi, p. 242.
③ 兰晓萌:"中国高科技在印度遭遇战略性'过滤'",《华夏时报》2010年5月15日。
④ "印度欲修改行规 防范中国电企",《环球时报》2012年10月16日。

领域，但实质性的合作内容却不多。在中观层面，中印两国科技行政部门虽然成立了科技合作联委会，同时签订了相关科技交流计划，但是双方开展的实质性工作内容却相对较少。在微观层面，就两国基层科技单位和科技人员来看，中印双方合作尚处于起步阶段，合作空间巨大。因此，无论是在宏观层面、中观层面，还是微观层面，中印两国均缺乏有效的科技合作长效机制，且运行绩效差。即便是在中印两国科技部下成立了部长级科技合作指导委员会，但因组织较松散，加之非科技合作的消极影响，该委员会缺乏协调和保障机制，因此中印两国科技合作的深度和广度远未达到双方预期。

（三）科技合作成效不显著，合作潜力挖掘不够

首先，在科技项目的研究、开发和应用方面，尤其是对未知领域的基础性研究与应用，以及对某项技术的合作开发、转让和产业化等活动方面，中印两国科技合作领域内容有限，双方合作进行研究或开发的实质性项目较少。其次，中印两国在科技人员互访、技术培训、专家咨询、信息通报、举办学术会议和科技成果展览会等互动合作方面规模很小，数量不多。最后，尽管中印两国多个部门间曾签署了科技合作协议和备忘录，但其实质性科技合作不多，而且近20年来中印间也仅召开过5次科技合作联委会，与中美科技合作30年来已签署50多项议定书相比，中印科技合作与其发展中大国地位极不相称，中印科技合作水平明显滞后，两国科技合作领域有待拓宽。

（四）科技信息交流不充分，科技项目合作难以落地

国际科技合作重要的主体是相关工商企业，而各工商企业单位只有在充分了解彼此科技信息的前提下，才能决定是否要进入对方市场。然而，由于缺乏政治互信，中印两国关系长期隔绝疏远，两国工商企业界彼此对对方科研市场、科研信息、实验技术、工业化等技术信息和商务信息了解不充分，甚至缺乏获取对方科技信息的有效渠道，进而难以找到适合的科技合作项目以及可靠的科技合作伙伴。2006年，为了进一步促进中印学术交流，双方虽然同意推动建立"中印交流基金"以促进两国民间交流，但

总体来看，两国科技合作层次与水平均不高，许多科技合作项目更是难以真正落地。

第三节　后金融危机时代中印科技领域合作的路径选择

一、农业科技合作成为保障中印粮食安全的重要选择

首先，中印两国在农业科技方面各具比较优势，加强合作有利于解决粮食短缺问题。20世纪70年代以来，中国大力投资农业研发，尤其是着力培育高产量稻种。近年来，中国致力于依靠科技实现农业增量和农民增收，通过科技攻关取得了超级杂交水稻、三系杂交抗虫棉等重大创新成果，中国农业育种技术已达到世界领先水平，同时中国在航天育种方面也有着丰富经验并取得明显成果。近一个世纪以来，印度推行了4次农业科技革命，农业快速发展，但总体情况来看，印度农业粮食品种比中国少，粮食亩产量低。中国耕地面积比印度少，灌溉地面积与印度相当，但中国的粮食产量是印度的两倍。但印度转基因作物培育领域却有优势，[①] 同时印度进行了农业项目设计以解决农作物多样化问题，并进行了有机种植、开展初加工和系统有效的培训计划等，以提高农民劳动生产率并增加农民收入水平。[②] 因此可见，中印两国可以在农作物品种、转基因作物培育、农业项目设计与培训等方面开展实质性项目合作。

其次，印度农业机械化耕作技术略领先于中国，两国拥有诸多合作契机。近年来，中印两国都在大力推动城镇化进程，随着农村劳动力涌入城市，农业劳动力成本不断上升，中印两国农民逐渐开始广泛使用机械设备进行农业耕作。从农业机械化耕作程度来看，由于中印两国均存在土地耕

[①] 最近，印度农业部表示将继续支持转基因作物，这也为两国在该领域的合作创造了条件。

[②] Annual Report 2009–2010, Government of India Department of Science & Technology Ministry of Science & Technology, New Delhi, p. 191.

作分散、小块土地不利于机械操作等原因,因而与发达国家比较,两国机械化水平都不高,且往往难以推广。但是,从总体情况来看,印度农业机械化耕作略领先于中国,但随着中国土地制度的改革不断深入,土地流转制度逐步推进,其农业机械化进程将逐步加快。因而,中国可以借鉴吸收印度农业机械化耕作技术与经验。与此同时,近年来印度也在大力实施农业现代化,在未来若干年里,印度对大型农业机械设备的进口需求将逐年增长。据业内估计,印度农业机械设备的市场规模大约为66亿美元,这为制造精密农耕机械、收割机械、农作物产量测量设备、农作物卸料滑槽、涡轮喷水机和水泵的中国制造商提供了出口的大好机会。[①] 尤其是可以充分利用印度每隔两年举行一次国际农业机械展览会[②]的良好平台,进一步促进中印两国农业科技更好地交流与合作。

二、信息技术合作有利于中印 IT 服务业成功转型

总体来看,印度软件企业在项目管理、质量控制、语言环境等方面有优势,同时在软件开发成本低、高素质技术员工数量多、服务水平较为成熟等方面都具有竞争力。而中国在硬件方面则具有一定优势,在软件开发方面也具有人力成本低、技术员工数量多、市场发展迅速等特点。因此,两国在信息技术领域具有巨大的合作空间。

第一,增强中印两国信息技术人员的交流培训,构建合理的信息技术人才结构。中印信息技术人员交流培训业已开展。例如2005年,中方与印度软件巨头信息系统技术公司达成一致,每年派100名学生到班加罗尔,由 Infosys 公司提供信息技术方面的培训[③];而中国则成立了"中印合作办公室",旨在加强与印度软件企业的联系,帮助印度的软件企业更加了解中国软件市场,以扩大印度软件企业在中国的发展。事实上,长期以来,

---

[①]《中国机电出口指南》2006年9月18日。
[②] 此展会平台展出有关农业机械、畜牧机械、设施农业、农副产品加工机械、林业机械、园艺机械等多种农业科技产品。
[③] "印度软件需要中国硬件",《东方早报》2005年4月11日,http://news.sina.com.cn/w/2005-04-11/09245615213s.shtml。

印度制订了中长期人才培训计划，其培训内容广泛，且注重对经济落后地区的教育培训提供补贴、制订教育培训大纲和培训教材建设等事项；且通过印度相关高等院校、民办或私营培训机构、软件企业培训机构等组织培育软件技术人员。因此，中印需进一步加强信息技术人力资源方面的交流和培训，特别是增派中国信息技术人员前往印度参加相应培训，学习其软件工程技术以及管理知识，逐步形成"项目经理—系统分析员—软件工程师"合理的信息技术人才结构。

第二，增强两国在信息技术领域的项目合作，实现 IT 服务有效转型。现阶段，印度 IT 服务遭遇转型阵痛，印度 IT 企业发展路径将致力于由低利润劳动密集型的信息技术和后台服务，向通过知识产权获取收入方向转型；而中国市场软件需求量大，本土软件业难以跟上步伐。很多印度公司已经认识到，与中国合作能够实现双赢。进入 21 世纪以来，印度几家大型的 IT 服务公司已经开始涉足中国市场。为此，中国与印度可以在信息技术领域加强项目合作，尤其是可以利用印度（孟买）国际 IT 信息技术博览会的契机，扩大两国企业在 IT 和服务外包领域的合作，促进两国企业在信息技术领域内软件研发和硬件制造的强强联合，推动中印两国企业寻找潜在的合作机会。

由此可见，中印两国在信息技术领域合作可以发挥各自的比较优势，并通过 IT 高等教育、IT 职业教育以及 IT 企业培训机构等，进行联合培养、项目合作和合作机制建设，推进中印两国信息技术产业领域的交流与合作，以实现中印两国 IT 服务业的成功转型。

三、环保科技合作有利于促进中印经济可持续发展

据《2012 全球环境表现指数》[①] 显示，印度环境表现指数全球排名第 125 名，中国排名第 116 名。其中，就空气污染指标来看，在所调查的 132 个国家中，印度垫底，而中国则排在第 128 名。[②] 由此可见，中国和印度

[①] 2013 年由美国耶鲁大学和哥伦比亚大学联合发布。
[②] "印度每年因环境恶化损失 800 亿美元 占国内生产总值 5.7%"，http://www.zgqjmh.com/mation_show_7395.html。

在实现经济持续高速增长的同时，共同面临环境可持续发展的严峻挑战。

就比较优势来看，中国在环保技术总体上具有相对比较优势。例如，在膜过滤技术、细菌培植研究及曝气设备等领域，中国研发工作领先印度，中国环保企业可凭借其拥有的技术优势，对"三废"处理、监测及节能环保等提供优化方案，尤其是为印度本土低成本制造"三废"处理设备提供相关设计和技术方案。为此，中印两国以在印度孟买举行的 IFAT INDIA 印度环境保护博览会[①]为契机，加强两国在污水处理、废弃物处理与回收利用以及自然能源领域的合作，同时在废弃物管理以及环境技术价值链上的产品（包括固废管理、固废再生、水循环以及污水处理、空气污染物排放等）方面展开合作。此外，中印两国还可从增强应对气候变化的能力、加快建立低碳循环经济发展模式等方面携手，以解决两国在经济快速发展过程中出现的环境可持续发展问题。

四、能源科技合作符合中印两国共同的发展利益

随着中印经济的快速发展，中印两国已成为能源消费大国。目前中国成为全球第二大石油消费国，印度是第五大石油消费国。中印两国石油对外依存度逐年攀升，国际能源署预计到 2020 年时，中印两国石油对外依存度将分别达 77% 和 92%。基于这一现实，中印在能源科技领域加强合作符合两国共同的发展利益。事实上，在金融危机爆发前，中印两国在能源领域就开展了对话与合作。例如，2005 年 4 月，两国政府发表的《联合宣言》指出，双方同意在能源安全和节能领域开展合作，包括鼓励两国有关部门和单位在第三国协作勘探和开采石油天然气资源。2005 年 2 月，印方投资 2.43 亿港元入股中国燃气公司，两国上市公司之间首次开展了合作。而且，多边能源对话也成为中印进行合作的舞台。2005 年初，中国、日本、韩国和印度同意采取一致立场，共同应对"亚洲溢价"和石油安全问题。由此可见，中印两国能源领域的合作业已展开，并取得了初步的成效。当然，出于两国地缘、政治和经济等方面因素的考量，要实现两国包括能

---

① 该博览会第一届于 2013 年 10 月举行，此后每年举办一次。

源科技在内的能源领域的战略联盟建设也绝非易事。这是因为中印两国在全球范围内的能源领域必然存在着持久博弈,尤其是在东南亚、中亚和非洲地区的能源竞争更为激烈。

然而,从两国的国情和现实来看,在一定程度上加强能源合作则具有可行性,因为合作则双赢,竞争则两败,合作并不排斥竞争。双方在能源勘探和竞标等上游领域,能源开采和运输等中游领域,以及能源提炼、市场合作开发和能源资料披露等下游领域均可展开合作。同时,中印两国在开发可再生能源,尤其是风力发电、光伏发电、光伏电池、太阳能光热发电、地源热泵技术、地热能发电技术、生物柴油和燃料乙醇等液态生物能源生产技术、生物质能发电技术、小水电等技术领域开展能源科技合作也具有巨大潜力。

五、科研合作论文将成为中印科技合作的重要内容与方式

科研论文合作将是中印国际科技合作的重要内容和合作方式,但与世界上其他地区或国家相比,中印科技论文合作成效不显著,但其合作潜力巨大。

从合作对象来看,在区域层面,在1977年至2004年的20多年里,中国和印度均与欧洲、亚洲、美洲、非洲和大洋洲等开展过科技论文方面的国际合作。中国的主要合作对象是欧洲、美洲,分别占比36.66%和32.67%;其次是亚洲,占比为21.70%;再次是大洋洲;最后是非洲,几乎没有过合作。而印度主要的合作对象也是欧洲、美洲,其占比分别为41.56%和32.88%;其次是亚洲,占比为13.76%;再次是大洋洲,占比为2.27%(如图8—1所示)。不同于中国的是,印度与非洲的国际科技论文合作已取得了一定的成效,其占比为0.43%。[①] 在国别上,目前印度的

---

① 郭永正、梁立明:"中、印国际科学合作的地区结构比较",《科学管理研究》第25卷第6期,2007年12月。

国际科技论文合作对象以发达国家为主。如图8—2所示，① 美国在印度国际科技论文合作总数中所占比重为34.59%，居第1位，其次为德国（12.93%）、英国（12.53%）和日本（9.02%）等，而与中国科技论文合作数量不多，其比重仅为3.76%，位居第9位。

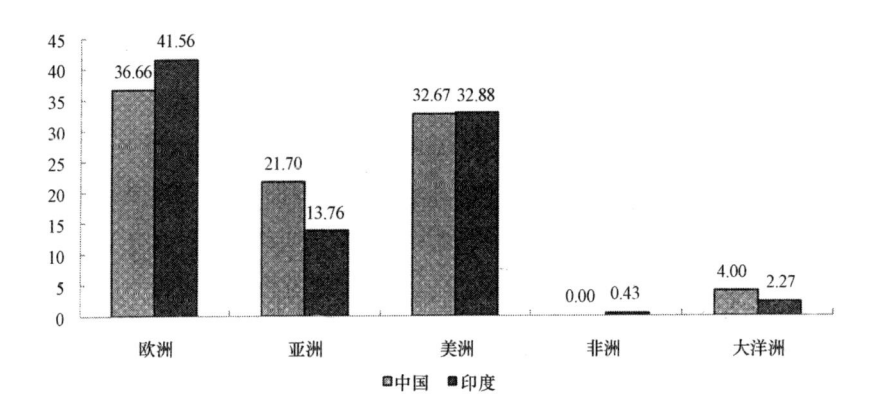

图8—1 中印分别与欧洲、亚洲、美洲、非洲和大洋洲等地区国际科技论文数占其国际论文总数的比重（%）

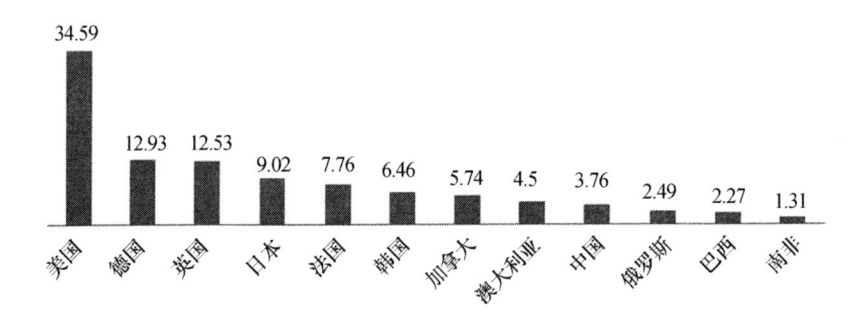

图8—2 世界各国在印度国际科技论文合作中所占比重（%）

从合作领域来看，在2004—2009年期间，印度在15个学科领域展开了国际科技论文合作，尤其是在物理学、医学、生物化学、遗传学和分子

---

① 印度中文网："中印经济科技差距有多大 中印科技对比"，2013年7月4日，http://www.indiacn.com/relation/16175.html。

生物、材料科学和化学等学科的国际科技论文合作方面取得了显著成绩①（如图 8—3 和表 8—1 所示）。

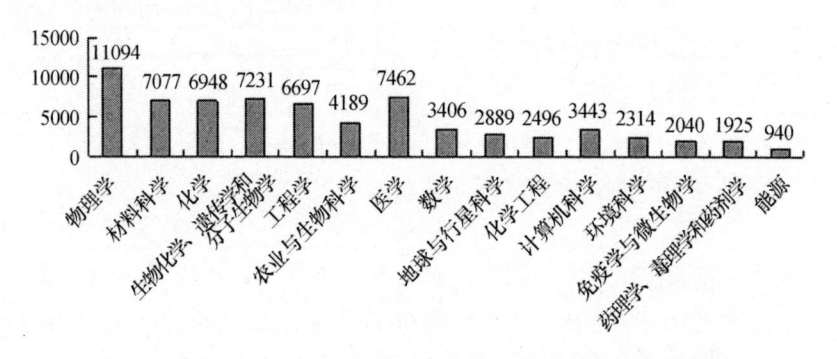

图 8—3　2004—2009 年期间印度国际科技论文合作数量（篇）

表 8—1　印度国际科技论文合作及中印国科技论文合作数量（篇）

学科门类	印度国际科技论文合作数量（篇）	中印科技论文合作数量（篇）
物理学	11094	706
材料科学	7077	149
化学	6948	140
生物化学、遗传学和分子生物学	7231	178
工程学	6697	141
农业与生物科学	4189	175
医学	7462	237
数学	3406	217
地球与行星科学	2889	98
化学工程	2496	60
计算机科学	3443	78
环境科学	2314	98
免疫学与微生物学	2040	61

---

① 印度中文网："中印经济科技差距有多大 中印科技对比"，2013 年 7 月 4 日，http://www.indiacn.com/relation/16175.html。

续表

学科门类	印度国际科技论文合作数量（篇）	中印科技论文合作数量（篇）
药理学、毒理学和药剂学	1925	55
能源	940	39

资料来源：印度中文网："中印经济科技差距有多大 中印科技对比"，2013年7月4日，http://www.indiacn.com/relation/16175.html。

但是，除了在物理学、数学、农业与生物科学、环境科学以及能源等五大学科领域的国际科技论文合作取得了一定的成绩外，中印国际科技论文合作数量不多、成效不大。这是因为，在2004—2009年期间，在物理学、数学、农业与生物科学、环境科学以及能源等五大学科中，中印国际科技论文合作数占相同学科印度国际科技论文合作总数的比重分别为6.36%、6.37%、4.18%、4.24%、4.15%；而在化学、材料科学、工程学、计算机科学和化学工程等学科领域，中印国际科技论文合作数占印度该类学科国际科技论文合作数的比重分别为2.01%、2.11%、2.11%、2.27%和2.47%（如图8—4所示）。

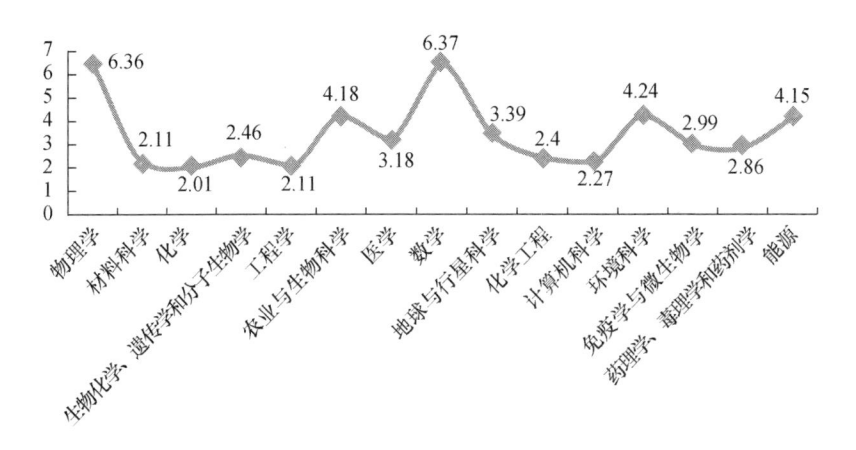

图8—4 2004—2009年期间中印科技论文合作数占印度该学科国际科技论文合作总数的比重（%）

由此可见，中印科技论文合作数量不多、成效不显著，两国尚有巨大的合作空间和潜力。中印两国需进一步增进信任，增强科研论文合作的广度与深度，以使中印在科技合作中实现共赢性发展。

第四节 后金融危机时代促进中印科技合作的对策建议

一、探寻中印科技合作最优模式，丰富两国科技合作内涵

如今，国际科技合作模式呈现多元化发展趋势。因此，在遵循从低级到高级、从简单到复杂的原则基础之上，应根据中印科技合作的现状、发展阶段以及合作广度和深度等实际情况，从宏观、中观和微观等不同层面和视角，选择中印科技合作的最优模式。

从宏观层面来看，在继续保持中印两国政治互信和高层常态化会晤机制的前提条件下，根据中印两国参与主体对国际科技合作的投入要素和产出成效以及合作地位的不同，可以采用互补型、互动型等模式。

从中观层面来看，在中印两国科技行政部门的指导下，应加强两国科研院所级合作，共建中印联合研究机构、合作研究基地与创新团队，促进中印两国高校、科研院所、企业、中介机构、政府部门等服务机构联合共建各类科技合作组织或载体。

从微观层面来看，需加强中印科技人员或人才交流，促进项目合作，尤其是在尖端人才培养、软件研发、国际服务外包、生物医药、空间技术、气候等领域加强合作，丰富其合作内涵。

二、实施中印两国人力资源合作计划，加强中印两国科技人员交流

科技人才是科学技术的核心载体。因此，中印两国应在政府主导下，通过科技考察、人才引进、国际会议、人才培养、信息交流、科技展览等交流合作方式，开展人力资源合作计划，促进中印两国科技人才的流动；通过科技专家互访的形式，支持中印两国研究人员的培训和职业发展。中印科技专家互访是实现技术合作与交流的最有效形式，而科技专家的引进则是中印科技合作技术交流或引进的最高级形式，并助推中印两国科技人才流动，有利于中印科技合作取得共赢性发展。除此之外，还可以通过引智、国际会议、人才交流与培养等交流与合作形式，促进中印科技人才交流，以较低成本引进对方国的技术和经验，促进中印两国科技的共同发展。

三、搭建中印两国科技合作平台，完善中印两国科技合作长效机制

为进一步促进中印两国科技合作发展，为科技合作与交流提供便利，有必要进一步搭建两国科技合作平台，建立两国科技合作的长效机制。

第一，建立两国科技研发中心。在中印部长级科技合作指导委员会的框架内，利用双方科技优势，建立两国科技研发中心，探寻新的研发合作项目，争取学术界和企业界的大力支持，就共同感兴趣的领域及具体项目展开研究。特别是可通过网络技术建立虚拟研发中心，为处理中印双方感兴趣的问题提供方便。

第二，举办中印双边科技研讨会。中印两国可以定期或不定期举行类似的科技研讨会，在信息传播、网络、人力资源以及符合双边共同利益的领域加强合作，为人才猎头、科学讲座、科学辩论等组织各种研讨会，举办科技展览，并以夏令营和冬令营等形式加强中印科技交流。

第三，创建中印科技发展基金。争取海内外关心中国科技事业发展的

团体、人士的支持和捐赠，通过奖励资助科技人员，促进学术交流、科学普及、人才培养，进而促进中国科技事业的繁荣和发展。①

第三，建立培训机构。在"金砖国家"框架内，印度、巴西、南非分别成立了联合培训学校。② 因此，中印两国同样可以建立此类联合培训学校，对双方所需人才提供有针对性的培训服务。

通过上述举措，积极搭建中印科技合作平台，建立两国科技合作的长效机制，从而进一步推动两国科技合作向纵深发展，挖掘两国科技合作潜力。

四、制订两国科技合作计划，开展两国科技项目合作

中印两国在市场规模、产业结构、技术水平和管理能力等方面具有一定的互补优势，这种比较优势为两国开展科技合作提供了可能和契机。通过有效的科技合作方式，利用外部技术资源获得经济增长所需要的短缺要素，并使其与本国的后发优势有机结合，在更长时期内保持经济的较高增长速度。因此，两国应加强政治互信，摒弃偏见，充分利用两国科技资源优势，从战略高度进行友好磋商，制订两国科技合作计划，针对两国共同关心的能源、水资源和环境保护等国际性问题开展相应的技术优先项目合作。中印两国作为人口大国，应在食品安全、优化农产品结构、提高人民健康水平等方面，加强生物技术方面的国际项目合作。作为新兴经济体，两国可以在产业升级、人力资源、信息技术、新材料技术和先进制造技术等方面加强项目合作，提升自主创新能力。在基础科学与前沿技术方面也可加强中印两国国际项目合作，同时包括在促进创新和技术转让上，在科技创新政策和项目的交换信息上，以及在可持续农业、气候变化和自然灾害减灾、新能源和可再生能源、能源保护、纳米技术、基础研究、空间技术、航空、天文学、地球观测、医学和生物技术、水资源和污染处理、高

---

① Annual Report 2010 – 2011, Government of India Department of Science & Technology Ministry of Science & Technology, New Delhi, p. 280.

② Annual Report 2009 – 2010, Government of India Department of Science & Technology Ministry of Science & Technology, New Delhi, p. 92.

新技术园区/科技园区和孵化器等领域也可以开展广泛的合作。与此同时，也可以通过研发项目合作，鼓励双方公私部门参与，提高科技转化率。可以预见，通过开展中印科技或科研项目的交流与合作，两国科技可持续发展的道路会愈加广阔。

第九章

后金融危机时代中印交通基础设施合作*

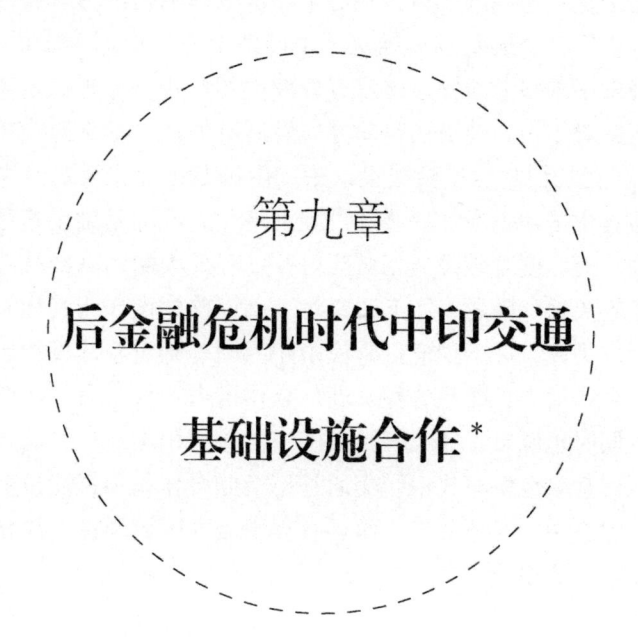

* 杨文武、贾佳:"后金融危机时代中印交通基础设施合作",《南亚研究季刊》2016年第1期。

基础设施是一国经济发展的基础，它的完善能够有效提高一国经济发展质效，特别是交通基础设施，其对于经济效率的提高有着直接作用。从全球竞争力来看，交通基础设施对于中印两个发展中国家来说都是软肋，其基础设施发展水平上与发达国家有着较大的差距，未来稳定和持续的基础设施投入，对于中印经济快速而健康发展有着巨大的保障作用。尽管自20世纪90年代加快基础设施建设以来，中国基础设施发展水平有了较大的提高，但是中国还需在加快基础设施网络化、西部基础设施建设发展等方面下功夫。而印度基础设施相对落后并已经成为制约其经济发展的一大瓶颈。为了解决这一问题，印度政府将基础设施建设作为其优先发展的重要领域之一。为此，后金融危机时代中印两国基础设施建设领域均有着巨大的发展与合作潜力，而且这种发展与合作潜力不仅来自中印两国市场的内在需求，同时也源自于亚太区域经济一体化进程不断加快的互联互通的外在需求。后金融危机时代中印交通基础设施合作，不仅能拓展中印经贸合作空间，促进中印经济发展，而且有利于亚太区域经济一体化进程中基础设施的互联互通建设。

第一节　后金融危机时代中印交通基础设施合作现状

一、中印交通基础设施合作的成效

(一) 中印交通基础设施合作共识日渐形成

1. 中印交通基础设施合作双边共识业已形成

第一，中印中央政府不断强调应加强中印基础设施合作。2005年温家宝总理对印度进行国事访问，双方宣布建立面向和平与繁荣的战略合作伙伴关系，并在此期间签署了《关于扩大中印两国间航空运输的谅解备忘录》。两国同意开放航空货运市场，同时双方航空公司客运航班可自本国境内地点始发至对方境内 6 个城市，航班也增加至 14 个。① 2006 年，前国家主席胡锦涛访问印度，双方发表了《联合宣言》，双方提出加强彼此在不同领域、层次的制度化联系和对话机制，并明确表示要充分挖掘在能源、交通和基础设施领域的合作潜力。2010 年 11 月，在印度新德里举办的第二次中印关系研讨会上，中方强调"加强两国在能源、农业、制造业、基础设施建设、信息技术等领域的合作"。② 2010 年 12 月，温家宝总理访问印度期间与印度总理辛格达成共识，同意建立中印战略经济对话机制。这一机制为中印在基础设施领域合作的深化以及基础设施领域合作问题的解决提供了机制保障。而且，在 2011 年 9 月第一次中印战略经济对话中，双方在务实的基础上仔细讨论了两国基础设施领域的现状和合作前景，并一致表示要加强在该领域的合作，还特别强调了在铁路建设方面的优势互补和互利合作。2012 年 11 月第二次中印战略经济对话中，双方在基础设施领域合作的意愿进一步加强，还签署了联合研究、铁路、软件、工业能效等部门间的合作备忘录和总额达 48 亿美元的企业间双边投资意向协议。③ 2014 年 3 月第三次中印战略经济对话中，双方就"加强基础设施、信息技术、节能环保、能源及金融等领域合作充分交换了意见"。④ 2013 年 5 月，李克强总理对印度进行国事访问时，希望加强双方在相互投资、贸易、基础设施等领域的合作，实现优势互补，以巩固中印战略合作伙伴关系。而印方表示欢迎中国企业赴印投资，参与印度基础设施建设，进一步加强两国企业间的工程承包合作。在此基础上，双方签署了《中印联合

---

① "2002—2012 年民航大事记"，中国民航网，2012 年 11 月 8 日，http://www.caacnews.com.cn/newsshow.aspx？idnews =205899。
② "共创和平与繁荣"，新华网，http：//news.xinhuanet.com/world/2010 - 11/01/c_12726676_ 3.htm。
③ "第二次中印战略经济对话在印度举行"，中华人民共和国国家发展和改革委员会网站，2012 年 11 月 27 日，http：//www.sdpc.gov.cn/xwfb/t20121127_ 515628.htm。
④ "第三次中印战略经济对话举行"，发改委网站，2014 年 3 月 18 日，http：//finance.sina.com.cn/china/bwdt/20140318/172318542249.shtml。

声明》，双方在声明中同意加强铁路合作，包括重载运输和车站发展等内容。

第二，中印地方政府及其他组织积极推动中印交通基础设施合作。随着两国中央政府对合作的推动，中国地方政府利用各自的优势，积极同印度开展包括交通基础设施在内的对外合作和交流。例如，2008年11月，云南省在印度新德里举行了经贸推介会，在该推介会上，通道经济建设成为中印交通基础设施合作的亮点。通过发展中印航空运输合作，以及云南经缅甸到印度的陆海通道，双方过境贸易得以便利化，从而推进了昆明至加尔各答经济走廊建设。2010年11月，广东省联合香港在印度新德里举办了"2010粤港—印度经济技术贸易合作交流会"，在此次交流会中双方签订了各种合作项目，总金额达到55.17亿美元，[①]创造了历年来中国地方政府与印度经贸合作金额最大的一次。这些合作项目涉及信息技术、基础设施、农业、化工、环保、物流、服务外包等领域。而广东省鼓励广东企业在能源、矿业和基建方面扩大与印度的合作，香港对于双方在民用航空领域的合作成果表示赞赏，并要求继续推进在该领域的合作。2011年4月，四川（印度）经贸合作推介会在印度新德里召开，四川就新一轮西部大开发有关政策和经贸合作机遇向印方做了介绍，双方就加强信息技术、生物制药、食品加工及基础设施等领域的对接合作进行了交流，在这次会议中，双方达成了20亿美元的贸易与投资合作项目。[②] 2012年在沈阳市贸促会和印度驻华大使馆的合作下召开了中印贸易投资研讨会，在该会议上，印度的IT、医药、工程、汽车、汽车配件等领域的15家知名企业与辽沈地区铁路、公路、水泥、城建、钢铁、能源、风能、太阳能、汽车、垃圾处理、通信及工程领域等的62家企业进行对接与交流，研讨合作项目及其合作领域。[③]

与此同时，印度地方政府及组织也主动出击，寻求与中国的多方面合

---

① "粤港—印度经贸交流会举行 黄华、华曾荫权发表演讲"，中华人民共和国中央人民政府网，2010年10月28日，http://www.gov.cn/gzdt/2010-10/28/content_1732069.htm。
② "四川（印度）经贸合作推介会展示川印合作机遇"，中国新闻网，2011年4月26日，http://www.chinanews.com/gn/2011/04-26/3000031.shtml。
③ "中印贸易投资研讨会在沈举行"，中华人民共和国商务部网站，2012年2月24日，http://www.mofcom.gov.cn/aarticle/resume/n/201202/20120207981670.html。

作。例如，从2005年开始由印度中国经济文化促进会、印度中小工商总会主办的"中印投资贸易研讨会"，每年都会选择一个城市举办，历次会议上都强调在电信、能源、基础设施等领域加强双边合作。中印经贸科技联合小组会议不断落实《中印全面合作五年规划》的工作计划，在历次的会议中，多次提到加强中印基础设施领域的合作。

2. 中印交通基础设施多边合作共识不断扩大

第一，中印是亚洲地区的两个大国，在经济全球化以及区域集团化不断发展的趋势下，中印两国都在谋求加强包括交通基础设施在内的区域合作。例如，孟中印缅地区合作论坛就是中印在南亚地区加强合作的背景下产生的，随着中印以及中国和南亚其他各国在贸易、投资、经济合作领域的快速增长，中国与南亚地区落后的交通基础设施，成为阻碍中国和该地区进一步合作的重要因素。从历次的孟中印缅经济合作会议来看，各国政府、企业、学者等都积极倡导加强孟中印缅地区交通基础设施合作，而且很多学者也对孟中印缅交通路线的选择、可行性、必要性进行了详细和深入的分析。

第二，中国与印度不仅是亚洲新兴经济体国家，而且同属"金砖国家"，"金砖国家"会晤机制为中印交通基础设施合作提供了重要平台。例如，在2012年"金砖国家"会晤中，讨论了成立"金砖国家开发银行"的可能性，以促进"金砖国家"和其他发展中国家基础设施和可持续发展领域资金筹集；[①] 2013年的"金砖国家"会晤中，金砖各国同意成立金砖国家开发银行，促进基础设施融资，并签署了《非洲基础设施联合融资多边协议》，以加大"金砖国家"对非洲基础设施建设的投资，支持非洲基础设施可持续发展，加强"金砖国家"和非洲在基础设施领域的合作。在金砖国家经贸部长第三次会议上发表了《金砖国家贸易投资合作框架》，该合作框架明确提出了基础设施和工业发展合作，其主要内容包括在基础设施领域加强经验和信息交流，鼓励本国企业积极参与"金砖国家"的基础设施建设发展和工业化，并相互开展技术合作，以及分析"金砖国家"

[①] "聚焦金砖国家领导人第四次会晤重要成果"，新华网，2012年3月31日，http://news.xinhuanet.com/world/2012-03/31/c_111727170.htm。

企业合作承揽国际大型基础设施的可能性。①

第三,中印俄首脑会晤机制也为中印交通基础设施合作提供了重要平台。中印俄首脑会晤促进包括交通基础设施在内的合作内容从务虚逐渐走向务实,并且中印俄三边达成包括丝绸之路经济带和建设亚欧大陆桥在内的多种实际性的合作。尤其是在中印俄三方会晤机制下举行的中印俄三国工商会会议,将基础设施列为三国交流的重点领域。

第四,实现亚洲经济一体化一直是包括中印在内的亚洲各国共同的夙愿,而亚洲地形复杂,宗教、文化等各不相同,使得各国交通联系并不紧密,加之各个国家经济发展水平差异大,各国交通基础设施发展水平呈现出较大的差距。当前,在联合国和亚洲开发银行等一些国际组织的推动下,中印相继加入"亚洲公路计划"、"泛亚铁路网计划"等交通基础设施合作建设计划之中。

(二) 中印交通基础设施合作初显成效

1. 公路基础设施合作成为中印交通基础设施合作的重点领域

印度拥有庞大的公路网,而且其公路在交通运输中占据着重要的地位。然而,印度的公路基础设施却较为落后。印度60%的货物运输和87%的旅客运输是由公路运输承担的,印度的国道承载了公路运输的40%,但是在国道中两车道占了国道总里程的52%,四车道以上只占国道总里程的25%。② 而且,印度公路运输效率较低,运输成本较高。中国在公路建设上有着丰富的技术和经验,2005年温家宝访问印度后,中印公路建设合作不断展开,2005年中国龙建路桥股份有限公司在印度承建了古吉拉特邦一部分公路项目,工程造价6500万;2008年该公司又与喜马偕尔邦签订了两个标段的公路施工项目,合同总金额达1.1亿美元,主要包括路基石方、桥涵和沥青路面工程。③ 目前中印在公路建设领域签署了合作备忘录,

---

① "金砖国家第三次经贸部长会议发表联合公报和《金砖国家贸易投资合作框架》",中华人民共和国商务部网站,2013年3月27日,http://www.mofcom.gov.cn/article/ae/ai/201303/20130300068116.shtml。
② Annual report 2010-2011, Ministry of Roads Transport and Highways, New Delhi, 2011.
③ "龙建路桥公司印度喜马偕尔邦公路项目正式开工",中国公路网,2008年6月12日,http://www.chinahighway.com/news/2008/258665.php。

2010年9月印度交通部长卡迈尔·纳特接受中国媒体访谈时透露,目前中国在印度公路建设领域已有部分涉足,有9家中国企业正在参与印度6条总额约248亿卢比的公路建设,包括4个海德拉巴至班加罗尔与2个分别位于喀拉拉邦和古吉拉特邦的BOT项目。①

2. 铁路基础设施合作在两国政府的重视下逐渐迈开步伐

改革开放以来,中国大力开展铁路建设,经过几十年的发展,在铁路建设方面拥有了先进的技术和丰富的经验,在世界高速铁路大发展的背景下,目前中国高速铁路营业里程超过1.6万公里,稳居世界第一。② 1853年,印度第一条铁路正式开通,其也成为亚洲第一个拥有铁路的国家。伴随英国对印度铁路的大力支持,印度铁路建设飞速发展,到印度民族独立前就拥有了较宽广的铁路网,但印度民族独立后,铁路基础设施发展缓慢。目前存在的问题有:铁轨不统一、铁路电气化程度不高、机车运行速度低、车站现代化程度低以及铁路部门机构臃肿等等。为了推进印度铁路基础设施建设,印度工业联合会从1995年就开始举办印度国际铁路技术设备展,通过在印度设展览吸引铁路技术发达的国家到印度参展,从而在展览中引进先进技术和设备。据2011年第九届印度国际铁路论坛报道,印度目前在建铁路项目233个,包括钦奈和孟买城铁、加尔各答地铁、铁路电气化、铁路桥等,总投资约46亿美元。③ 2011年9月的第一次中印战略经济对话中,中印铁路建设合作第一次被明确提了出来。2012年11月,第二次中印战略经济对话中,双方就中印铁路合作进行了深入的交流,并签署了中印铁路建设合作备忘录。2013年5月,李克强总理访问印度,中印双方提出了中印铁路合作的具体领域,中印铁路合作成为中印经贸合作的新亮点,在联合声明中,双方同意在重载运输和车站建设等方面加强

---

① "印度交通部长谈中印公路建设合作",中华人民共和国商务部网站,2010年9月24日,http://www.mofcom.gov.cn/aarticle/i/jyjl/j/201009/20100907155866.html?803907529=2687717843。

② "中国高速铁路营业里程稳居居世界第一",人民网,2015年1月30日,https://www.baidu.com/link?url=eFsjgE5h_XUIOU0ayvDSBvR8iuJ0IeHl3EGYg_EvKIGt8MKmI2kqlDfYjxs0JddtlwrWoN4FBWtxCYFt0In0vvwDNGzSTKixwdB2bqNzRfq&wd=&eqid=d78d85e1000028f200000003565dbcaf。

③ "2011年第九届印度国际铁路技术设备展览会",中国模具钢材网站,2011年9月1日,http://www.chinamoldsteel.com/news/9333801.html。

合作。

3. 民用航空基础设施相关领域成为中印合作的重点

中国和印度都拥有庞大的人口，随着两国经济发展和生活水平的不断提高，对民用航空的需求也在逐渐增大，促进了中印两国在民用航空领域运输量的飞速增长，其中 2006—2011 年中国民用航空客运量增长了 83.13%，印度增长了 95.89%、2006—2011 年中国民用航空货运量增长了 59.53%，印度增长了 64.29%。[①] 民用航空基础设施主要包括机场、航管，以及机场到中心城市连接的交通配套设施等方面。为了满足日益扩大的需求，中印正在日益完善其民用航空基础设施建设。目前，中印在该领域的合作仅局限于机场建设中分包的一些小项目，或者是连接机场到中心城市的交通配套设施。例如，上海城建集团承建了新德里地铁机场快线项目，这个项目是该集团在印度的首个 EPC 总承包项目，合同金额约 7000 万美元。[②]

二、中印交通基础设施合作中存在的主要问题

（一）中印双边交通基础设施合作取得的实质性成果较少

1. 缺乏统一的中印双边基础设施合作交流机制

中印双方基础设施领域均有各自的国际合作机制。例如，中国自 2010 年开始，每年都举办国际基础设施投资与建设高峰论坛，以此来推动国际基础设施领域的合作。印度同样也举办印度航空展览会、印度海事展览会、印度国际混凝土兼工程机械展览会、印度国际工程机械与技术展览会等一些基础设施领域的展（博）览会等。这些交流机制基本都属于单方面的。

随着中印经贸合作的快速发展，中印双边经贸合作机制建设的步伐在

---

① 数据来源：根据《中国统计年鉴 2012》和 17th Annual Report 2011 – 2012，Airports Authority of India 整理所得。
② "俞正声同志视察上海城建集团新德里地铁机场线项目"，中华人民共和国驻印度共和国大使馆经济商务参赞处，2008 年 10 月 19 日，http://in.mofcom.gov.cn/aarticle/jmxw/200810/20081005838785.html。

不断加快。例如，目前有中印关系研讨会、中印战略经济对话、中印经贸科技联合小组会议以及"金砖国家"领导人会晤等制度机制。但是，即便是上述相关机制中涉及中印双边交通基础设施合作机制，但其相关内容、结构、规范等一些方面还需要不断地建设和完善。

2. 中印地方政府及其他组织在双边交通基础设施领域的合作不成熟且缺乏稳定性

中国地方政府如云南、四川、辽宁和广东在基础设施领域与印度都有一定的合作。但就其合作机制而言，中国地方政府与印度的合作还不成熟且缺乏固定性；同时受地方政府领导人换届、地方政府发展战略的影响，这种不稳定性将会更加凸显。目前，由于地理上的优势，云南省的做法要好于其他省，尤其是2012年云南成立了中国—南亚博览会，这将给中印在交通基础设施合作方面提供一个新的平台。同时，随着云南省与西孟加拉邦合作论坛的成熟，中印省邦在交通基础设施领域的合作也将更上一层楼。然而，中国其他省份如四川、辽宁以及广东等省市仅举办了一些投资贸易推介和交流会，而且印度作为四川对外承包工程的重要市场，到目前都没有建立双边基础设施合作交流制度机制。

（二）中印双边交通基础设施合作领域狭窄、合作方式单一

1. 中印交通基础设施合作不平衡、民用航空和港口领域涉及较少

从总体上看，中印在交通基础设施上的合作并不多，且主要涉及公路建设和少许铁路建设。从结构上来看，中印在交通基础设施领域的合作是不平衡的。中国对印度的基础合作项目多，印度对中国的基础设施合作项目较少（当然也有突破，例如印度基础设施租赁和融资服务有限公司于2011年12月收购了重庆渝合高速公路有限公司49%的股权，这个项目成为首例中国高速公路建设的全球性融资，印度驻华公使表示，该合作体现出中印在经济交往中不断增长的活力）。[①] 这其中主要的原因是中国经济发展较快，政府高度重视基础设施建设，经过几十年的发展，在基础设施领域各个方面积累了丰富的经验；而印度正处于基础设施大发展阶段，国内

---

① 《今日印度》，印度驻华大使馆，2011年12月，第26—27页。

的资金、技术、管理、人才远远不能满足发展的需求。从合作内容来看，中国在印度公路建设上已经有了较大的发展，尤其是在铁路建设的合作上，印度已经开始引进中国的高铁设备和技术，但是在民用航空和港口领域则涉及较少。中国在港口基础设施发展方面比印度领先很多，单从集装箱吞吐量来看，2011年全球十大港口集装箱排名中，中国有6个港口进入前十，而且排名第一的上海港的集装箱吞吐量达到3173.9万标准和（TEU），这个吞吐量是印度主要港口集装箱吞吐量总和的4倍。[1] 印度95%的对外贸易都是经过海运，而且近年来对外贸易迅速发展，对港口吞吐能力以及相关基础设施的要求越来越高。然而，在蓬勃发展的印度港口建设中，中国却很难分到一杯羹，印度很多港口招标都明令拒绝中国公司投标。例如，2011年印度海运部计划对24个港口扩建及吞吐量建设项目进行全球招标，然而明确提出了基于国家安全原因，印度海运部将不考虑西亚地区以及中国公司参与印度国内的港口项目[2]等等。这严重阻碍了中印在港口基础设施建设合作方面的深入开展。

2. 中印双边交通基础设施合作方式呈单一性

从合作方式来看，中印交通基础设施合作方式呈单一性，以工程承包为主，在交通基础设施融资、咨询、管理领域上的合作几乎没有。交通基础设施不只涉及建设，其中的融资、咨询、管理在交通基础设施中属于知识密集型项目，属于高收益部分，目前这方面均被发达国家知名的基础设施公司或投资咨询公司所垄断。

（三）中印多边、区域、次区域交通基础设施合作不够深入

1. 中印多边交通基础设施合作主要集中于非洲

从中印多边交通基础设施合作现状来看，中印区域外多边交通基础设施合作主要集中在非洲，而且其合作内容也主要通过金砖国家会晤机制展开。中印联合俄罗斯、巴西、南非成立了金砖国家开发银行，为了更好地

---

[1] 数据来源：上海国际航运研究中心《全球港口发展报告（2011）》和《印度基础港口统计2010—2011》。

[2] "印度借口安全问题拒绝中国承接印度港口项目"，中国国际海运网，2011年7月8日，http://info.shippingchina.com/bluenews/index/detail/id/82212.html。

加强"金砖国家"同非洲基础设施合作,还签署了《非洲基础设施联合融资多边协议》。尽管已经达成中印交通基础设施区域外多边合作协议,但是这些合作尚处于初步的协商之中,还有很多需要完善的地方,而且目前达成的一些协议还没有用到实践当中。如何开展在非洲的交通基础设施合作项目,如何对非洲交通基础设施进行联合融资,如何联合投标、建设、管理等都将成为中印在非洲交通基础设施多边合作中需要不断探索和面临的问题。

2. 中印区域、次区域交通基础设施合作缺乏统一规划

中印区域交通基础设施合作主要是指中印在区域一体化合作中的交通基础设施合作。区域化的交通基础设施合作,不仅涉及跨区域的公路、铁路、航空、港口、信息网络、能源网络等"硬"件基础设施的建设和连接,而且还包括区域基础设施合作和共同发展制度、框架、机制等"软"件基础设施的完善。亚洲一直在仿效欧洲,希望成立一个类似欧洲经济共同体的亚洲经济共同体,然而基于亚洲人口众多、内部经济发展不平衡、宗教民族矛盾复杂等一些原因,到现在并没有出现一个真正意义上的亚洲共同体。但是在市场的主导下,亚洲经济一体化发展步伐在不断加快。1992年联合国亚太经济社会委员会首次提出泛亚洲基础设施计划,该计划最重要的是亚洲陆地交通基础设施发展计划,包括亚洲公路计划、泛亚铁路网计划,以及同构多式联运站的陆路交通便利化项目三个主要部分。[①]中国和印度都是该计划的成员,然而在这些项目的合作上,各国只关心本国的基础设施建设,特别是印度,对于区域、次区域基础设施发展缺乏合作共识。中印作为亚洲大国,在区域基础设施发展规划、制度完善、机制建设等一些方面应该发挥应有的作用和影响。

在亚洲次区域合作计划中,孟中印缅区域经济合作得到各国的积极响应,经过十多年的发展,也取得了较大的成就。但是,孟中印缅经济走廊中的通道建设涉及中印争议地区以及印度的敏感地区,所以孟中印缅通道建设合作进展缓慢。

---

① 亚洲开发银行研究院编,邹湘、智银风等译:《亚洲基础设施建设》,社会科学文献出版社2012年版,第16页。

第二节　后金融危机时代中印交通基础设施合作的影响因素

一、促进中印交通基础设施合作的积极因素

（一）中印在交通基础设施发展中具有互补性

1. 中印在交通基础设施发展水平上具有互补性

中国于20世纪90年代中期开始进行大规模的交通基础设施建设，"要致富，先修路"这一句谚语不仅成为中国开始大规模交通基础设施建设的代表名言，现在还成为许多发展中国家加大交通基础设施建设的一句响亮的口号。经过几十年的发展，中国基本形成较为完善的交通基础设施网，基础设施曾经是中国经济发展的"瓶颈"，现在俨然成为中国经济发展的"助推器"。同时，中国也在基础设施规划、设计、融资、建设、管理、咨询等方面积累了大量的经验。印度从20世纪90年代实行经济改革以来，基础设施一直处于供给不足的状态。进入新世纪，印度经济飞速发展，基础设施供需缺口越来越大。到目前为止，印度除国道条件稍微好点外，其他公路等级非常低；铁路电气化程度低，铁轨不统一，设备技术老化；港口集装箱化程度不高，港口处理货物能力不足；机场航站楼、停机坪不够，空中管制技术不发达，机场与城市中心交通连接性较低。中印完全可以在该领域进行合作，利用中国在交通基础设施领域的经验和技术，推动印度交通基础设施的改善和发展。

2. 中印在交通基础设施建设经验、技术以及咨询服务上具有互补性

从具体上来说，由于中国地形地貌复杂，中国的交通基础设施都经历了各种地质环境的考验。中国在公路和铁路建设上拥有世界一流的技术。从公路建设来看，中国是世界上拥有桥梁和隧道最多的国家，在建设水平上得到国际公认。从铁路来看，中国拥有8000多公里的高速铁路，并且成

为世界上高铁运营速度最快、里程最长、系统技术最完整的国家。[①] 目前中国的高铁技术正在大范围向外输出,不仅泰国、缅甸、巴基斯坦等发展中国家在积极引进中国高铁,而且包括美国、俄罗斯等国家均提出了借鉴或引进中国高铁的意向,并签署了相关合作文件。

当然,中国交通基础设施建设的市场潜力也是巨大的,现在中国交通基础设施面临的挑战就是各种交通基础设施的互联互通以及交通基础设施的现代化,目前各种交通基础设施项目陆续推出,并积极推动私人和外商投资。例如,2011年印度基础设施租赁和融资服务有限公司收购了重庆渝合高速公路有限公司49%的股份,该项目将推动中印两国在交通基础设施领域的新一轮合作。同时,印度从20世纪80年代初就开始对外提供咨询服务,具有较强的海外技术咨询服务能力,有很多咨询机构还成为世界银行、亚洲开发银行、联合国发展机构的代理公司,而且这些咨询公司还广泛在英国、美国和中国等国家建立咨询服务中心。[②] 相反,中国在海外技术咨询服务上还比较弱,中印可以加强在这方面的合作,推动中印在交通基础设施技术咨询服务领域的发展。

3. 中印在交通基础设施建设市场相互需求强烈

从中印在各自交通基础设施建设项目来看,中国普遍欢迎印度大力投资其基础设施建设项目,特别是在新一轮西部大开发中,大量的新建交通基础设施以及网络化需要大量的资金投入。同时,印度为解决经济增长瓶颈,也制订了大规模的基础设施建设计划,而且多次向中国推荐其大规模的基础设施发展计划,表示希望中国能促进其基础设施水平的提高。因此中印交通基础设施市场相互需求较为强烈。

(二) 亚洲区域经济一体化为中印交通基础设施合作带来新契机

1. 亚洲交通发展计划需要中印在未来开展更多的合作

区域经济一体化作为经济全球化发展过程中的一种次优选择,成为当今国际经济关系的一个亮点。亚洲经济的欣欣向荣,使得亚洲成为世界经

---

① "中国铁路'走出去'进入设备输出阶段",网易新闻网站,2011年2月11日,http://news.163.com/11/0211/11/6SK0MDQ100014AED.html。
② 文富德:"印度企业'走出去'的经验与教训",《当代亚太》2004年第5期,第50页。

济关注的焦点。近年来,亚洲各大国包括中国、印度、日本、韩国等,纷纷提出促成亚洲区域经济一体化,成立与欧盟和北美自由贸易区类似的亚洲经济共同体,以提高亚洲在国际经济社会的地位,构建新的国际经济格局。然而,亚洲地域广袤,各国经济水平差异大,要在贸易自由化的基础上实现亚洲区域经济一体化,首先要解决的就是亚洲各国家和各地区的交通联系问题。联合国亚太经济社会委员会在1992年提出了泛亚洲计划,该计划实际上就是亚洲地区区域交通基础设施连接计划,由三个主要部分组成:亚洲公路计划、泛亚洲铁路网计划以及陆路交通便利化。在这三个项目中,中国和印度分别是亚洲公路计划和泛亚洲铁路网计划的参与国。目前这几个项目都取得了一定的发展,但是各国的交通连接性发展还不够。随着亚洲经济的发展,特别是中印两国的崛起以及联合国对这几个项目支持力度的加大,中印在泛亚洲计划中的合作机会将会越来越多。

2. 孟中印缅经济走廊建设将直接推动中印交通基础设施合作

除了国际组织积极倡导亚洲交通基础设施发展以外,目前亚洲的一些区域、次区域合作组织也大力提倡亚洲交通合作。孟中印缅经济合作组织近年来倡导建立孟中印缅经济走廊。为了实现这一目标,扩大孟中印缅这一地区经济合作,孟中印缅贸易通道建设被广泛提上了议事日程。沟通中印两大经济区的陆路贸易通道主要有两条:一条是西藏到印度的贸易通道;一条是云南到印度的贸易通道。前一条贸易通道,随着乃堆拉山口的开放以及中印战略伙伴关系的建立,关于这条贸易通道的交通基础设施的规划和建设正在迅速展开。[1] 对于后一条贸易通道,目前中缅孟之间的交通基础设施正处于积极的建设中,印度近年来提出了"东向战略",印度东北部作为印度东向的窗口,目前也提出了要大力发展基础设施建设的目标,同时印度东北部正在争取印度政府的支持,积极谋求对外延伸公路和铁路的可能性,以实现印度与东亚和东南亚的对接。[2]

---

[1] 陈继东主编:《中印缅孟区域经济合作研究》,巴蜀书社2009年版,第215页。
[2] 蒋茂霞:"浅析印度东北部地区发展的机遇与挑战",《东南亚南亚研究》2010年第4期,第59页。

二、制约中印交通基础设施合作的消极因素

（一）边界问题影响中印双边、区域和次区域交通基础设施合作的进程

中印边界全长约两千公里，中印建立共和国后不久，中印边界问题争端越演越烈，直至爆发了 1962 年的中印边界冲突。该冲突的爆发给印度带来了非常大的影响，由边界冲突引起的关于对国家安全的过度重视，在战争过去半个多世纪的今天仍然延续着。对于交通基础设施合作而言，印度对于外国，特别是中国、巴基斯坦等参与边境甚至北部和东北部建设，都格外慎重，有的项目虽然是外资投资管理局核准的项目，但往往会受到来自印度军方或国家安全部门的考察，还有一些项目甚至在竞标之前就明确规定不接受中国公司的投标。这些"敏感地区"使得中印在该地区交通基础设施的合作受到阻碍。同时，印度的北部和东北部地区又是泛亚洲计划的一个重要地区：从北部经巴基斯坦，印度可以将自己的公路和铁路与中东、中亚、西亚连接相通；从东北部，印度可以将其公路和铁路与东南亚和中国连接相通。但是，因为印度与巴基斯坦、中国的政治关系不太稳定，边界争端较大，所以联合国的泛亚洲计划在这一地区的实施经历着比较大的挑战。近年来，孟中印缅区域经济合作，在通道建设合作上，同样受到来自印度的消极参与、行动缓慢、缺乏规划的影响。

（二）印度国家安全审查阻碍了中印交通基础设施合作的进程

国家安全是一国稳定和繁荣的基础，按其内容可以分为国家政治安全、国家经济安全、国家军事及国防安全。[1] 印度国家安全委员会对中国企业提出了一系列国家安全审查，主要就是通过考虑国家经济安全和国防安全展开的。从具体上来说，印度针对国外企业的经济活动主要考虑其是否涉及"敏感地区"和"敏感行业"。"敏感地区"一般包括克什米尔、

---

[1] 中华人民共和国商务部：《中华人民共和国反垄断法理解与适用》，法律出版社 2007 年版，第 266 页。

查谟、东北地区,以及靠近原子能源、空间和保卫装置及边界的地区。"敏感行业"包括电信设备制造、基础设施等等行业,涉及部门有航空、港口、海运和电信部门。① 这也解释了为何中国在印度北部和东北部修筑公路时,总会引起印度军方和战略家的担心,以致其向政府施压。由于这些地区在大范围内属于印度的"敏感地区",其敏感主要来自于对边界安全的考虑,中印边界冲突的影响仍然深埋于印度人的心里,在这一地区进行交通工程建设势必会让印度人小心谨慎。因此,基础设施行业作为印度安全审查的"敏感行业",对于中国企业的审查更是屡见不鲜,特别是在港口和机场领域,中国港湾建设集团、和记黄埔公司就印度港口建设投资遭到印度的拒绝。印度国家安全审查到目前仍然是一个不成文的制度,这种不规范性、缺乏透明度的做法,已经严重影响到外资的积极性和经济效率,成为中印交通基础设施进一步合作的阻碍。

(三)发达国家在交通基础设施行业的垄断不利于中印在该领域的合作

从全球基础设施建设现状来看,交通基础设施建设占据了总建设项目的1/4左右。目前,欧、美、日等发达国家不仅占据着基础设施产业的支配地位,而且还占据着基础设施国际工程承包建设和设计的主导地位。从前者来看,发达国家跨国公司支配了全球基础设施产业的国际化投资,在2006年基础设施产业100强跨国公司中,共有64家来自欧美发达国家。② 从后者来看,根据2012年美国工程新闻记录发布的225家国际工程承包商排名,中国有52家企业进入225强,其海外总收入为647.585亿美元。印度只有4家企业进入225强,分别是Larsen&Toubro公司(排名第58名)、Punj Lloyd公司(排名第79名)、Ircon International公司(排名第150名)、M/s. Afcons Infrastructure公司(排名第216名),这4个公司海外总收入为35.41亿美元。中印56家最大承包商海外总收入仅为682.995亿美元,然

---

① Eagle Eye On FDI – Concerned about national security – the Centre plans a law to make foreign investment terror – proof, Puja Mehra, India Today, September 18th 2006.
② 侯仕军:"基础设施产业外资问题研究",《国际经济合作》2009年第8期,第16页。

而排名第一的德国 HOCHTIEF AG Essen 公司海外总收入就达 318.7 亿美元，[1] 中印在国际最大承包商总体排名中处于靠后的位置，其海外收入与发达国家有着明显的差距。除此之外，中印在国际工程设计上与发达国家的差距更大，从 2012 年国际工程设计企业 200 强中来看，中国有 20 家企业进入了排名，然而排名最靠前的中国水电工程顾问集团公司，其海外工程设计收入仅 3.46 亿美元，排名第 41 名。印度更为落后，没有一家企业进入排名。[2] 这些都说明西方发达国家在基础设施领域处于垄断地位，中印在未来基础设施的发展和合作上面临着巨大的挑战。

第三节 后金融危机时代中印交通基础设施合作对策建议

一、构建中印交通基础设施合作机制

当前，尽管中印双方在基础设施领域均有各自的国际合作机制，但中印没有构建统一的交通基础设施合作机制。即便是中印双边经贸合作机制建设中涉及中印双边交通基础设施合作机制，但其相关内容、结构、规范等方面还需要不断地建设和完善。因此，中印需建立统一完整的交通基础设施合作机制，以协调处理并解决交通基础设施合作中涉及的诸如土地征用、审批制度、签证制度等一系列问题。与此同时，还需充分利用中印之间业已建立的其他相关交流机会，落实基础设施合作中遇到的系列问题，以减少对合作项目的影响。尤其是需要充分利用中印业已建立的边界问题"特别代表制度"、联合工作小组、边界问题专家委员会等交流机制，以利

---

[1] The top 225 international contractors, ENR, August 30, 2012, http://enr.construction.com/toplists/Top-International-Contractors/001-100.asp.

[2] The top 200 international design firms, ENR, July 23, 2012, http://enr.construction.com/toplists/Top-International-Design-Firms/001-100.asp.

于加强信息沟通、专业咨询、双方立场协调,将边界问题在中印双边、区域和次区域基础设施合作中的影响降到最低,以促进双方在这些地区的边界交通建设、第三亚欧大陆桥西南段通道建设以及孟中印缅经济走廊建设中的交通基础设施的合作进程。

二、充分发挥中印企业在交通基础设施合作上的积极主动性

企业是中印交通基础设施合作的主体。中印相继在各个五年规划中推出了交通基础设施项目,这些交通基础设施建设项目中蕴含着巨大的合作潜力。对于中国来说,目标就是加快交通基础设施网络化和现代化建设,大力推进西部交通基础设施的完善。为了弥补资金上的不足,中国正在向国际组织和外商企业等引进资金,这里的很多项目都准备采取PPP模式,并且有较高的资本回报率,印度企业可以对这些项目多加了解,经过详细评估后选取优良项目。对于印度来说,中国企业目前在印度市场有所涉足,但印度还是习惯性地选取西方国家的建设商以及其先进设备。中国企业在印度市场首先应该站稳脚跟,把已有项目的建设水平做好,积极邀请印度主管基础设施项目的部门检查、参观,进行各种方式的技术和经验交流,使得中国建造、中国技术的品牌效应在他们心中扎根。与此同时,中国企业需积极做好对印度市场的调研,印度交通基础设施项目众多,有的属于中央项目,有的属于邦项目,有的属于中央和邦共管项目,中央和地方邦在政策环境、法律环境、商业环境方面都有较大差异,这些归属地的不同往往会给项目的建设带来直接的影响,所以要求中国企业在投标该项目时,要花大量的时间和资本在前期的市场调研上。

三、创新中印交通基础设施合作方式

随着中印高铁合作步伐不断加快,中国企业应该更加注重工程咨询的发展,对于整个工程项目建设来说,工程咨询属于高附加值部分,该领域

大多被西方发达国家垄断，中国企业还比较落后。同时，中国企业还应该注意对项目后期的工程进行管理和维护。例如，在高铁建成后，其后期的管理以及设备维护十分重要，这需要中国企业在建成后，积极培养相关技术人才，以保障设备安全运行。除此之外，目前中国企业在印度的港口和民用航空基础设施领域的合作阻力依然很大，在这一时期，中国企业仍然不能放松对这些领域的关注。随着中印关系的不断改善，以及印度对该领域限制的进一步放松，中国企业在该领域将会有突破性增长，这段时期中国企业可以通过和其他国际大公司合作，或者承包一些分包项目来寻找这些领域的突破口。与此同时，2011年印度基础设施租赁和融资服务有限公司收购重庆渝合高速公路有限公司49%的股份，开启了中印在交通基础设施领域的新一轮合作，也为印度企业向中国正在进行的大规模高速公路建设、高速铁路建设、现代化港口和机场的建设等基础设施投资和融资提供了新机会，并带来丰厚的收益。由此可见，中印在公路基础设施方面合作较多，在其他交通基础设施方面的合作较少，但是中印交通基础设施合作需不断创新合作方式并拓宽合作的领域。

四、拓展中印交通基础设施合作空间

（一）加快孟中印缅经济走廊中的交通基础设施合作

2013年5月，李克强对印度进行国事访问，在与辛格总理的会谈中，双方共同倡议建设孟中印缅经济走廊，推动中印两大市场紧密连接。中印在孟中印缅区域经济合作中起着主导作用，这一利好消息有助于将孟中印缅区域经济合作从地方层面上升为国家层面。建设孟中印缅经济走廊，必须深化孟中印缅区域经济合作，孟、中、印、缅四国之间的经济互补性较强，目前的贸易量较少，交通基础设施落后是重要的原因之一，所以目前的当务之急是加强孟中印缅之间的交通联系。从具体措施来讲，一是为了促进孟中印缅经济走廊的建设，四国可以在孟中印缅地区经济合作论坛下成立孟中印缅交通基础设施合作论坛，借鉴中国与中亚地区各国交通基础设施合作经验，每年各国交通部长会参会并协调各国交通基础设施建设。

二是目前连接四国的主要陆路通道为"史迪威公路",但该公路年久失修,公路等级较低,且经过中印边界争议地区,这需要中印未来在这一通道建设中搁置争议,加快这一地区交通基础设施的协调建设。该地区没有铁路,未来需要孟中印缅四国加强铁路的统一规划。三是这一地区的交通基础设施建设属于第三亚欧大陆桥和泛亚洲计划西南通道部分,在孟中印缅区域经济合作论坛中可以邀请联合国、亚洲开发银行主管交通的专家和学者参会,积极借助联合国、亚洲开发银行等国际组织对通道建设的支持和经验,如安全跨境交通模式、综合性口岸管控、口岸简化程序等等。[1] 多方应积极协调地区交通基础设施建设,统筹规划,中印在合作中应该发挥大国作用,促进孟中印缅交通网络化的形成,从而提高这一地区的经济发展水平。

(二) 推动金砖国家内部交通基础设施发展

随着经济全球化的发展,中国和印度作为正在崛起的发展中新型大国,不仅要在亚洲发挥重要作用,例如推进亚洲通道建设,促进亚洲一体化的发展,最终形成亚洲自由贸易区,而且还应在整个发展中国家和不发达国家中发挥应有的作用,从而促进发展中国家和不发达国家的经济发展,使得这些国家在国际社会中享有更多的发言权。2009 年"金砖国家"举行首次会议,并成立了"金砖国家"领导人会晤机制。"金砖国家"虽然较其他发展中国家在基础设施水平上要高一点,但相对于发达国家,其基础设施还十分落后,供需失衡的现象普遍存在。其中,印度就存在基础设施建设严重不足的问题,而南非和巴西的基础设施水平也有待提高。在 2012 年第四次"金砖国家"领导人会晤中,提出了建立金砖国家开发银行,为"金砖国家"基础设施建设解决资金不足的问题,目前"金砖国家"已经达成协议。交通是经济发展的"先行官",交通的改善对于促进国内、国际贸易有着直接的作用,可以在金砖国家开发银行中成立金砖国家交通基础设施专用基金,让专业团队进行管理,对各国申请的项目进行

---

[1] "孟中印缅经济走廊四方联合工作组举行首次会议",央广网,2013 年 12 月 18 日,http://news.cnr.cn/native/city/201312/t20131219_ 514442619.shtml。

详细的市场调查和市场评估，从而推动"金砖国家"内部交通基础设施的发展。

（三）进一步加快中印在非洲交通基础设施需求市场的合作

非洲对于中印和其他"金砖国家"来说是一个大市场，中国从新中国成立以来就与非洲保持着良好的关系，与非洲的基础设施合作也经历了从 20 世纪 50 年代的无偿援助、提供贷款到 60、70 年代的投资建设，再到 80、90 年代至今的大规模工程承包为主、多种合作方式并存的过程。截至 2011 年，中国在非洲 51 个国家援助建设了约 270 个基础设施项目，项目类型包括桥梁、道路、港口、机场、电力、通讯设施等，其中交通基础设施近 140 个，电力设施约 60 个、通讯设施 70 个。[①] 印度在非洲的交通基础设施建设早于中国，在 19 世纪印度人就跟随英国人在非洲修筑公路、铁路。印度从民族独立到冷战结束，对非洲以非物质援助为主，经济援助的规模和力度较小。冷战结束，拉奥政府进行市场化改革，对非政策发生转变，政府主张建立以经济、技术和教育合作为基础的新型关系，其中经济合作为重点。[②] 2011 年，印非贸易谈判时，印度辛格总理提出印非关系三大支柱，包括能源建设、技术转移、贸易和基础设施的发展，印度把与非洲的基础设施合作提到了国家层面的高度。为此，中印应加强彼此在非洲基础设施领域的合作，2013 年"金砖国家"签署了《非洲基础设施联合融资多边协议》，并一致同意成立金砖国家开发银行，这是一个很好的契机。中国和印度在非洲市场有着各自的优势，中国在资金、建设技术等方面有优势，印度在与国际组织关系、本土化经营、竞争规范等方面有优势，中印目前需要相互学习，加强沟通和合作。2012 年，非盟通过了《非洲基础设施发展规划》，项目涵盖了能源、交通、信息通讯和跨境水资源四大领域，投资总额为 3600 亿美

[①] 王胜文："中国援助非洲基础设施建设的经验与展望"，《国际经济合作》2012 年第 12 期，第 7 页。

[②] Ruchita Beri, "India's African Policy in the Post-cold War Era: An Assessment", Strategic Analysis, Vol. 27, No. 2, (Apr-Jun 2003), p. 219.

元。其中2012—2020年优先发展计划项目约680亿美元,从领域分配看,能源领域占59%、交通领域占38%、水资源领域占2%、信息通讯领域占1%。[①] 目前,非洲在这一计划中资金缺口超过50%,中印可以从这一项目入手,制订行之有效的联合投融资计划。

[①] 邢厚媛:"把中非基础设施合作的机遇转变为现实",《国际经济合作》2012年第12期,第14页。

第十章

后金融危机时代中印货币合作[*]

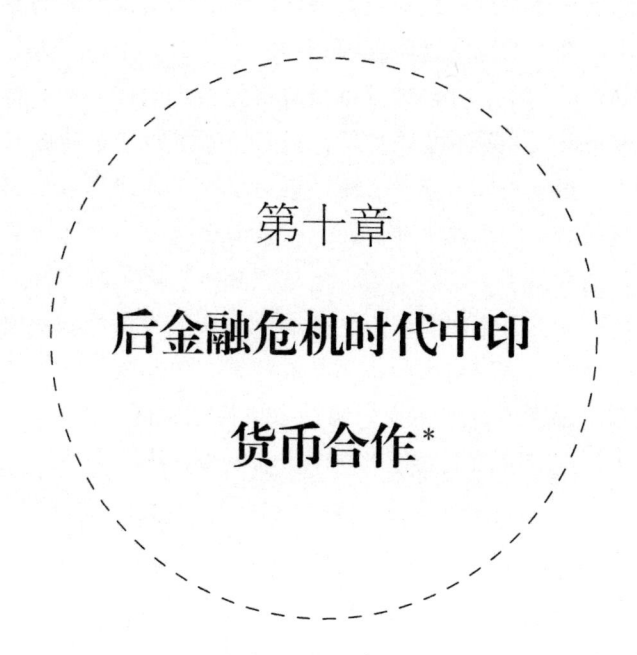

[*] 马先仙、杨文武:"后金融危机时代中印货币合作探析",《南亚研究季刊》2013年第4期,第68—73页。

2008年美国金融危机爆发后，现行国际货币体系的弊端不断显现，特别是处于国际货币体系外围的新兴经济体所享有的货币权利与其在世界经济格局变迁中所拥有的国际地位极不相称。为了对处于中心地位国家的货币政策形成必要的约束，并消减其货币政策的溢出效应，同时也为了更好地保障与其经济实力相称的货币权益，新兴经济体如"金砖国家"间的货币合作成为这些国家共同的愿望。而一年一度的"金砖国家"领导人峰会是各国进行货币合作的重要平台。而且，目前中国与"金砖国家"各成员国的货币合作都取得了一定的成效，但与"金砖"成员国之间的货币合作发展并不平衡，尤其是中国与印度之间的货币合作发展相对缓慢，并不尽如人意。为此，本章试图对中印货币合作现状，中印货币合作的必要性与可能性，以及中印货币合作面临的制约因素等相关问题进行系统性研判，为中印之间更加广泛、深入的货币合作认知创造条件。

第一节 后金融危机时代中印货币合作现状

一、中印已经开始建立双边直接货币联系

尽管中印双边货币合作还未实质性地开展，但是在中印双边经济往来中已经开始由完全使用国际货币向使用本币转变。一是中印在本币贷款业务上取得了突破。例如，2011年9月，在中国工商银行印度分行开幕当天，印度外部商业借款高级别协调委员宣布，允许印度企业借入总额不超

过 10 亿美元的人民币贷款,以帮助企业以更低成本融资。① 至此,人民币成为印度官方继美元、欧元、日元及英镑之后,第五种核准的海外借款货币。二是中印在本币结算业务上也取得了一定的突破。例如,2013 年 8 月 1 日,总部设于上海的汇丰银行(中国)透露,在印度为一家制药公司提供了人民币结算服务,这是印度首笔跨境贸易人民币结算业务。② 人民币成为印度的海外借款货币和中印跨境贸易的人民币结算,表明了中印之间建立直接货币联系的起步,这为开展中印货币合作奠定了基础。

二、中印共同促成了金砖国家间货币合作的发展

2008 年金融危机爆发后,基于维护共同利益、摆脱危机困境的需要,"金砖国家"间加强了国际货币合作。2009 年 6 月"金砖"四国领导人在俄罗斯举行首次会晤,即首次峰会,其重要成果之一就是承诺推动国际金融机构改革,提高新兴市场和发展中国家在国际金融机构中的发言权和代表性。2010 年 4 月第二次金砖四国峰会在巴西召开,四国领导就世界经济形势、国际金融体系的改革等问题阐述了看法和立场,并发表联合声明。同年"金砖国家"和其他国家推动"二十国集团"成为国际经济协调与合作的主要平台,共同推动了世界银行和国际货币基金组织的改革。至此,"金砖国家"合作机制初步形成。2010 年 12 月,南非作为正式成员加入"金砖国家"合作机制。2011 年 4 月"金砖国家领导人第三次峰会"在中国三亚举行,五国领导人强调在相互贸易中实行本币结算。在这次会上,中国国家开发银行、巴西开发银行、俄罗斯开发与对外经济活动银行、印度进出口银行和南非南部非洲开发银行共同签署《金砖国家银行合作机制金融合作框架协议》。根据该框架协议,5 家银行将研究在"金砖国家"之间利用本地货币融资的可能性。2012 年 3 月 28 日至 29 日,在印度新德里召开了"金砖国家"第四次峰会,继续敦促世界银行和国际货币基金组织的改革,谋求设立自己的合作开发银行——金砖国家开发银行。在这次

---

① "中印人民币跨境结算中国出口商避汇率风险",http://finance.sina.com.cn/roll/20110921/044310513611.shtml。
② "印度进行首笔跨境贸易人民币结算业务",http://finance.chinanews.com/fortune/2012/08-01/4075724.shtml。

会议上,"金砖"五国的国家开发银行又签署了《金砖国家银行合作机制多边本币授信总协议》和《多边信用证保兑服务协议》,意在稳步推进"金砖国家"间本币结算与贷款业务,这是"金砖国家"金融合作的又一大突破。2013年3月26日至27日,"金砖国家领导人第五次峰会"在南非德班举行,本次峰会决定建立金砖国家开发银行,筹备建立金砖国家外汇储备库,并成立工商理事会。这标志着"金砖国家"的合作从宏观的政治合作走向了经贸方面具体务实的合作。①

但无论如何,相对于中国与俄罗斯、巴西、南非等其他"金砖国家"的货币合作而言,中印货币合作进展缓慢。首先,无论是中印本币贷款业务还是本币结算业务的开展,其起步都晚于中国与其他"金砖国家"相应业务的开展,且限制较为严格。比如印度允许企业借入人民币贷款总额的最高额度仅为10亿美元,而中国向巴西企业人民币借款单笔业务就可能不止10亿。其次,中印两国官方机构的货币合作还没能有效开展。而早在2012年8月,中国商务部部长陈德铭在新德里出席工业会议时就表达了中国乐意与印度签订货币互换协议的愿望。② 时至今日,印度也没有与中国签订货币互换协定。因而,中印货币合作进程缓慢,成效并不显著。

第二节 后金融危机时代中印货币合作的必要性与可能性

一、中印货币合作的必要性

(一)中印货币合作是中印两国改变在现行国际货币体系下被动局面的共同需要

1. 在现行国际货币体系下,中印货币地位与其国际经济地位不对称

现有国际货币体系是以美元为中心,欧元、日元为主要国际货币,中

---

① "金砖五国建千亿美元应急基金中国拟出410亿",http://finance.sina.com.cn/world/20130328/023914976011.shtml。
② 中国商务部长陈德铭:"乐意与印度签订货币互换协议",http://roll.sohu.com/20120828/n351659356.shtml。

印等外围国家为非国际货币发行国。而这一国际货币体系是建立在 20 世纪 70 年代初期的世界经济格局基础之上的，当时中国和印度在世界经济中所占份额极低。但自 20 世纪 80 年代之后，中印两国都走上了一条改革开放之路，其经济都经历了一个持续快速的增长过程，经济总量在世界经济中的份额也持续增长（如图 10—1 所示）。例如，2011 年中印两国 GDP 占世界 GDP 的比重分别达到 15.6% 和 5.6%，两者之和超过了现在的国际关键货币发行国——美国的 19%。

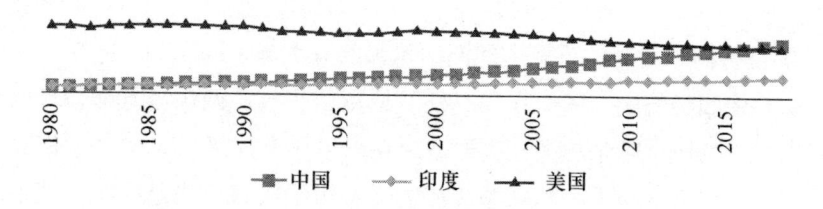

图 10—1　中、印、美三国 GDP 占世界 GDP 的百分比（%）

在两国经济实力上升的同时，两国的经济开放度不断提升，与世界经济的联系也日益加强，尤其是对外贸易高速增长（如图 10—2 所示）。到 2011 年，中印两国进出口贸易占世界进出口贸易的比重分别达到 9.93% 和 2.09%。中印引进外商直接投资占世界外商直接投资的比重分别达到 8.13% 和 2.07%，中印对外直接投资占世界对外直接投资的比重分别达到 3.84% 和 0.87%。①

然而，中印两国货币在国际货币体系中的地位却并没有得到明显提升，美元在国际货币体系中的地位也没有相应下降。这就使得当今的国际货币体系与其赖以存在的世界经济格局之间存在着明显的错位。这种错位的结果是国际货币发行国与非国际货币发行国之间的权利与义务不对称，即处于中心地位的美国攫取了更多的利益，而中印承担了过多的成本。

---

①　根据联合国贸发会议 FDI 数据库数据计算。

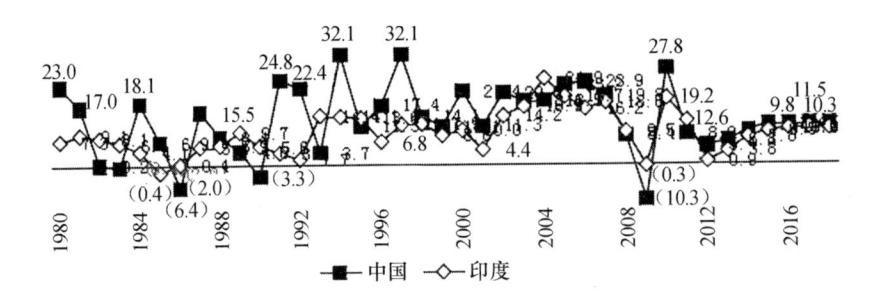

图 10—2　中印两国货物与服务出口数量的年增长率（%）

2. 现行国际货币体系下中印两国付出的成本越来越大

随着中印经济实力的增强和对外开放度的提高，两国因其非国际货币地位而付出的成本越来越大，主要表现在以下三个方面。

第一，损失的铸币税越来越多。国际铸币税收入应当是一个广义的概念，包括海外的货币发行收入以及政府债券获得的廉价融资收入。[①] 首先，中印两国进出口贸易额占世界进出口贸易的比重越来越大。而中印对外贸易几乎都以外币标价、结算，成为国际货币发行国海外货币发行收入的重要来源。其次，中印都是货币发行国政府债券的重要持有者。中国目前是世界最大的官方外汇储备拥有国，也是美国国债的全球最大单一持有国。截至 2013 年 6 月，中国外汇储备达到 34966.86 亿美元；截至 2013 年 7 月底，中国持有 12773 亿美元美国国债。截至 2012 年末，印度外汇储备也保持在 2920.46 亿美元的高位。由此可见，中印成为当今主要国际货币发行国尤其是美国国际铸币税的重要承担者。

第二，在国际大宗商品市场上的地位尴尬。中印两国随着经济高速增长和对外开放度提升，对能源商品、基础原材料等大宗商品的需求快速增长。2011 年初级产品在印度货物进口中占 53.1%，其中仅燃料进口就占到其货物进口总额的 38.5%。同年，中国初级产品进口也占到其货物贸易进口总额的 34.7%。2013 年 9 月，中国石油进口量已超过美国，中国成为世界第一大石油进口国。目前世界市场的大宗商品一般都以美元标价，因此

[①] 张宇燕："美元化：现实、理论及政策含义"，《世界经济》1999 年第 9 期。第 17—25 页。

世界市场的大宗商品价格往往随着美国货币政策的变化而大幅度波动。这不利于中印这样的大宗商品需求大国的经济发展。从微观层面看,大宗商品价格的波动会增加相关企业的成本控制难度;从宏观层面看,大宗商品价格大幅度上涨,容易导致中印两国国内的成本推动型通货膨胀,而大宗商品价格大幅度下降,又容易导致物价水平总体下跌,甚至出现诱发性通货紧缩。

第三,货币政策的自主性日趋削弱。一方面,美国作为国际货币发行国,其货币政策影响着国际市场流动性:当美国实行扩张性货币政策时,国际市场流动性充裕;反之,国际市场流动性紧张。另一方面,中印作为当今国际货币体系的外围国家,两国货币与美国美元的汇率都需保持相对稳定。① 因此,中印两国的货币政策不可避免地受到美国货币政策的影响,且基于中印经济实力的增强和对外开放度的提高,这种影响会越来越大。

自2000年美国股市泡沫破灭,美国实施扩张货币政策,大量资本流入包括中印在内的新兴经济体,导致了中印在2002—2008年上半年间外汇储备迅速增加(会增加货币发行)和国内抑制经济过热的货币政策(要求紧缩货币)之间的冲突。② 2008年金融危机爆发后,美国实施了量化宽松货币政策,由此造成的流动性充裕大量涌入包括中印在内的新兴经济体,不仅造成中印两国的外汇储备仍居高位(如图10—3所示),而且推高了其国内资产价格上涨。自2013年以来,美国国内经济有所好转,美国可能退出量化宽松货币政策,于是防范美国退出量化宽松政策可能导致的国际资本大规模撤出新兴市场风险又成为当务之急。事实上,2013年7月至8月间的印度卢比大幅度贬值③就是在这样的背景下发生的。而应对货币贬值采取的紧缩政策,对于目前经济增速下滑的印度而言无疑是雪上加霜。

---

① 虽然中印两国目前在名义上都是实行的有管理的浮动汇率制度,但无论是中国还是印度,保持本币与美元汇率的相对稳定都是十分必要的。
② 马先仙:"中印汇率制度改革对比研究——基于'三元悖论'视角,《南亚研究季刊》2010年第12期,第70—75页。
③ 从7月1日的59.149卢比兑1美元跌到8月28日的68.3611卢比兑1美元,贬值幅度达到15.57%。

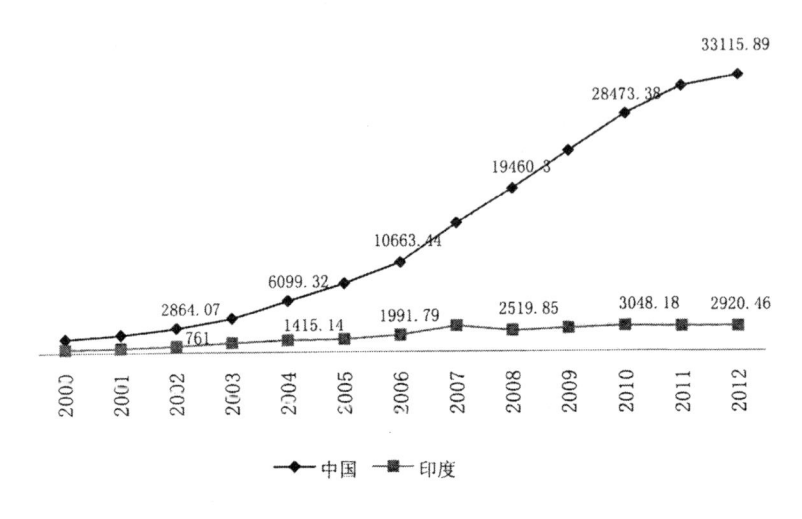

图 10—3 中印外汇储备变化（亿美元）

3. 中印货币合作有助于改变中印两国的被动局面

首先，中印之间通过开展本币结算业务、本币贷款业务，可以减少中印两国的美元使用量，降低对美元的依赖，从而降低美国货币政策对中印经济的冲击。其次，中印货币合作有利于提升中印两国在国际货币体系改革中的话语权，对国际货币发行国的货币政策可能形成一定程度的制约，也有利于促成国际货币体系改革朝着有利于中印经济发展需要的方向发展。

（二）中印货币合作是促进两国经济合作，拓展两国经济发展空间的需要

1. 中印货币合作能通过降低两国货币兑换成本和汇率风险达成

中印货币合作有利于降低甚至消除中印经济交往中的兑换成本和汇率风险。比如，若中印经济交往实现了本币结算，那么中印经济交往中的货币兑换环节就减少了，货币兑换成本随之降低，同时中印经济交往也不受主要国际货币汇率波动的影响；若中印货币合作发展到使用共同货币阶段，则中印经济交往就不再需要货币兑换，没有货币兑换，也就没有了货币兑换成本和汇率风险。货币兑换成本和汇率风险一旦降低甚至消除，必然推动中印经济交往加深，促进中印经济合作大发展。

2. 中印货币合作取向与政策措施本身有利于推进经济合作

欧元诞生之后，以建立统一货币区为目标的货币合作的研究得到重视，人们不仅研究货币合作的条件与方式，而且关注货币合作本身对经济的推动作用。弗兰克尔（Frankel）和罗斯（Rose）提出的最优货币区标准内生理论就认为，各国（地区）的货币合作取向与政策措施本身就能够提高相互间的经济一体化程度。从某种意义上讲，推进货币合作也成为推进区域经济合作，获取区域经济合作带来的诸多好处的一种手段。2008年金融危机爆发以后，美、欧等发达市场需求萎缩，为了寻求新的增长点，中印之间强化了经济合作，货币合作是其中的一个重要方面。

二、中印货币合作的可能性

区域货币合作是建立在成员国间的经济、货币联系基础之上的，经济、货币联系的发展程度在相当程度上决定着货币合作的形式与层次。从经济联系看，现有理论认为成员国间经济相互依存度和经济的相似度越高，进行货币合作的可能性越大，否则则相反。从货币联系看，货币联系越密切，国际货币合作的可能性就越大。

（一）中印经济联系——相互依存度和经济的相似度日渐增强

1. 中印经济方面的相互依存度不断增强

产品流动和要素流动是国际经济联系的基本方式，因此我们主要从贸易和要素流动两个方面考察中印之间在经济发展方面的依存度。

第一，中印贸易依存度不断增强。关于贸易联系对建立最优货币区的重要性思想最早可追溯到麦金农在1963年提出的经济开放性标准。他认为，在一个高度开放的小国中，市场汇率的微小变化都可能引起市场物价的剧烈波动，并对居民的实际收入产生较大的影响。因此，一些贸易关系比较密切、开放度较高的国家之间应该建立一个相对封闭的货币区，对内实行固定汇率制，对外则实行统一的浮动汇率安排。

中印两国地理相邻，都是新兴经济国家，随着两国经济的高速增长和开放度的不断提高，两国货物进出口总额快速增长（如表10—1所示）：

2000年两国货物进出口总额仅为29亿美元,到2011年已发展到739亿美元,十余年间增长了24.5倍之多。从中印货物贸易占中印两国货物进出口总额的比例看,也都在显著提高,其中占中国货物进出口总额的比重从2000年的0.61%提高到2011年的2.03%,占印度货物进出口总额的比重从2000年的3.35%提高到2011年的11.90%。由此可见,中印两国在彼此的对外贸易中的相对重要性都有显著提升。

表10—1 中印货物进出口状况

年份	中印货物进出口总额（亿美元）	占中国货物进出口总额比重（%）	占印度货物进出口总额比重（%）
2000	29	0.61	3.35
2001	36	0.71	3.79
2002	49	0.79	5.14
2003	76	0.89	6.66
2004	136	1.18	9.58
2005	187	1.32	9.59
2006	249	1.41	9.87
2007	386	1.78	12.37
2008	518	2.02	12.50
2009	434	1.97	8.88
2010	618	2.08	13.23
2011	739	2.03	11.90

数据来源:"中印货物进出口总额"为中国国家统计局直接数据,"占中国货物进出口总额比重"和"占印度货物进出口总额比重"为计算数据。其中,中印货物进出口总额和中国货物进出口总额数据来自中国国家统计局网站,印度货物进出口总额数据来自印度储备银行网站。

第二,中印要素流动日渐增强。要素流动对于建立最优货币区的重要性是蒙代尔在1961年提出的。他认为需求转移是一国出现外部失衡的主要原因。高要素流动有利于吸收由需求转移所致的外部失衡,从而降低汇率调整的必要性。因此,若要在国家之间维持固定汇率,并保持物价稳定和充分就业，就必须保持要素的高度流动性。流动性要素主要是劳动力和资本。就劳动力要素而言，中印之间流动性不强，2011年中国对印度劳务合作派出人数仅55人，中国对印度承包工程派出人数仅为3666人。而同期中国对亚洲各国劳务合同和承包工程派出人数都分别在10万人以上。

就资本而言，近年来流动性在逐步增强（如表10—2所示），中国从印度引进的外商直接投资从2000年的1044万美元增加到2008年的8805万美元，2008年金融危机之后，有所回落，但仍保持在4000多万美元的水平。从来自印度的外商其他投资看，不仅起步晚，而且数量比较少，在2009年仅为700万美元。无论是来自印度的外商直接投资还是外商其他投资，在中国引进的外商直接投资和外商其他投资总额中的比例都很低，最高为0.1%左右。由此可见，虽然中印之间的资本流动在逐步增强，但总体水平仍然很低。

表10—2　中国从印度引进的外商投资

年份	2000	2001	2002	2003	2004	2005	2006	2007	2008	2009	2010	2011
外商直接投资（万美元）	1044	1197	3057	1593	1948	2140	5239	3404	8805	5520	4931	4217
外商其他投资（万美元）							63	436	347	700		
外商直接投资占比（%）	0.03	0.03	0.06	0.03	0.03	0.04	0.08	0.05	0.10	0.06	0.05	0.04
外商其他投资占比（%）								0.02	0.12	0.12	0.40	

资料来源：由中国统计局网站数据计算而得。外商直接投资占比和外商其他投资占比分别指来自印度的外商直接投资和其他投资占中国引进的外商直接投资和其他投资总额的百分比。

2. 中印经济的相似度也日渐增强

经济相似性对于建立最优货币区的重要性在于：若两国的经济运行状况相似，那么拥有独立货币政策的意义就不大了，一国加入最优货币区的成本就相对较小。本章从经济结构、经济增长和通货膨胀率三个方面来考察中印经济的相似状况。

第一，中印经济结构相似状况。我们从产业结构和贸易结构两个方面考察中印经济结构的相似性。首先，从产业结构看（如图10—4所示），中印产业结构存在较大的差异性，主要体现在印度第三产业在国内生产总值中的比例高于第二产业20多个百分点，而中国第二产业在国内生产总值中的比例略高于第三产业。但自2000年以来，中印三次产业在各自的国内生产总值中所占比例的变化趋势基本一致，即第一产业所占比例都在大幅下降，第二产业所占比例都有一个先升后降的过程，而第三产业所占比重略有上升。其次，从贸易结构看（如图10—5所示），中国与印度的相同点在于制成品出口占各自出口总额的比例都很高（60%以上），而制成品进口在各自进口总额中的比例则相对低一些。不同点在于，无论是进口还是出口，中国的制成品在其贸易总额中所占比例都比印度高出10—20个百分点。从贸易结构的发展趋势看，中印两国的制成品进口在各自的进口总额中的比例都在下降，且两国间的差距在缩小。但中印两国的制成品出口在各自的出口总额中所占比重却显示出不同的发展趋势：中国自2000年以来一直都保持在90%以上，而印度则经历了一个明显下滑过程，致使两国的差距越来越大。

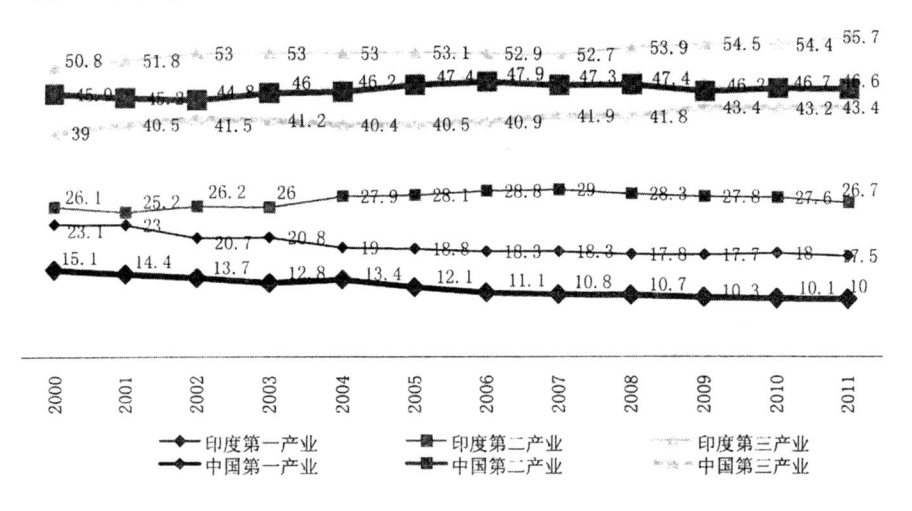

图10—4 中印产业结构差异对比（%）

[图表：中印贸易结构数据，2000—2011年]

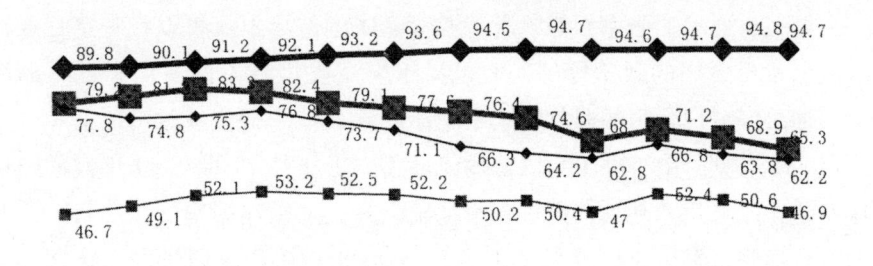

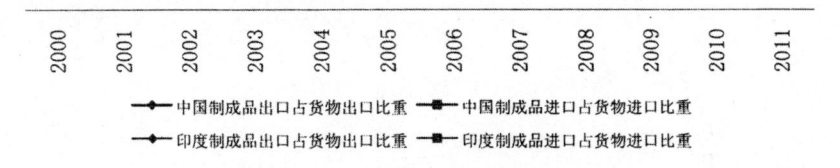

中国制成品出口占货物出口比重：89.8, 90.1, 91.2, 92.1, 93.2, 93.6, 94.5, 94.7, 94.6, 94.7, 94.8, 94.7
中国制成品进口占货物进口比重：79.2, 81.1, 83.3, 82.4, 79.1, 77.6, 76.4, 74.6, 68, 71.2, 68.9, 65.3
印度制成品出口占货物出口比重：77.8, 74.8, 75.3, 76.8, 73.7, 71.1, 66.3, 64.2, 62.8, 66.8, 63.8, 62.2
印度制成品进口占货物进口比重：46.7, 49.1, 52.1, 53.2, 52.5, 52.2, 50.2, 50.4, 47, 52.4, 50.6, 46.9

图 10—5 中印贸易结构对比（%）

第二，经济增长率相似状况。如图 10—6 和图 10—2 所示，无论是中印两国的 GDP 增长率还是出口贸易增长率，自 2000 年以来都保持了较高的增长速度，而且两国的经济增长率和出口贸易增长率的变化趋势都非常一致，体现出明显的同周期性特征。两国间唯一的差别在于，无论是 GDP 增长率还是出口贸易增长率，从总体上看中国略高于印度。

[图表：中印 GDP 增长率，2000—2018年]

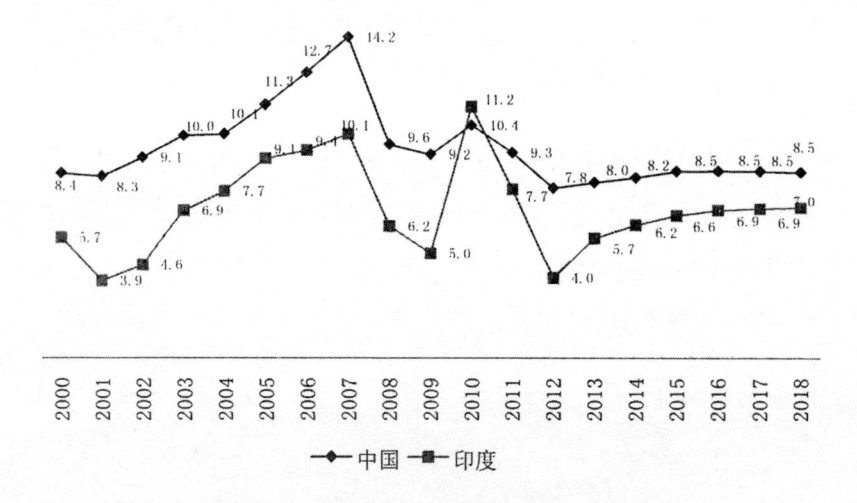

中国：8.4, 8.3, 9.1, 10.0, 10.1, 11.3, 12.7, 14.2, 9.6, 9.2, 10.4, 9.3, 7.7, 7.8, 8.0, 8.2, 8.5, 8.5, 8.5
印度：5.7, 3.9, 4.6, 6.9, 7.7, 9.1, 9.4, 10.1, 6.2, 5.0, 11.2, 7.7, 4.0, 5.7, 6.2, 6.6, 6.9, 7.0

图 10—6 中印经济 GDP 增长率对比（%）

第三，通货膨胀率相似状况。通货膨胀率差异不仅可以在一定程度上反映出货币当局的政策偏好，而且易于引发投机资本的流动和汇率的波动。如果区域内各国的通货膨胀率趋于一致，汇率的波动就可以避免。从图10—7可见，由于中印两国都属于转型国家，在20世纪90年代两国通胀率变化趋势相差甚远，但进入本世纪以来，两国通胀率变化趋势大致相同，且通胀水平也比以前低了很多，但2008年后印度通胀水平显著高于中国。

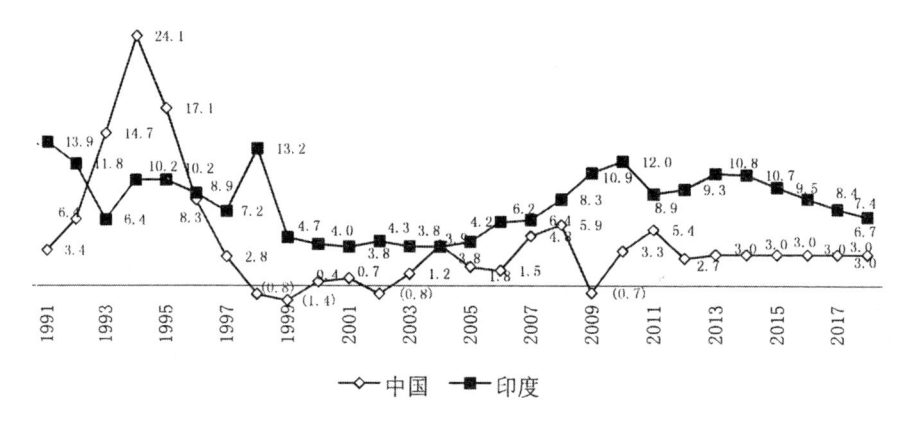

图10—7 中印两国年均CPI指数对比（%）

所以，我们认为如果仅从中印之间的经济依存度状况和经济状况的相似性来看，中印货币合作具备一定的经济基础条件。

（二）中印货币合作的货币基础——中印货币联系不够密切

正如前文所述，中印两国在现有国际货币体系中都属于外围国家，两国货币都很少用于国际经济活动，即便是两国之间的贸易与投资往来，在2011年之前也都是以处于国际货币体系中心地位国家的货币为媒介。因此，从总体上看，中印两国之间仍然缺乏直接的货币联系。这极大地限制了两国货币合作的形式和深度，甚至连现有的国际货币合作的一些基本形式，如危机救援①、汇率合作②等都将难以有效开展。因此，中印两国缺乏直接货币联系在短期内将极大地制约中印货币合作的形式和层次提升。

由此可见，尽管从中印两国经济开放度和经济相似度的发展趋势看，中印两国进行货币合作的前景还是比较乐观的。但总体来看，无论是从经济基础还是货币基础的现状看，中印两国深入推进货币合作的基础条件尚不完全具备。

第三节　后金融危机时代中印货币合作的制约性因素

经济、货币联系只是国家间进行国际货币合作的必要条件，并且对于经济联系到底发展到什么样的程度才能推进货币合作的问题，理论界尚无定论。这是因为中印货币合作不是一个单纯的经济学问题，它会涉及除经济联系之外的政治、文化、宗教信仰、价值观念乃至国际经济、政治格局等因素，它要求两国政府能够彼此信任，排除各种干扰。从目前来看，无论是从中印两国本身还是国际环境看，推进中印合作都存在着诸多不利因素，主要表现在如下几个方面。

---

① 危机救援方式是为面临货币危机国家提供国际融资便利，以避免危机或减轻危机损失。一般来说，国际货币发行国对与其货币挂钩的非国际货币发行国具有救援的义务，这被称为国际最后贷款人义务。当然，非国际货币发行国之间也可以建立危机救援机制，但由于非国际货币发行国之间缺乏直接的货币联系以及相关的经济联系，救援国与被救援国之间的权利与义务往往不对称，从而会大大降低危机救援机制效能。

② 汇率合作有两种形式：一是维护双边汇率或多边汇率的稳定。这要求参与国之间建立直接的货币关系，否则，两国间没有直接的货币交易，也就无所谓汇率，更谈不上汇率合作了；二是国际货币体系的外围国家之间维护各自国家货币与盯住货币（往往是国际中心货币）之间稳定的汇率合作，这无需以合作国家间的直接货币联系为基础，其目的是稳定彼此间的比较优势。麦金龙曾倡导的东亚汇率合作就属此类。但这类货币合作可能强化现有的以美元为中心的国际货币体系，背离中印货币合作的初衷。

一、中印两国的合作意愿不对称

在改变现有国际货币体系，谋求提升本国货币的国际地位方面，中国更加积极，而印度则相对被动。首先，相对中国而言，印度的经济规模、对外贸易规模和引进的外商直接投资规模都更小，因此其在现有国际货币体系下付出的成本也相对小一些。其次，中国作为新兴经济体的代表，美国开始防备中国的崛起，将中国列为重点遏制对象，以要求中国承担"大国责任"为名，要求中国进一步开放市场，配合美国的货币政策，从而放大了本已存在的中国国内政策要求与国际经济环境之间的冲突。为缓解经济的内、外均衡冲突，中国政府明确地提出了人民币国际化战略，并有着与周边国家进行货币合作的强烈意愿。目前印度虽然也开始研究卢比成为国际货币的问题，但印度央行在此问题上仍相对谨慎。[1]

二、印度当局对中印货币合作中的主导权会比较敏感

一方面，基于提高交易效率的需要，只有少数经济大国的货币能够成为国际货币，因此国际货币市场先天具有寡头垄断的特征。另一方面，由于作为主要国际货币发行国有着诸多好处，因此那些经济大国无不谋求与其经济地位相匹配的国际货币权利，并力图使本国的货币成为国际货币或国际关键货币。中印同为新兴经济体，且无论是领土面积还是人口规模，两国都是潜在的经济大国，因此都有着谋求国际货币或者国际关键货币地位的潜在可能。虽然从目前来看，由于受到其经济规模和综合实力的制约，印度货币当局还没有明确的卢比国际化战略，但印度作为经济实力处于上升期的新兴经济大国，十分看重其货币政策的独立性。[2] 而深度货币合作必须以让渡成员国的货币主权为条件，而且按目前中印两国的经济实

---

[1] 李玉梅、张薇薇："金砖国家货币国际化进程比较分析及中国借鉴"，《国际贸易》2012年第4期，第12—17页。

[2] 马先仙："中印汇率制度改革对比研究——基于'三元悖论'视角"，《南亚研究季刊》2010年第2期，第70—75页。

力对比，在两国货币合作中，中国必然处于更加有利的地位。因此，在中印货币合作中，印度必然会存在诸多顾虑，中印两国之间围绕货币合作主导权的博弈难以避免。

三、文化、制度差异性以及领土争端等消极因素的影响

中印两国都是有着悠久历史的文明古国，两国人民都创造了与本国地理、自然环境相适应的源远流长的文化和相对稳定的经济、社会制度。中印两国地理、自然环境的显著差异性，决定了两国在文化、制度方面的显著差异。而且，历史上两国存在领土争端，甚至由此引发过冲突。这些差异性、争端以及历史积怨都会弱化中印两国在推进货币合作中的相互理解与决心，从而阻碍中印货币合作的推进。

四、现有国际国币发行国的干扰

从国际货币格局看，中印货币合作对于两国而言，有利于其本币国际货币地位的提升，与之相对应的则是对现有国际货币发行国尤其是关键国际货币发行国的现有国际货币地位的削弱。现有国际货币发行国为了维持和扩张其国际货币地位，必然会凭借其对国际市场的巨大影响力干扰、破坏中印两国的货币合作。它不仅可能放大中印两国经济中本身存在的问题，而且可能利用中印两国对其货币与经济的依赖进行拉拢与分化，再加之中印两国之间本身存在的经济、政治等方面的问题与矛盾，现有国际货币发行国对中印两国货币合作的干扰是易于成功的。因此，如何有效避免、应对来自现有国际货币发行国的分化与阻挠是推进中印货币合作面临的巨大挑战。

由此可见，中印两国加强国际货币合作不仅是摆脱两国在现有国际货币体系下被动状况的需要，更是两国推进经济合作、拓展资源优化配置空间的需要。虽然中印两国间货币合作的基础还不够理想与稳固，但两国间逐渐强化的经济联系（贸易、投资等方面）和经济周期趋同性预示着中印两国货币合作的乐观前景。与此同时，我们还要清楚地认识到中印两国推

进货币合作的动力差异,两国存在争夺货币合作中主导权的博弈;以及两国间既有的文化差异、历史积怨和领土争端等问题,也增加了推进中印货币合作的复杂性;现有国际货币发行国的干扰,更使中印货币合作面临比较恶劣的国际货币环境。因此,从近期来看,中印应抓住机遇,着力拓展中印之间在本币结算业务与本币贷款业务方面的既有成果,强化中印两国的经济、货币联系;利用多种平台和渠道,加强中印之间的信息交流,求同存异,增强互信,为中印之间更加广泛、深入的货币合作创造条件。

参考文献

杨莉、杨光："中、印经贸关系现状和发展分析",《特区经济》2010年第4期。

李艳芳、李波："孟中印缅次区域合作中的经贸关系分析",《亚太经济》2014年第6期。

蔡春林："中俄、中印、中巴经贸合作——基于竞争性与互补性分析",《国际经济合作》2008年第3期。

周刚："全面发展中的中印关系和经贸合作",《中国金融》2006年第9期。

申现杰："中印经贸合作：新一轮经济开放下面临的机遇",《国际经济合作》2014年第10期。

田丰："中印经贸合作前景展望及政策建议",《国际经济合作》2014年第10期。

蔡松锋："中印经贸合作的前景与对策",《宏观经济管理》2014年第6期。

刘向阳："中印经贸关系的发展现状与发展前景",《价格月刊》2013年第8期。

温耀庆、戴锦贤："金砖五国合作机制下中印经贸合作",《国际贸易》2012年第8期。

权衡："中印经贸关系制约因素的系统性分析",《社会科学》2012年第10期。

于蕾："中印经贸关系的竞争性与互补性研究：基于竞合理论的分析",《社会科学》2012年第10期。

李凌、常亚青："新经济地理学视域下的中印边境经贸研究",《社会科学》2012 年第 10 期。

吴翠华、赵丽丽："中印经贸竞合之道：龙象共舞"，《中国商贸》2011 年第 20 期。

王蕊、徐长文："加强中印经贸合作 共同应对金融危机"，《国际贸易》2009 年第 7 期。

杨文武、倪香芹："中印经贸合作现状、问题及其对策"，《社会科学》2007 年第 7 期。

张宇燕、赵江林、刘小雪、王小敏："新时期中印经贸关系发展的战略思考"，《当代亚太》2006 年第 8 期。

杨文武：《印度经济发展模式研究》，时事出版社 2013 年版。

杨文武、张雨涛："印度经济产业结构的特性分析"，《南亚研究季刊》2012 年第 2 期。

杨文武、邹毅："印度经济增长模式研究"，《南亚研究季刊》2011 年第 3 期。

赵鸣歧："印度正在崛起——关于印度经济现代化模式的评价"，《上海财经大学学报》2006 年第 3 期。

杨文武、徐菲："后金融危机时代中印经贸合作研究现状探析"，《南亚研究季刊》2012 年第 4 期。

杨文武："试析印度经济增长"，《南亚研究季刊》2005 年第 3 期。

张环："印度经济增长因素实证分析"，《亚太经济》2007 年第 2 期。

孙士海："印度的崛起：潜力与制约因素"，《当代亚太》1998 年第 8 期。

邓常春："无形的壁垒：印度文化传统与民族心理对中印经贸关系发展的影响"，《南亚研究季刊》2004 年第 1 期。

宋德星："21 世纪的中印关系：印度的根本战略关切及其逻辑起点"，《南亚研究》2007 年第 2 期。

斯蒂芬·科恩，刘满贵等译：《大象与孔雀——解读印度大战略》，新华出版社 2002 年版。

蓝建学："后冷战时期的中印关系：正常化与战略和谐"，《南亚研究》

2005 年第 2 期。

张铁鹰："中印经贸关系现状分析及对策"，《北方经贸》2004 年第 7 期。

倪香芹、王晓莹："试论中印贸易合作发展的特征及其影响因素"，《南亚研究季刊》2006 年第 4 期。

经商室、包益红："中印经贸关系现状与展望"，《世界机电经贸信息》2003 年第 8 期。

周及真："中印经济不平衡：表现和成因分析"，《东南亚南亚研究》2012 年第 4 期。

方雯："中国企业在印度投资与贸易的前景分析"，《南亚研究季刊》2003 年第 4 期。

谢代刚："中国企业对印度投资的战略研究"，《理论与改革》2009 年第 1 期。

刘赛力："中印经贸关系的走势与前景"，《亚非纵横》2005 年第 3 期。

张宗良："印度对华贸易壁垒及应对探析"，《中国市场》2009 年第 5 期。

雷佩雯："印度对华反倾销最多：电信禁购仅冰山一角"，《时代周报》2010 年第 5 期。

葛一波："中印贸易：互补与竞争"，《中国海关》2012 年第 5 期。

李烨池："中国大众富裕阶层逾 1000 万，四成人有 3 套房"，《羊城晚报》2013 年第 3 期。

陈怡、沈利生："我国服务贸易出口贡献率分析——基于 1997 年投入产出表的计算"，《数量经济技术经济研究》2006 年第 11 期。

戴翔："我们需要为所谓'净出口负贡献'而担忧吗？"，《国际经贸探索》2012 年第 11 期。

葛汉文："印度的地缘政治思想"，《世界经济与政治论坛》2013 年第 5 期。

黄荣斌：" '后危机时代'金砖国家的投资合作——中国 OFDI 视角"，

《国际经贸探索》2012年第3期。

马章良:"中国进出口贸易对经济增长转变的影响分析",《国际贸易问题》2012年第4期。

沈利生、吴振宇:"出口对中国GDP增长的贡献——基于投入产出表的实证分析",《经济研究》2003年第11期。

沈开艳:《印度经济改革发展二十年:理论、实证与比较(1991—2010)》,上海人民出版社2011年版。

王文平、王丽媛:"我国的出口商品结构与经济增长——加入WTO前后的比较分析",《世界经济研究》2011年第12期。

吴振宇、沈利生:"中国对外贸易对GDP贡献的经验分析",《世界经济》2004年第2期。

易力、李世美、刘冰:"出口商品结构优化与经济增长相互作用的实证研究——基于我国初级产品与工业制成品出口的协整分析",《国际贸易问题》2006年第9期。

赵伟:"对外开放与经济增长:中国与印度的比较——后冷战以来绩效与分析框架",《当代亚太》2011年第1期。

朱世娟:"我国出口商品结构对经济增长影响的实证分析",合肥工业大学2009年度硕士学位论文。

史珏、段国伟:"试论中国和印度的贸易关系及其未来走向",《当代经济》2007年第11期。

宋瑜:"印度外贸持续增长浅析",《南亚研究》2005年第4期。

朱晓刚:"印度产业结构的亮点",《科学决策》2006年第12期。

克里斯·莱斯:"全球化中崛起的中国与印度",《理论参考》2005年第2期。

李玉环:"金融危机下中印经济比较",《理论研究》2010年第6期。

韩琪、陈幸玉:"中国和印度利用FDI的比较",《国际经济合作》2007年第9期。

杜超:"利用FDI:中国与印度的比较",《商场现代化》2010年第4期。

杨思灵："中印参与自由贸易区比较研究",《南亚研究》2011年第2期。

任佳："金融危机背景下的中印贸易发展趋势及合作建议",《东南亚南亚研究》2010年第6期。

楼春豪："中印经贸合作面临的新挑战",《亚非纵横》2009年第4期。

文富德："国际金融危机后世界经济发展的特点及加强中印经贸合作的特殊意义",《东南亚南亚研究》2010年第S1期。

王磊："中印经贸成为新亮点",《人民日报》2009年1月19日。

张佩伸："中印经贸合作面临的主要问题及对策",《求知》2010年第3期。

齐玮："印度对外贸易现状与中印经贸关系分析",《北方经贸》2009年第7期。

侯建卫："对中印经贸关系的分析与思考",《经济前沿》2005年第7期。

包益红："发展机电产品贸易 促进中印经贸合作",《世界机电经贸信息》2003年第8期。

廖贵年、徐伟："加强中印经贸科技合作 促进经济共同发展",《南亚研究季刊》2001年第4期。

谢代刚、何雄浪："中印经贸合作探讨",《湖北经济学院学报》2009年第3期。

段钢、齐美虎："后金融危机时代的中印合作前景与展望——基于中国云南省与印度西孟加拉邦区域合作",《经济问题探索》2011年第2期。

何煜："后金融危机时代中印经贸合作发展问题及对策",《中南论坛》2011年第1期。

张立："中印贸易摩擦的现状、原因及对策建议",《南亚研究季刊》2008年第3期。

徐菲:《经济全球化下中印经贸关系的发展及前景》,四川大学2007年度硕士学位论文。

王东:"当前世界经济形势分析与前景展望",《经济日报》2010年9月19日。

黄范章:"国际金融危机与宏观经济政策的国际合作",《对外经贸实务》2009年第7期。

何煜:"后金融危机时代中印经贸合作发展问题及对策",《中南论坛》2011年第1期。

齐玮:"印度对外贸易现状与中印经贸关系分析",《北方经贸》2009年第7期。

文富德:"论中印经贸合作的发展前景",《南亚研究季刊》2008年第3期。

杨梅:"后危机时期中印贸易合作考量",《经济体制改革》2009年第9期。

文富德:"国际金融危机后加强中国西南与南亚国家经贸合作的途径",《东南亚南亚研究》2010年第6期。

沈丹阳、李光辉、李伟:"全球区域经济一体化第三次浪潮与建立'泛亚洲经济共同体'刍议",《国际经济合作》2004年第6期。

霍伟东、李伯韬:"全球经济衰退背景下的中印自由贸易区建设——基于实证的研究",《国际贸易问题》2009年第4期。

贾佳:"后金融危机中印能源竞争与合作比较分析",《经济视角》2012年第6期。

赵干城:"略论中印经贸关系若干问题",《南亚研究》2012年第2期。

杰伦·兰密施:《理解CHINDIA:关于中国与印度的思考》,宁夏人民出版社2006年版。

段渝、刘弘:"论三星堆古蜀文明与南方丝绸之路青铜文化的关系",《巴蜀文化研究动态》2010年第3期。

段渝:《古蜀文明与早期中印交流·南方丝绸之路研究论集》,巴蜀书社2008年版。

刘庆林、廉凯:"服务业外包对印度产业结构影响的分析",《亚太经济》2006 年第 6 期。

朱晓刚:"印度产业结构的亮点",《科学决策月刊》2006 年第 12 期。

陈利君:"印度——正在崛起的生物技术大国",《南亚研究》2006 年第 2 期。

王光谦、欧阳琪、张远东:《世界调水工程》,科学出版社 2009 年版。

Booroah V. K. (2006), China and India: Income Inequality and Poverty North and South of the Himalayas [J], Journal of Asian Economics (11): 797 – 817.

Stefan G. (2013), Considerations on Theory of Economic Growth and Development [J], Procedia – Social and Behavior Sciences, (10): 280 – 284.

Barro, R. J. (2002), Quantity and Quality of Economic Growth [R]. Central Bank of Chile Working Papers, (168).

K. Santhanam, Ramakant Dwivedi (2004), "India and Central Asia: Advancing the Common Interest". New Delhi: Anamaya Publisher.

Mathias Jopp, Rummel, Peter Schmidt (1991), "Integration and Security in Western Europe Inside the European Pillar". Boulder: Westview Press.

Goldman Sachs (2003 October), Dreaming with BRICs: The Path to 2050 [R]. Global Economics Paper. No. 99.

A. F. K. Organski (1968), World Politics [M], Chicago: University of Chicago Press.

Ghulam Ali (Winter 2006), The Russian – Sino – Indo Triangle: Retrospect and Prospect [J]. Islamabad Policy Re – search Institute, Volume VI, Number 1.

Amita Batra, India's Global Trade Potential : Tha Gravity Model Approach, Indian Council For Research on International Economic Relationa Working Paper No. 151.

Balassa B. (1978), Exports and Economic Growth Further Evidence [J]. Journal of Development Economics, (5): 181 – 189.

Bodman P. M. (1996), On Export – led Growth in Australia and Canada:

Cointegration, Causality and Structural Stability [J], Australian Economic Papers, 35: 282 - 299.

Levin A and Raut L. K. (1997), Complementarilities between Export and Human Capital in Economic Growth: Evidence from the Semi - industrialized Countries [J]. Economic Development and Cultural Change, (1): 155 - 174.

Mazumdar J. (1996) : Do Static Gains from Trade Lead to Medium - Run Growth? [J]. Journal of Political Economy, 104 (6): 1328 - 1337.

Wu Y. R. and Zhou Z. Y. (2006), Changing bilateral trade between China and India [J]. Journal of Asian Economics, 17 (3): 509 - 518.

Government of India (2009), Ministry of Finance, Economic Survey 2009/10, New Delhi: Oxford University Press.

Zhang Changzheng, Kong Jin (2009), An Empirical Study on the Relationaship Between Educational Equity and the Quality of Economic Growth in China: 1978 - 2004 [J], Procedia - Social and Behavioral Sciences, (10): 189 - 194.

Government of India (2006), Ministry of Finance, Economic Survey, 2005 - 06, New Delhi, p. 8.

Chatterjee K. (2010 - 07 - 09), Water Resources of India, http://climatechangecentre.net/pdf/WaterResources.pdf.

Armellini (2012), If the Elephant Flies: India Confronts the Twenty - First Century, Har - Anand Publications, India.

A. Giridharadas (2011), India Calling: An Intimate Portrait of a Nation's Remaking, Fourth Estate, An imprint of HarperCollins Publishers India, Noida, UP, India.

A. Virmani (2010) , From Unipolar to Tripolar World: Multipolar Transition Paradox, Academic Foundation, New Delhi.

D. E. Bloom (2011), Population Dynamics in India and Implications for Economic Growth, PGDA Working Paper No. 65, http://www.hsph.harvard.edu/pgda/working.htm.

D. Smith（2003）, Hinduism and Modernity, Blackwell Publishing Ltd., Oxford.

D. Smith（2007）, The Dragon and the Elephant: China, India and the New World Order, Profile Books, London.

E. Luce（2007）, Inspite of the Gods: The Strange Rise of Modern India, Abacus, London.

G. Das（2003）, The Elephant Paradigm: India Wrestles with Change, Penguin Books, New Delhi.

G. Das（2012）, India Grows At Night: A Liberal Case for a Strong State, Penguin Books, New Delhi.

G. Sorman（2001）, The Genius of India, Macmillan India Ltd., New Delhi.

J. Bhagwati, A. Panagariya（2012）, India's Tryst With Destiny, Collins Business, New Delhi.

M. J. Silverstein（2012）, et al., The $10 Trillion Prize: Captivating the Newly Affluent in China and India, Harvard Business, Boston, MA.

M. Schuman（2009）, The Miracle: The Epic Story of Asia's Quest for Wealth, Harper Collins Publishers, New York.

N. Nilekani（2008）, Imaging India: Ideas for the New Century, Allen Lane/Penguin Books India, New Delhi.

N. Radjou, J. Prabhu, S. Ahuja（2012）, Jugaad Innovation: A Frugal and Flexible Approach to Innovation for the 21st Century, Random House India, Noida, UP.

R. Kapoor（2004）, Plural dreams: India in the 21st century, Introduction to special issue, Indian futures, Futures 36, 637 – 653.

R. Kapoor（2013）, Age of optimism: unravelling Indian youth images of the future, Journal Estudios de Juventud Injuve（forthcoming in Spanish translation）.

R. Malhotra（2011）, Being Different: An Indian Challenge to Western Universalism, HarperCollins Publishers, New Delhi.

Govindarajan, C. Trimble (2012), Reverse Innovation: Create Far From Home Win Everywhere, Harvard Business Review Press, Boston, MA.

Mishra, Jitendra Kumar, Naseem Abidi and Rahul Sharma (2008), "Indian Higher Education: Global Challenges and Local Issues," JBS Working Paper No. JIITU/JBS/2008/01, Jaypee Business School.

Mukherji, Rahul (2000), "India's Aborted Liberalization -1966," Pacific Affairs, 73 (3), 375-392.

Nayar, Baldev Raj (2001), "Opening Up and Openness of Indian Economy," Economic and Political Weekly, 36 (37), 3529-3537.

Nehru, Jawaharlal (1946), The Discovery of India. New York: John Day.

North, Douglass C. (1990), Institutions, Institutional Change and Economic Performance. New York: Cambridge University Press.

Panagriya, Arvind (2004), "Growth and Reforms during 1980s and 1990s," Economic and Political Weekly, 39 (25), 2581-2594. —— (2008), India: The Emerging Giant. New York, NY: Oxford University Press.

Patibandla, Murali (1997), "Economic Reforms and Institutions: Policy Implications for India," Economic and Political Weekly, 32 (20/21), 1083-1090.

Rodrik, Dani and Arvind Subramanian (2004), "Why India Can Grow at 7 Per Cent a Year or More," Economic and Political Weekly.

Kaushik, Surendra K. (1997), "India's Evolving Model: A Perspective on Economic and Financial Reforms," American Journal of Economics and Sociology, 56 (1), 69-84.

Khanna, Tarun and Krishna G. Palepu (2010), Winning in Emerging Markets: A Roadmap for Strategy and Execution. Boston, MA: Harvard Business Press.

Kohli, Atul (2006a), "Politics of Economic Growth in India, 1980 – 2005, Part I: The 1980s, Economic and Political Weekly, 14 (13), 1251 – 1259. —— (2006b), "Politics of Economic Growth in India, 1980 – 2005, Part II: The 1990s and Beyond," Economic and Political Weekly, 41 (14), 1361 – 1370.

Kumar, Arun (1999), "The Black Economy: Missing Dimension of Macro Policy – Making in India, Economic and Political Weekly, 34 (12), 681 – 694.

Ahluwalia Montek S. (2002), "Economic Reforms in India Since 1991: Has Gradualism Worked?" Journal of Economic Perspectives, 16 (3), 67 – 88.

Bajaj, Vikas (2011), "For Outsourcing Giant, Shoe is on Other Foot," New York Times, (December 1), A1, A18.

Banerjee, Abhijit V. and Esther Duflo (2011), Poor Economics: A Radical Rethinking of the Way to Fight Global Poverty. New York: Public Affairs.

Bhattacharya, Sambit (2011), Five Centuries of Economic Growth in India: The Institutions Perspective in Handbook of South Asian.

Economics, Raghbendra Jha, eds. London and New York: Routledge, 32 – 43.

Boddewyn, Jean J. (1969) World Bank. 2002. World Development Report 2002.

Huang Ya sheng, and Tarun Khanna (2003), Can India overtake China? Foreign Policy (1 37): 74 – 81.

International Monetary Fund (2006). "Asia Rising: Patterns of Economic Development and Growth." In World Economic Outlook, chap 3, pp. 1 – 30.

Maddison, Angus (1998). Chinese Economic Performance in the Long Run.

Sachs, Jeffrey D (2005). The end of poverty: Economic possibilities for our time. New York: Penguin Press.

Bueno de Mesquita, Bruce and Hilton Root (2002) . "The political roots of poverty. " National Interest 68 (Summer): 27 – 35.

Arrow, Kenneth J (1951), Social choice and individual values. New Haven: Yale University Press.

后 记

本书是由四川大学南亚研究所杨文武教授主持的教育部人文社会科学重点研究基地重大项目"后金融危机时代中印经贸合作研究"（项目批准号：12JJD810024）的最终研究成果。该项目于 2012 年 2 月立项，并于 2016 年获准结项（证书编号：16JJD154）。

该项目主要是基于探索中印在新的国际经济格局演化中"进一步扩大基础，平衡经贸合作，寻找新的合作机会，实现未来的巨大增长"，更好地"构建更加紧密的发展伙伴关系"之需要，从宏观整体与中观产业、微观行业部门及其产品细分研究两极化的高度整合视角出发，深入细致地分析与研究后金融危机时代中印经贸合作的新方向、新动力和新领域，特别是包括了中印在贸易、投资、电信业、信息技术、环保、农产品、科技、交通基础设施、货币等领域合作取得的成就与问题、竞争性与互补性、潜力与前景等内容。同时，为了更好地实现中印经贸合作中的"优势互补、互利共赢"，更好地释放同质性市场力量的竞争性和挖掘差异性市场互补潜力，提出了既能从国家战略高度出发又注重理论研究的相关对策建议，具有针对性、前瞻预测性和实践操作性。

本著作由杨文武教授负责篇章结构的设计和组织协调工作，其中各章节及其撰写人员分别如下：

第一章绪论：杨文武、邹毅、徐菲；第二章后金融危机时代中印贸易合作：杨文武、蒲诗璐、刘立明；第三章后金融危机时代中印投资合作：杨文武、张载祥、文淑惠；第四章后金融危机时代中印电信业合作：杨文武、叶红梅、郭琼琼；第五章后金融危机时代中印信息技术产业合作：杨文武、刘晓华；第六章后金融危机时代中印环保业合作：杨文武、李城霖、戴玉洁；第七章后金融危机时代中印农产品贸易合作：杨文武、李星东；第八章后金融危机时代中印科技合作：杨文武、李文贵、蒲诗璐；第九章后金融危机时代中印交通基础设施合作：杨文武、蒲诗璐、贾佳；第十章后金融危机时代中印货币合作：马先仙、杨文武；参考文献：Mukesh Kumar Verma、邹毅、蒲诗璐；涂晶和肖进杰参与了校稿工作。

尽管该书稿撰写历时3年多，耗费了参研人员大量的心血和汗水才得以问世，但由于后金融危机时代中印经贸合作是中印"构建更加紧密的发展伙伴关系"中的一项重大理论与现实问题，要想对后金融危机时代中印经贸合作的新方向、新动力和新领域进行高度的理论抽象与现实考察，其任务非常之艰巨，挑战性也很大。

这一方面是由于影响后金融危机时代中印经贸合作关系发展的经济与非经济、政治与社会、双边与多边关系等因素多，两国面临的机遇与挑战颇为复杂；另一方面，要试图从中印之间中观产业与微观行业部门和产品等角度深层次剖析后金融危机时代中印经贸合作之内容并提出具有操作性的实践对策与建议，绝非易事。

限于资料和参研人员的能力与水平，该拙作仅对后金融危机时代中印经贸合作进行了一次有益的探索和尝试，书中难免有不妥之处，敬请广大读者批评指正。

编者

2016年6月于四川大学（东区）文科楼

图书在版编目（CIP）数据

后金融危机时代中印经贸合作研究/杨文武主编．—北京：时事出版社，2016.12
ISBN 978-7-5195-0058-0

Ⅰ.①后… Ⅱ.①杨… Ⅲ.①对外经贸合作—研究—中国、印度 Ⅳ.①F125.535.1

中国版本图书馆 CIP 数据核字（2016）第 256008 号

出 版 发 行：时事出版社
地　　　址：北京市海淀区万寿寺甲 2 号
邮　　　编：100081
发 行 热 线：（010）88547590　88547591
读 者 服 务 部：（010）88547595
传　　　真：（010）88547592
电 子 邮 箱：shishichubanshe@sina.com
网　　　址：www.shishishe.com
印　　　刷：北京市昌平百善印刷厂

开本：787×1092　1/16　印张：16　字数：260 千字
2016 年 12 月第 1 版　2016 年 12 月第 1 次印刷
定价：75.00 元

（如有印装质量问题，请与本社发行部联系调换）